高等院校**会计学**
新形态系列教材

U0734041

Python

财务数据分析与应用

◆ 微课版 ◆

张俊丽 李淑玲 杨卫◎编著

ACCOUNTING

人民邮电出版社

北 京

图书在版编目（CIP）数据

Python财务数据分析与应用：微课版 / 张俊丽，李淑玲，杨卫编著. -- 北京：人民邮电出版社，2025.
（高等院校会计学新形态系列教材）. -- ISBN 978-7-115-67669-6

Ⅰ. F275

中国国家版本馆CIP数据核字第2025R3B056号

内 容 提 要

本书从Python基础开始，深入浅出地介绍Python在财务数据分析领域的应用，旨在帮助读者从零基础开始，逐步掌握Python编程技能，并将其应用于财务数据的分析与挖掘。

本书分为三篇。第一篇Python基础篇（第1章～第3章）：介绍从Python入门到Python语言基础，以及数据分析基础。第二篇财务数据分析篇（第4章～第7章）：深入探讨财务数据的获取及分析、可视化、挖掘，以及会计文本分析与词云图绘制等，并通过丰富的实战案例，展现如何使用Python进行财务数据分析。第三篇综合应用篇（第8章～第10章）：通过实际财务案例，将理论与实践相结合，以提升读者的实际操作能力，展示数据分析在财务领域的广泛应用。

本书配有PPT课件、教学大纲、电子教案、源代码、数据文件、课后习题答案、实战演练参考答案等教学资源，读者可在人邮教育社区免费下载。

本书可作为高等院校会计学、财务管理等相关专业的数据分析或大数据财务相关课程的教材，也可作为财务领域工作人员学习数据分析基础知识的参考用书。

◆ 编　著　张俊丽　李淑玲　杨　卫
　　责任编辑　王　迎
　　责任印制　陈　犇

◆ 人民邮电出版社出版发行　　北京市丰台区成寿寺路11号
　　邮编　100164　　电子邮件　315@ptpress.com.cn
　　网址　https://www.ptpress.com.cn
　　三河市祥达印刷包装有限公司印刷

◆ 开本：787×1092　1/16
　　印张：13.25　　　　　　　　2025年8月第1版
　　字数：329千字　　　　　　　2025年8月河北第1次印刷

定价：59.80元

读者服务热线：(010)81055256　　印装质量热线：(010)81055316
反盗版热线：(010)81055315

前言

在数字化时代，数据已成为企业最宝贵的资产之一。党的二十大报告指出：加快发展数字经济，促进数字经济和实体经济深度融合，打造具有国际竞争力的数字产业集群。对于财务专业人士而言，从海量数据中提取有价值的信息以进行有效的财务分析，已成为提升个人竞争力的关键。Python 作为一种强大的编程语言，凭借其简洁的语法和强大的数据处理库，在财务数据分析领域显示出了巨大的潜力。

本书在编写上注重理论与实践的结合，采用案例驱动的教学方法，配备丰富的案例数据和代码，并在财务数据分析篇中的各章后配有"本章实训"和"实战演练"模块，以帮助读者深入理解财务数据分析，并提升解决实际问题的能力。本书特点如下。

（1）案例驱动的教学方法：通过丰富的财务数据分析案例，提高学习的实践性和互动性，帮助读者更好地理解和掌握财务数据分析的技能。

（2）经典技术的财务应用：介绍如数据可视化、数据挖掘等经典技术在财务分析中的应用，为读者提供新的分析工具和视角。

（3）强化实战的综合应用：通过多个财务分析实战案例，培养读者解决复杂财务问题的能力。

本书所有代码均使用 Python 3.11 编写，并且本书配有 PPT 课件、教学大纲、电子教案、源代码、数据文件、课后习题答案、实战演练参考答案等教学资源，读者可登录人邮教育社区下载。

本书共 10 章，其中李淑玲承担了第 1 章～第 3 章的编写工作；张俊丽承担了第 4 章～第 7 章的编写工作，并负责全书统稿；杨卫承担了第 8 章～第 10 章的编写工作。本书的编写也得到了王子盟等人的宝贵意见和支持，在此表示由衷的感谢。尽管我们力求本书尽可能完善，但书中难免有疏漏与不足之处，还请广大读者批评指正，将反馈意见发送至编者电子邮箱：zll319@qq.com。

编 者

目录

第一篇

Python 基础篇

【篇引言】

随着"云"时代的来临，Python 语言越来越被程序开发人员所喜欢和使用，因为其不仅简单易学，而且还有丰富的第三方程序库和完善的管理工具。从命令行脚本到GUI（Graphical User Interface，图形用户界面）程序，从图形技术到科学计算，从软件开发到自动化测试，从云计算到虚拟化，所有这些领域都有 Python 的身影。Python 已经深入程序开发的各个领域，并且将被越来越多的人学习和使用。

本篇从 Python 语言切入，逐步引导读者搭建开发环境，掌握 Anaconda 等编辑器的使用方法，进而深入学习 Python 基本语法、数据类型、数据结构、运算符与表达式、函数等基础编程知识。本篇还涵盖数据分析基础，通过数组运算、数据处理等实用技能，并结合财务数据分析案例，使读者在实践中加深对 Python 应用的理解，为初学者提供一条从入门到进阶的清晰学习路径。

本篇内容旨在使读者对 Python 有全面的认识，了解 Python 语言的编程思维与步骤。通过对本篇的学习，读者将能够更加深入地理解 Python 在财务数据中的应用，并能够运用所学知识解决实际问题。

第 1 章

Python 入门

学习导读

Python 语言以其简洁性、易读性及可扩展性，在网络爬虫、数据分析、机器学习、Web 开发、财务、运维、测试等多个领域日益流行。本章首先介绍 Python 语言发展历程和特点，然后介绍通过 Anaconda 发行版快速搭建 Python 开发环境（集成 Python 解释器与编辑器），最后介绍 Python 在财务数据中的应用，使读者对 Python 有初步的认识，为后续章节的学习打下扎实的基础。

学习目标

➢ 了解 Python 语言发展历程和特点。
➢ 掌握通过 Anaconda 配置 Python 开发环境的方法。
➢ 了解 Anaconda 的使用方法，能够完成 Python 代码的编辑。
➢ 了解 Python 在财务数据中的应用。

思维导图

```
                        Python语言发展历程

                        Python的特点：易于学习、高级语言、
            初识Python  面向对象、可扩展性、丰富的标准库和
                        第三方库、跨平台


                        Anaconda的下载与安装：下载安装包、
                        安装、验证是否安装成功

                        Jupyter Notebook入门：Jupyter Notebook
Python入门  初识Anaconda 的特性、界面、基本操作，Markdown
                        单元格的使用方法

                        Python库的安装：使用pip（推荐）、
                        使用Conda（对于Anaconda或Miniconda用户）


                        数据清洗与预处理

                        数据分析与挖掘

                        数据可视化

            Python在财务数据中的应用  自动化财务流程

                        金融建模与预测

                        量化交易

                        机器学习与人工智能

                        定制化的解决方案
```

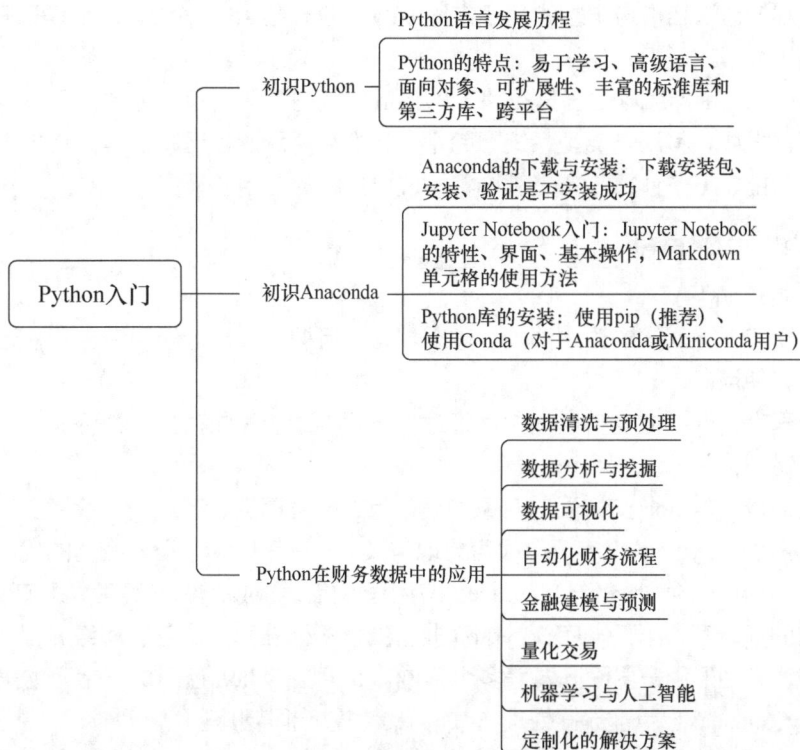

1.1 初识 Python

Python 是一种广泛使用的高级语言，以其简洁易读、功能强大而著称。自 1989 年由 Guido van Rossum（吉多·范罗苏姆）创造以来，Python 已成为众多开发者、数据科学家、自动化工程师及编程初学者的首选语言。

1.1.1 Python 语言发展历程

Python 语言由吉多·范罗苏姆于 1991 年发布初版，其设计理念强调代码可读性和语法简洁性。1994 年发布的 Python 1.0 版本实现了模块系统、函数式编程工具（lambda/map/filter 等），并建立了异常处理机制，奠定了语言基础架构。

2000 年推出的 Python 2.0 具有里程碑意义：利用循环引用检测的垃圾回收机制，优化内存管理；新增全局解释器锁（Global Interpreter Lock，GIL）以提升线程安全性；支持 Unicode 编码以增强国际化处理能力。2005 年问世的 Django 框架通过模型-模板-视图（Model Template-View，MTV）设计模式，显著推动了 Python 在 Web 开发领域的应用。

2008 年发布的 Python 3.0（代号为"Python 3000"）着力解决早期版本的设计缺陷，重点改进包括：统一字符串类型、规范除法运算、强化迭代器协议等。虽然这些不兼容改进导致迁移成本增加，但 2010 年发布的 Python 2.7 作为 2.x 系列的最终版本，通过兼容层设计为版本过渡提供了缓冲期。

当前 Python 已形成跨领域应用生态：在 Web 开发（Django/Flask）、数据科学（NumPy/pandas）、机器学习（scikit-learn/TensorFlow）、自动化运维（Ansible）、科学计算（SciPy）等领域占据重要地位。其直观的语法结构与丰富的第三方库（PyPI 收录超 45 万个包），使其既满足专业开发需求，又适用于编程入门。

根据 TIOBE 2023 年编程语言排行榜，Python 已获得 5 年榜首。随着人工智能、大数据分析等技术的深化发展，其动态类型系统、跨平台特性和活跃的社区将持续推动技术革新，预计在可解释人工智能、量子计算等新兴领域将拓展更广阔的应用前景。

1.1.2 Python 的特点

Python 的特点如下。

（1）易于学习：Python 的语法清晰、逻辑性强，且拥有大量的学习资源和社区支持，非常适合编程初学者使用。

（2）高级语言：Python 支持自动内存管理，无须手动管理内存分配和释放，这有效减少了编程中的常见错误。

（3）面向对象：Python 支持面向对象的编程范式，包括类、继承、封装和多态等概念。

（4）可扩展性：Python 程序可以很容易地与 C、C++等编译型语言编写的代码集成，通过 Python/C API（Application Program Interface，应用程序接口）或 Cython 等工具来实现开发需求。

（5）丰富的标准库和第三方库：Python 拥有庞大的标准库，涵盖了网络编程、文本处理、数据库接口技术、图形用户界面开发等多个领域。此外，Python 还有成千上万的第三方库可使用，如 NumPy、pandas（用于数据处理）、Django（Web 框架）等。

（6）跨平台：Python 代码可以在多种操作系统上运行，包括 Windows、macOS、Linux 等，具有良好的可移植性。

1.2 初识 Anaconda

对于数据科学、机器学习及科学计算领域的开发者来说，Anaconda 至关重要。它集成了 Python 环境、包管理器 Conda 及大量预安装的库和框架，如 NumPy、pandas、Matplotlib 等，极大地简化了环境配置、降低了依赖管理的复杂性。使用 Anaconda，用户可以轻松创建隔离的项目环境，避免不同项目间的依赖冲突，提高开发效率。此外，Anaconda 的跨平台特性也确保了项目在不同操作系统上的无缝运行。因此，Anaconda 是进行数据科学研究和开发的必备工具之一。

1-1 初识 Anaconda

1.2.1 Anaconda 的下载与安装

（1）下载 Anaconda 安装包

下载 Anaconda 安装包有以下两种方式。

① 访问官方网站：前往 Anaconda 的官方网站，这是获取最新、最安全安装包的方式。根据你的操作系统（Windows、macOS 或 Linux）选择合适的安装包，确保选择与你的系统架构（如 32 位、64 位）相匹配的版本。

② 使用国内镜像源（可选）：由于官方网站的下载速度可能较慢，你可以选择使用国内镜

像源进行下载。例如，清华大学开源软件镜像站提供了 Anaconda 的安装包镜像。

（2）安装 Anaconda

下载好安装包之后，会得到.exe 文件，双击该文件即可安装 Anaconda。安装的过程中按照提示和说明进行安装即可。值得注意的是，在选择安装路径时，请确保路径中不包含中文、空格或其他非英文常用字符（如 "@""%""#" 等），否则可能会给后续使用带来不便。

重要的安装步骤如下。

① 选择安装用户。如图 1-1 所示，两个选项均可选择，第一个选项表示只为当前用户安装，第二个选项表示为所有用户安装。这里选择第二个选项，单击 "Next" 按钮。

② 修改安装路径。安装过程中需修改安装路径，通常不安装在 C 盘，以防止占用大量 C 盘空间。这里安装在 E 盘，单击 "Next" 按钮，如图 1-2 所示。

③ 勾选环境变量配置选项。勾选第二个选项（自动设置环境变量），然后单击 "Install" 按钮，如图 1-3 所示。系统在安装过程中，会自动完成环境变量配置。

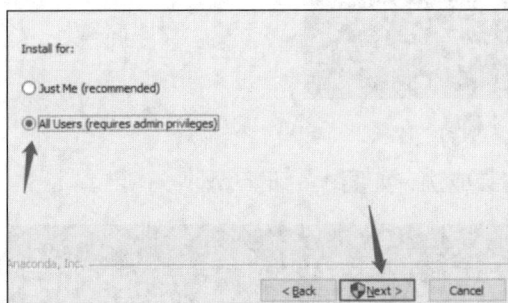

图 1-1　选择安装用户

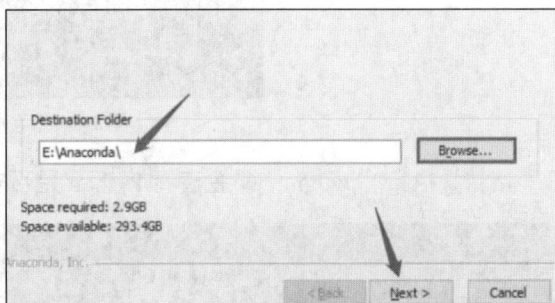

图 1-2　修改安装路径

图 1-3　勾选环境变量配置选项

接下来等待安装，单击 "Next" 按钮即可。在最后的界面，取消勾选选项，单击 "Finish" 按钮完成安装。

（3）验证 Anaconda 是否安装成功

在 Windows 桌面上，按【Win+R】组合键打开 "运行" 对话框，输入 "cmd"，单击 "确定" 按钮，如图 1-4 所示。

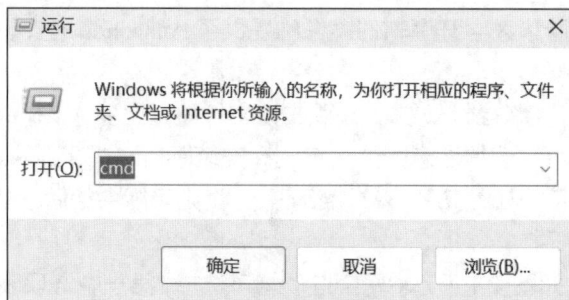

图 1-4 "运行"对话框

在打开的命令提示符窗口中，执行"conda -V"命令，若可以看到版本信息，代表安装成功，如图 1-5 所示。注意，conda 与-V 之间有一个空格。

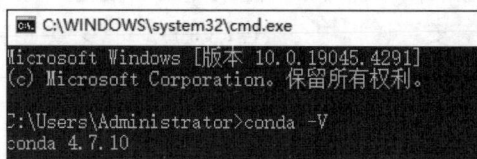

图 1-5 查看版本信息

接着，执行"python"命令查看 Python 是否安装成功，如图 1-6 所示。

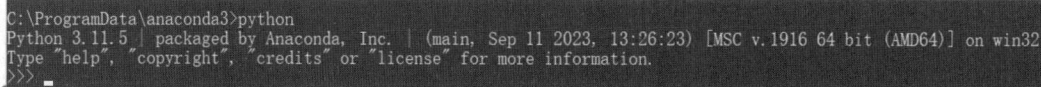

图 1-6 查看 Python 是否安装成功

若出现 Python 编辑器代码提示符号">>>"，则表示安装成功。

1.2.2 Jupyter Notebook 入门

Jupyter Notebook 是 Anaconda 套件中被广泛使用的应用。Jupyter Notebook 既是一种 Web 应用，也是一个强大的交互式笔记本环境，广泛应用于数据分析、机器学习、科学计算及教育领域。它能让用户将说明文本、数学方程、代码和可视化内容全部组合到一个易于共享的文档中，便于研究、展示和教学。数据科学家可以使用 Jupyter Notebook 创建和共享自己的文档。从实现代码到全面报告，Jupyter Notebook 大大简化了开发者的工作流程，帮助他们提高了生产力、实现了更简单的多人协作。

（1）Jupyter Notebook 的特性

支持多种编程语言：Jupyter Notebook 支持多种编程语言，如 Python、R、Julia 等，并提供了丰富的功能和工具供用户使用。

具有交互式界面：用户可以通过浏览器访问 Jupyter Notebook，并通过单元格的方式组织代码和文本，实现代码的编写、运行及结果的即时查看。

提供代码自动补全和语法高亮：Jupyter Notebook 提供了代码自动补全和语法高亮功能，有助于提高代码编写的效率和准确性。

提供魔术命令：在 Jupyter Notebook 中，可以使用魔术命令（Magic Command）来执行一些特殊操作，如重置内核、查看系统信息等。

（2）Jupyter Notebook 的界面

要启动 Jupyter Notebook 程序，单击计算机任务栏的"开始"菜单，找到"Anaconda3(64-bit)"选项并单击，在弹出的下拉列表中单击"Jupyter Notebook"，启动该程序。

启动 Jupyter Notebook 后，在浏览器内显示的是"用户主文件夹"所包含的子文件夹和文件。Jupyter Notebook 启动后的界面示例如图 1-7 所示。用户主文件夹是 Windows 系统默认的、用于存放用户个人数据的文件夹。每一个计算机用户都有属于自己的用户主文件夹。不同的计算机用户的用户主文件夹下的内容是不同的。

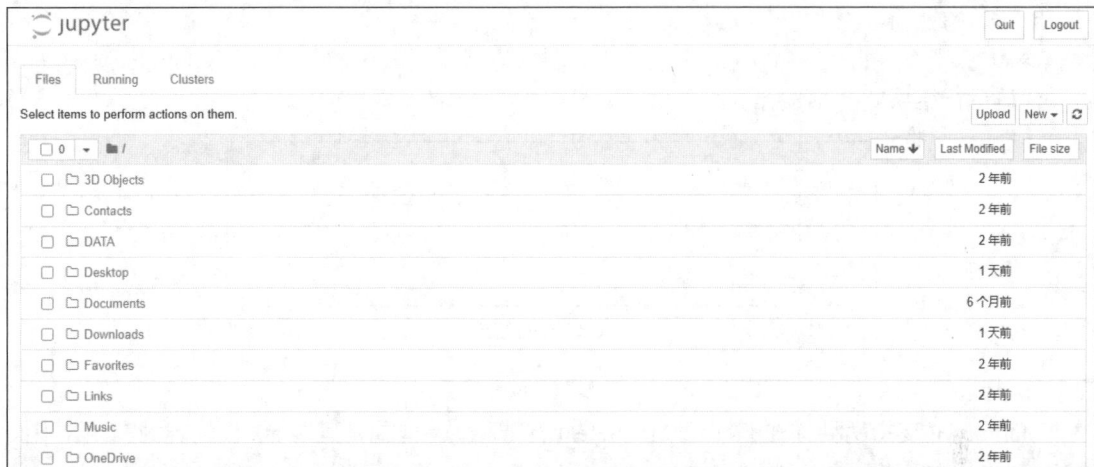

图 1-7　Jupyter Notebook 启动后的界面示例

（3）Jupyter Notebook 的基本操作

为了给读者后续学习 Python 编程打下良好的基础，此处对 Jupyter Notebook 的基本操作进行简单介绍。

在编辑模式下，可以对代码单元格进行输入，也可以运行代码。

例如，要输出"Hello world"，代码如下：

```
print('Hello world')
```

要运行代码，可以单击工具栏中的运行按钮 ▶ 运行 ，或者按【Shift+Enter】组合键。开始运行后，单元格左侧的方括号中会出现"*"标记，同时在单元格下方会产生一个新的空代码单元格。运行结束后，单元格方括号里会显示运行的顺序。

另外，还有两个组合键也可用于代码的运行。

【Alt+Enter】组合键：运行当前单元格并在下方插入新的单元格。

【Ctrl+Enter】组合键：运行当前单元格并进入命令模式，此时不会有新的单元格产生。

此外，单击菜单栏中的"Cell"选项，在其下拉列表中可以选择运行所有单元格、运行以上单元格、运行以下单元格等运行方式。

（4）Markdown 单元格的使用方法

前面已经介绍了代码单元格的使用方法，Markdown（标记）单元格（以下简称 Markdown）也是 Jupyter Notebook 的一大特色。接下来主要介绍 Markdown 的使用方法。

① 段落和换行

一个 Markdown 的段落是由一个或多个连续的文本行组成的，它的前后需要有一个及以上的空行。普通的段落不应使用空格或制表符来缩进。

Markdown 允许段落内的强制换行，可以通过在需要换行处插入两个空格，然后按【 Enter 】键来实现。

以下代码展示了段落和换行的效果。

```
<!--段落内强制换行-->
段落一的第一行    <!--行尾含两个空格-->
段落一的第二行


<!--新段落分隔-->
段落二
```

代码运行结果如图 1-8 所示。

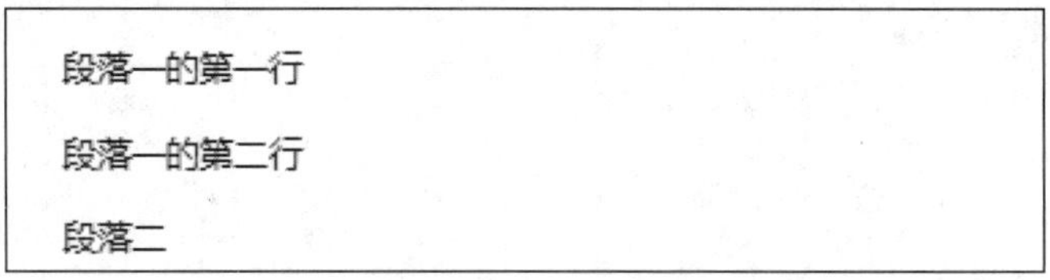

图 1-8　运行结果

② 标题

Markdown 支持两种样式的标题，即 Setext 样式和 atx 样式，其中 atx 样式更为常用。下面介绍 atx 样式的标题。

atx 样式的标题通过在行的开头使用 1～6 个 "#" 字符加一个空格来分别实现 1～6 级的标题。另外，在工具栏的格式下拉菜单中，如果选择 "标题" 选项，那么编辑的当前单元格中就会自动出现一个 "#" 字符和空格，也就是 atx 样式的 1 级标题格式。

下面为 atx 样式标题的示例代码。

```
# 标题一
## 标题二
```

代码运行结果如图 1-9 所示。

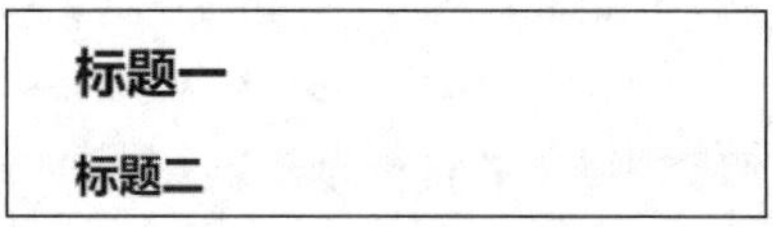

图 1-9　运行结果

③ 列表

列表分为有序列表和无序列表两种。有序列表采用数字后跟一个英文句点和一个空格来表示，无序列表则使用星号（＊）、加号（＋）或减号（－）后跟一个空格来表示。

下面为列表设置的示例代码。

```
1. 有序列表 1
 1. 有序列表 1.1
 2. 有序列表 1.2
2. 有序列表 2
3. 有序列表 3
```

```
* 无序列表 1
 * 无序列表 1.1
 * 无序列表 1.2
+ 无序列表 2
- 无序列表 3
```

代码运行结果如图 1-10 所示。

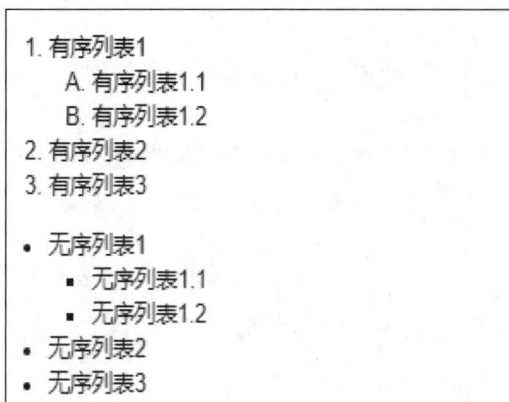

```
1. 有序列表1
    A. 有序列表1.1
    B. 有序列表1.2
2. 有序列表2
3. 有序列表3

• 无序列表1
    ▪ 无序列表1.1
    ▪ 无序列表1.2
• 无序列表2
• 无序列表3
```

图 1-10 运行结果

1.2.3 | Python 库的安装

在 Python 中，安装库（也称为模块或包）是扩展 Python 功能的一个常用方法。这些库可以帮助用户完成各种任务，如从数据分析到网络编程，再到机器学习等。下面是一些常用的安装 Python 库的方法。

（1）使用 pip（推荐）

pip 是 Python 的库安装器，用于安装和管理 Python 库。它是 Python 标准库的一部分，Python 2 系列自 Python 2.7.9 版本开始，Python 3 系列自 Python 3.4 版本开始，默认包含 pip。Python 3 用户有时可能需要使用 pip3 而不是 pip，这取决于用户的系统配置。

在命令行中，用户可以使用以下命令来安装一个库。例如，要安装 requests 库，运行代码：

```
pip3 install requests
```

（2）使用 Conda（对于 Anaconda 或 Miniconda 用户）

如果安装了 Anaconda 或 Miniconda，则可以使用 Conda 命令来安装和管理包。Conda 是一个开源的包、依赖和环境管理器，它可以让你在不同的环境中安装不同版本的 Python、包等。例如，要安装 requests 库，运行代码：

```
conda install requests
```

1.3 Python 在财务数据中的应用

在财务数据处理与分析领域，Python 正逐步成为现代金融与财务工作的核心驱动力。作为一种功能强大且灵活多变的编程语言，Python 不仅简化了烦琐的数据处理流程，还通过其丰富的库和框架，极大地提升了财务数据分析的深度与广度。Python 在财务数据中的应用远不止上述提到的几点，它几乎涵盖了财务工作的各个方面，从基础的数据处理到高级的金融建模和预测，再到自动化财务流程，Python 都发挥着重要作用。下面是 Python 在财务数据中的一些具体应用实例。

（1）数据清洗与预处理

缺失值处理：自动识别和填充财务数据中的缺失值，以提高数据质量。

异常值检测：识别并处理财务数据中的异常值，以确保分析结果的准确性。

数据格式化：统一数据格式，如日期、货币单位等，以便于后续分析。

（2）数据分析与挖掘

财务比率分析：计算和分析各种财务比率，如盈利能力比率、偿债能力比率等，以评估公司的财务状况和经营绩效。

趋势分析：通过时间序列分析等方法，揭示财务数据随时间的变化趋势。

关联性分析：探索财务数据之间的关联关系，发现潜在的商业洞察。

（3）数据可视化

创建交互式图表：使用 Plotly、Bokeh 等库创建交互式图表，使财务数据更加生动直观。

构建动态仪表板：构建包含多个图表的动态仪表板，实时监控财务数据的变化。

（4）自动化财务流程

自动化报告生成：根据预设的模板和规则，自动生成财务报表、财务分析报告等。

发票处理：自动识别和处理发票信息，提高财务工作效率。

付款跟踪：自动跟踪付款进度，确保及时收款和付款。

（5）金融建模与预测

构建风险评估模型：构建风险评估模型，预测和量化潜在的投资风险。

投资组合优化：通过数学优化方法，寻找最优的投资组合配置。

价格预测：利用机器学习算法预测股票价格、公司利润等金融指标的变化趋势。

（6）量化交易

策略开发：基于历史数据开发量化交易策略，实现自动化交易。

策略回测：对量化交易策略进行历史数据回测，评估其性能和稳定性。

实时交易：与交易系统对接，实现实时交易信号的生成和执行。

（7）机器学习与人工智能

信用评分：利用机器学习算法对客户进行信用评分，评估其信用风险。

欺诈监测：识别潜在的财务欺诈行为，保护公司和客户的利益。

市场预测：结合社交媒体舆论、新闻等非结构化数据，提高市场预测的准确性和时效性。

（8）定制化的解决方案

定制报表：根据公司的具体需求，开发定制化的财务报表和分析工具。

集成系统：与公司的 ERP（Enterprise Resource Planning，企业资源计划）、CRM（Customer Relationship Management，客户关系管理）等系统集成，实现财务数据的无缝对接和共享。

综上所述，Python 在财务数据中的应用非常广泛且深入，它不仅提高了财务工作的效率和准确性，还为公司的决策提供了有力的数据支持。随着技术的不断发展，Python 在财务数据中的应用还将不断拓展和深化。

课后习题

一、单项选择题

1. 下列选项中，不属于 Python 语言特点的是（　　）。

　　A. 易于学习　　　　B. 高级语言　　　　C. 面向过程　　　　D. 可扩展性

2. 下列领域中，使用 Python 不可以实现的是（　　）。

　　A. Web 应用开发　　　　　　　　B. 科学计算

　　C. 操作系统管理　　　　　　　　D. 3D 游戏开发

3. Python 源程序文件的扩展名为（　　）。

　　A. .exe　　　　　　B. .txt　　　　　　C. .py　　　　　　　D. .obj

4. 在 Jupyter Notebook 中，如何运行一个代码单元格（Cell）中的代码？（　　）

　　A. 单击代码单元格左侧的 ⊞　　　　B. 按【Shift+Enter】组合键

　　C. 双击代码单元格　　　　　　　　D. 右击代码单元格并选择"复制"

5. 在 Jupyter Notebook 中，如何创建一个新的代码单元格？（　　）

　　A. 按【Ctrl+Shift+N】组合键　　　B. 单击工具栏上的 ⊞

　　C. 按【Enter】键　　　　　　　　D. 右击代码单元格并选择"新建"

6. 在 Jupyter Notebook 中，如何更改代码单元格的类型？如从代码单元格更改为 Markdown。（　　）

　　A. 按【Tab】键

　　B. 单击代码单元格左侧的单元格类型下拉按钮

　　C. 右击代码单元格并选择"更改单元格类型"

　　D. 按【Ctrl+M】组合键，然后输入特定命令

二、填空题

1. Python 是一种广泛使用的_____语言，以其简洁的语法和丰富的库支持而著称。

2. Python 的_____特点使得开发者可以轻松地编写出清晰、可读的代码。

3. Python 拥有庞大的标准库和第三方库，如 NumPy 用于_____计算，pandas 用于数据处理等，这些库极大地扩展了 Python 的功能。

4. 在 Markdown 中，要创建一个无序列表，你需要在每个列表项前使用____。

5. Markdown 允许段落内的强制换行，可以通过在需要换行处插入两个_____，然后按【Enter】键来实现。

6. Markdown 支持两种标题样式，一种是使用"#"后跟空格和标题文本的样式，其中"#"的数量表示标题的_____。

第 2 章

Python 语言基础

学习导读

作为一种广泛使用的编程语言，Python 以其简洁的语法、丰富的库和强大的功能深受初学者和专业开发者的喜爱。掌握 Python 的基础知识是学习 Python 编程的重要一步，这包括掌握基本语法、数据类型、数据结构、运算符与表达式、基本程序结构及函数等核心概念。本章首先介绍 Python 基本语法、数据类型与数据结构，帮助读者掌握数值型、布尔型、字符型等核心数据类型及其运算规则；然后介绍如何构建表达式，以及如何通过运算符连接数据以形成有意义的计算；接下来介绍基本程序结构，包括顺序结构、选择结构和循环结构，这些是构建程序逻辑的基石；最后介绍函数，帮助读者理解如何通过参数传递与返回值以增强程序模块化与可读性。掌握这些基础知识，读者将能够编写出结构清晰、功能强大的 Python 程序。

学习目标

➤ 掌握 Python 数据类型与运算符，能够定义并区分 Python 中的基本数据类型与数据结构（如整数、浮点数、字符串、列表、元组、字典等），并熟练使用算术运算符、比较运算符、逻辑运算符等进行数据的计算与比较。

➤ 理解表达式的构建和计算顺序（遵循 Python 的运算符优先级）。

➤ 掌握顺序结构、选择结构和循环结构的基本原理，能够根据问题的需求设计合理的程序流程，编写出结构清晰、逻辑严密的代码。

➤ 理解函数的概念和作用，掌握函数的定义、调用、参数传递及返回值等基本概念，能够编写出可复用、易维护的函数，提高编程效率。

思维导图

```
                                    Python编码规范：注释、缩进、语句换行、
                                    使用必要的空格与空行
                    Python基本语法 ── Python常量、变量与标识符

                                    数值型：int、float、complex
                    Python的数据类型 ── 布尔型：True、False
                                    字符型：以单引号或双引号标识的任意文本

                                    列表：列表的概念与特性、创建列表、
                                    列表的基本操作、列表常用函数和方法
                    Python的数据结构 ── 元组：元组的基本操作、元组的内置函数
                                    字典：字典的创建、字典的访问、
                                    字典的基本操作、
 Python语言基础 ──
                                    运算符：算术运算符、赋值运算符、比较（关系）
                                    运算符、逻辑运算符、成员运算符、同一性运算符
                    Python的运算符与表达式 ── 表达式：算术表达式、赋值表达式、比较表达式、
                                    逻辑表达式

                                    顺序结构：按书写顺序执行
                                    选择结构：单分支选择结构、双分支选择结构、
                    基本程序结构 ── 多分支选择结构、嵌套的选择结构
                                    循环结构：while循环和for循环、break语句和
                                    continue语句

                                    Python内置函数
                    Python的函数 ── 自定义函数：函数的定义、函数的调用、
                                    函数的返回值、函数的参数
```

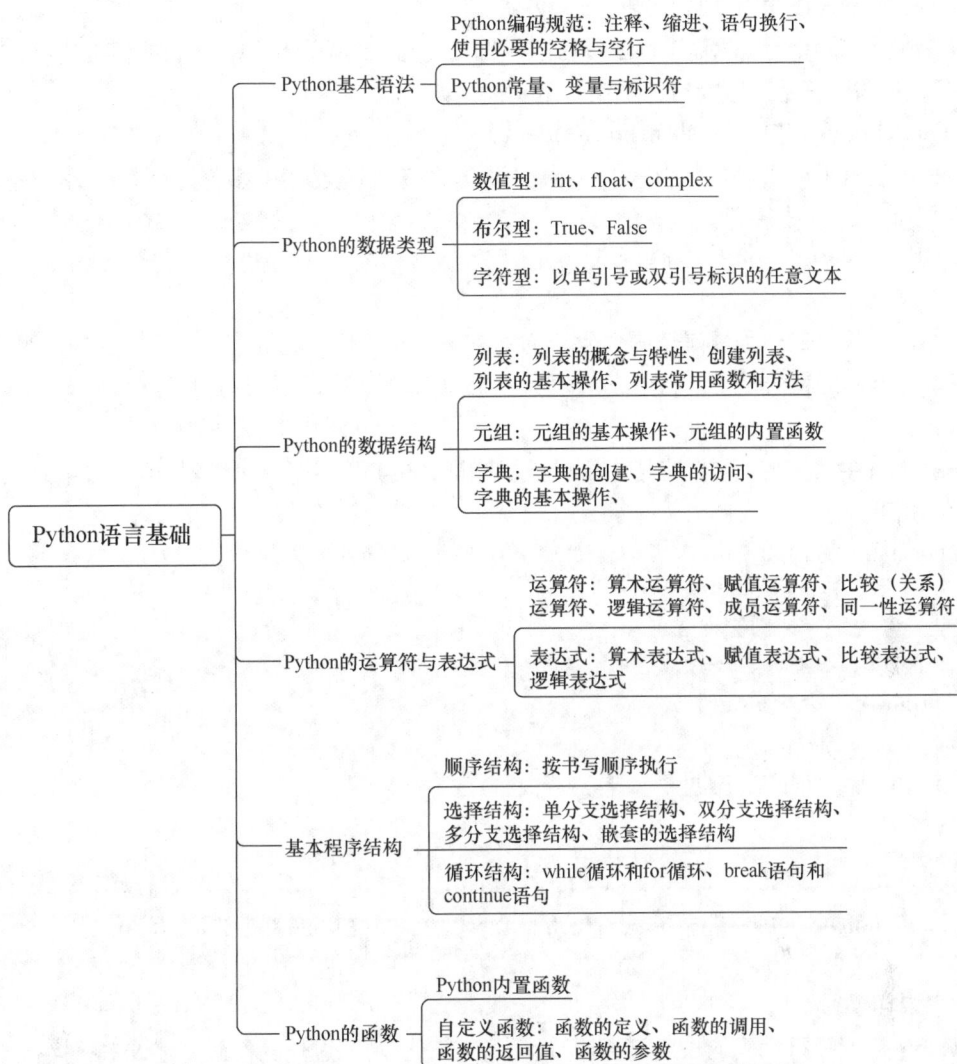

2.1 Python 基本语法

　　Python 基本语法是 Python 编程的基础。Python 编码规范确保了代码的可读性和一致性，便于团队协作。Python 常量、变量与标识符的恰当使用，提高了代码的可维护性和可扩展性。变量用于存储数据，常量则表示不变的值，标识符通过命名规则增强了代码的可理解性。掌握这些基本语法，是编写高效、清晰 Python 代码的关键。

2.1.1 Python 编码规范

　　任何一种语言都有一些约定俗成的编码规范，Python 也不例外。本节重点介绍 Python 的编码规范，在开始编写第一个 Python 程序时就应遵循这些规范，养成良好的习惯。

（1）注释

一个好的、有价值的源程序应加上必要的注释，以提高程序的可读性。Python 允许使用多种注释，常用的包括单行注释和多行注释两种。

以"#"开始的单行注释。这种注释可以单独占一行，也可以出现在一行中其他内容的右侧。此种注释以"#"开始，以换行符结束。示例代码如下：

```
print('hello world!')   #输出 hello world!
```

以 3 对引号（单引号或双引号）开始，同样以 3 对引号结束的多行注释。示例代码如下：

```
"""Python 多行注释"""
print('3 对双引号已成功注释')
```

（2）缩进

Python 最独特的一点就是依靠代码块的缩进来体现代码之间的逻辑关系。例如，对于选择结构来说，行尾的冒号及下一行的缩进表示一个代码块的开始，而缩进结束则表示一个代码块的结束。

在 Python 中最好使用 4 个空格进行悬挂式缩进，并且同一级别的代码块的缩进量必须相同。示例代码如下：

```
import pandas as pd      # 读取文件时需要先导入 pandas 库
a=1            #a 赋值为 1
b=2            #b 赋值为 2
if a>b:        #如果 a>b
    print(a)   #输出 a 的值
else:          #否则
    print(b)   #输出 b 的值
```

💡 提示

在 Python 中使用缩进时不提倡使用【Tab】键，更不要混用【Tab】键和空格。

（3）语句换行

Python 建议每行代码的长度不要超过 80 个字符。对于过长的代码，建议进行换行。换行有以下两种方式。

方式一，可以在行尾使用续行符"\"来表示下面紧接的一行仍属于当前语句。示例代码如下：

```
test='https://www.python.'\
'org/downloads'\
'windows/'
```

等价于：

```
test='https://www.python.org/downloads/windows/'
```

方式二，根据 Python 会将圆括号中的行隐式连接起来这个特点，可以使用圆括号包含多行内容。例如，上述语句又可用以下形式表示：

```
test=('https://www.python.'
'org/downloads'
'windows/')
```

> 需要注意的是，在[]、{}或()中的语句，不需要再使用圆括号进行换行。示例代码如下：
> stu=['Mary','Jone','Jack',
>   'Tom','Lily','Sary']

（4）使用必要的空格与空行

使用必要的空格与空行增强代码的可读性。一般来说，运算符两侧、函数参数之间、逗号后面建议使用空格进行分隔。而不同功能的代码块之间、不同的函数定义及不同的类定义之间则建议增加一个空行来提高程序的可读性。

2.1.2 Python 常量、变量与标识符

Python 中存在两种表示数据的形式：常量和变量。常量用来表示数据的值；变量不仅可以用来表示数据的值，而且可以用来存放数据，因为变量对应着一定的内存单元。常量和变量都需要有一个名字（即标识符）来表示，因此本节首先介绍标识符及其命名规则。

（1）标识符

标识符在程序中用来标识各种程序成分，命名程序中的一些实体，如变量、常量、函数等对象。

Python 规定，合法的标识符是由字母、数字和下画线组成的序列，且必须由字母或下画线开头，自定义的标识符不能与关键字同名。

以下是合法的标识符：x、al、wang、1、PI。

以下是不合法的标识符：a.l、lsum、x+y、!abc、123、元、3-c。

在 Python 中，同一字母的大写形式和小写形式被认为是两个不同的字符，因此标识符 SUM 与标识符 sum 是不同的标识符。习惯上，常量名用大写字母表示，变量名用小写字母表示。

关键字又称保留字，是 Python 语言中用来表示特殊含义的标识符，由系统提供，是构成 Python 语法的基础。在 Python 3.x 中共有 33 个关键字。查看关键字的语句如下：

```
import keyword
print(keyword.kwlist)
```

（2）常量

在程序运行过程中，其值不能改变的量称为常量。在基本数据类型中，常量按其值的表示形式可分为整型、浮点型、字符型、布尔型和复数类型。例如，-112、30 是整型常量，3.15、0.45、-3.0 是浮点型常量，'Python'、"Very Good!"是字符型常量，True 是布尔型常量，3+2.5j 是复数类型常量。

（3）变量

在 Python 中，不需要事先声明变量名及其类型，数据类型是在程序运行过程中自动决定的，直接赋值即可创建各种类型的变量。变量在程序中使用变量名表示。变量名必须是合法的标识符，并且不能使用 Python 关键字。Python 是动态类型的语言，也是强类型语言（只能对一个对象进行适用于其类型的有效操作）。Python 中每个对象包含 3 个基本要素，分别是 id（身份标识）、type（数据类型）和 value（值）。

示例代码如下：

```
x=5                        #创建了变量 x，对其赋值为 5
string='hello world!'      #创建了变量 string，对其赋值为 hello world!
```

采用内置函数 type()返回变量的类型。示例代码如下：

```
type(x)                    #查看变量 x 的数据类型
```

代码运行结果如下：

```
<class 'int'>
```

int 为整型的表示符号。

注意

Python 是一种动态类型语言，即变量的类型可以随时变化，变量类型会根据赋值的类型变化而变化。

2.2　Python 的数据类型

变量的类型取决于它引用的数据的类型。Python 的数据类型包括数值型、布尔型、字符型。

2.2.1　数值型

数值型变量用于存储数字。Python 支持以下 3 种数值型数据类型。

2-1　Python 的
数据类型

（1）int

int（整型）用于表示整数。Python 可以处理任意大小的整数，整数在程序中的表示方法和数学上的写法一致，如 18、–175。

在 Python 中，整数也可以用八进制或十六进制表示。在 Python 中，八进制以数字 0 开头，只能用 0～7 这 8 个数字组合表示，如 0154 对应的十进制数为 $1×8^2+5×8^1+4×8^0=108$。十六进制以 0x 开头，只能用 0～9 这 10 个数字及字母 A～F 组合表示。其中，A 代表数值 10，B 代表数值 11，以此类推，F 代表数值 15。如 0x15F 对应的十进制数为 $1×16^2+5×16^1+15×16^0=351$。

Python 2 中有两种整数类型，即 int 和 long（长整型）。在 Python 3 中，只有一种整数类型 int，且不限制数值大小。

（2）float

float（浮点型）用于表示浮点数，由整数和小数组成。Python 中实数常量只用十进制表示，但其表示形式也有两种。

① 十进制形式，如 0.0013、–1482.5。

② 指数形式，通常用来表示一些比较大或者比较小的数值，其格式为：实数部分+字母 E 或 e+正负号+整数部分。

其中字母 E 或 e 表示底数为 10，正负号表示指数部分的符号，整数为幂的大小。字母 E 或 e 之前必须有数字，之后的数字必须为整数。例如，0.0013 可表示为 1.3e-3，–1482.5 可表示为–1.4825e3。

（3）complex

复数由实数部分和虚数部分组成，一般形式为 $x+yj$，其中的 x 是复数的实数部分，y 是复数的虚数部分，这里的 x 和 y 都是实数，如 2.14j、2+12.1j。

2.2.2 布尔型

布尔型（bool）是一种比较特殊的类型，它只有"True"（真）和"False"（假）两种值。在 Python 中，可以直接用"True"和"False"表示布尔值（注意大小写），也可以通过比较和判断得到布尔值。例如，在 Python 交互模式下运行如下代码，可得到布尔值。

```
10<30      #判断 10 是否小于 30
```

代码运行结果如下：

```
True
```

2.2.3 字符型

在 Python 中，字符型数据通常指的是字符串（String），字符型是一种用于表示文本（字母、数字、符号等）的数据类型。字符串是以单引号（'）或双引号（"）标识的任意文本，如'abc'、"xyz"等。如果单引号本身也是字符串中的一个字符，可以用双引号标识；反之，如果双引号本身也是字符串中的一个字符，可以用单引号标识。例如：

```
"I'm OK! "
'I told my friend,"Python is my favorite language! " '
```

如果字符串内部既包含单引号又包含双引号，则可以用转义字符来标识。例如：

'I\'m\"OK\"!'表示的字符串内容是：I'm "OK"!。

转义字符以"\"开头，后跟一个字符，通常用来表示一些控制代码和功能定义。Python 中常用的转义字符如表 2-1 所示。

表 2-1   Python 中常用的转义字符

转义字符	说明	转义字符	说明
\n	换行	\'	单引号
\b	退格	\"	双引号
\r	回车	\a	鸣铃
\t	水平制表	\f	走纸换页
\v	垂直制表	\\	反斜线

Python 还允许在单引号前加 r 来表示单引号内部的字符串默认不转义。

2.3 Python 的数据结构

数据结构是通过某种方式（如对元素进行编号）组织在一起的数据元素的集合，这些数据元素可以是字符，也可以是其他数据结构。在 Python 中，最基本的数据结构之一是序列，常用的序列结构有字符串、列表、元组、字典、集合等。本节主要介绍列表、元组和字典。

2.3.1 列表

（1）列表的概念与特性

列表（list）是 Python 对象作为其元素并按顺序排列构成的有序集合，列表中的每个元素都有各自的位置编号，称为索引。列表当中的元素可以是各种类型的对象，无论是数字、字符串、元组、字典，还是列表本身，都可以作为列表当中的一个元素。此外，列表当中的元素可以重复出现。要注意的是，列表是可变数据类型，因此可以对列表对象自身进行内容修改，即可对列表进行增加、删除、修改元素等操作。

（2）创建列表

使用 Python 可以很轻松地创建一个列表对象，只需将列表元素传入特定的格式或函数中就能实现。常用的创建列表的方法有两种，一种是使用方括号"[]"进行创建，另一种是使用 list() 函数进行创建。

① 使用方括号创建

使用方括号创建列表，只需要把所需的列表元素以逗号隔开，并用方括号标识。当使用方括号而不传入任何元素时，可创建一个空列表。Python 的列表对象中允许包括任意类型的对象，其中也包括列表对象，这说明可以创建嵌套列表，如以下代码所示。

```
list1=[1,23,12,24,[11,22,33]]          #创建混合数据类型的嵌套列表
list1                                   #查看 list1 的内容
```

代码运行结果如下：

```
[1,23,12,24,[11,22,33]]
```

② 使用 list() 函数创建

Python 中 list() 函数的作用是将传入的数据结构对象转换成列表类型，如向该函数传入一个元组对象，就会将对象从元组类型转换为列表类型。由于其返回的是一个列表对象，因此可以将其看作创建列表的一种方法，具体使用时可以用圆括号或方括号把元素按顺序包括起来，元素之间以逗号隔开，并传入函数当中。若不传入任何对象到 list() 函数中，则会创建一个空列表。使用 list() 函数创建列表对象的具体实现如以下代码所示。

```
list3=list([1,2,21,23,[11,22,33]])     #向 list()函数传入一个对象
print(list3)                           #查看 list3 的内容
list4=list()                           #创建空列表
print(list4)
```

代码运行结果如下：

```
[1,2,21,23,[11,22,33]]
[]
```

如果将字符串传入函数，list() 函数会把字符串中的每个字符元素作为一个列表元素，然后将这些元素放入一个列表，看起来就像字符串被"拆开"成一个个字符一样，如以下代码所示。

```
list("hello")           #向 list()函数传入一个字符串
```

代码运行结果如下：

```
['h','e','l','l','o']
```

（3）列表的基本操作

① 列表索引

序列类型的数据结构都可以通过索引和切片操作对元素进行提取，字符串、列表和元组都属于序列类型。列表的索引是从 0 开始，以 1 为步长逐渐递增的，这种索引的定义方式或许与日常生活中人们所理解的有所不同，因此这里建议读者可以尝试将索引理解为元素相对于第一个元素的位置偏移量。例如第一个元素的位置偏移量是 0，故其索引为 0；第二个元素的位置偏移量是 1，所以索引为 1；其他元素以此类推。列表的负索引是按从右到左的方向标记元素的，最右边元素的负索引为-1，然后向左依次为-2、-3 等。

列表元素的提取方法有两种：索引访问提取和切片操作提取。其中，索引访问提取仅返回列表的一个对应元素，而切片操作提取则会返回列表中对应的子列表。

② 列表的索引访问提取

为提取列表中的某个元素，可以在列表对象后使用方括号标识索引。列表的索引访问提取具体格式为 sequence_name[index]，即序列对象[索引]。因为 Python 允许传入负索引进行元素提取，所以可以很方便地从列表尾部提取元素，如以下代码所示。

```
list1=[12,13,21,33,34,31]
print(list1[1],list1[-3])          #提取列表中第二个元素和倒数第三个元素
```

代码运行结果如下：

```
13 33
```

注意，当传入的索引超出列表正索引或负索引范围时，即小于第一个元素的负索引或大于最后一个元素的正索引时，Python 会返回错误。

③ 列表的切片操作提取

通常在对列表进行处理的时候，除了需要提取当中某个元素外，还可能需要提取列表中的子列表，这就需要通过列表的切片操作来完成。

可以使用"列表索引对"的方法来提取列表中的任意部分，得到一个新列表，这称为列表的切片操作。

具体切片操作格式为 sequence_name[start:end:step]，即序列对象[起始元素索引:终止元素索引:步长值]。

在切片操作格式中省略步长值时，默认步长值为 1，此时格式中的第二个冒号可以省略。当步长值为正数时，表示切片从左往右提取元素，一般需要起始元素索引小于终止元素索引；当步长值为负数时，则表示从右往左提取，此时起始元素索引应该大于终止元素索引。Python在步长值为 0 时会报错，因为搜索元素时一步都不迈出去是毫无意义的。

示例代码如下：

```
print(list1[1:3])          #提取列表中起始元素索引为 1，终止元素索引为 2，不包括元素索
引为 3 的元素且步长值为 1 的子列表
```

代码运行结果如下：

```
[13,21]
```

（4）列表常用函数和方法

Python 的列表类型包含丰富、灵活的列表方法，而且 Python 中也有很多函数支持对列表对象进行操作，可以对列表对象进行更复杂的处理，一般常用的处理包括对列表对象进行元素的增加、检索、删除等。

① 增加元素

在实际应用中，列表元素的增加操作是常用的操作，Python 提供了多种方法来实现这一操作。

方法 1：使用"+"运算符将一个新列表添加在原列表的尾部。

示例代码如下：

```
list4=list1+[5,25,312]
list4
```

代码运行结果如下：

```
[12,13,21,33,34,31,5,25,312]
```

由于需要进行大量元素的复制，该方法操作速度较慢，增加大量元素时不建议使用该方法。

方法2：使用列表对象的 append()方法向列表尾部添加一个新的元素。这种方法在原列表地址上操作，速度较快。

示例代码如下：

```
list1.append('python')
list1
```

代码运行结果如下：

```
[12,13,21,33,34,31,'python']
```

方法3：使用列表对象的 extend()方法将一个新列表添加在原列表的尾部，与使用"+"运算符的方法不同，这种方法在原列表地址上操作。

示例代码如下：

```
list1.extend([11,22])
list1
```

代码运行结果如下：

```
[12,13,21,33,34,31,'python',11,22]
```

方法4：使用列表对象的 insert()方法将一个元素插入列表的指定位置。该方法有两个参数：第一个参数为插入位置；第二个参数为插入元素。

示例代码如下：

```
list1.insert(1,2.7)
list1
```

代码运行结果如下：

```
[12,2.7,13,21,33,34,31,'python',11,22]
```

② 检索元素

检索元素可用不同方法来实现。

方法1：使用列表对象的 index()方法可以获取指定元素首次出现时的索引，其语法格式为index(value,[,start,[,end]])，其中 start 和 end 分别用来指定检索的开始和结束位置，start 默认为0，end 默认为列表长度。示例代码如下：

```
list1.index(13)          #在 list1 列表中检索
```

代码运行结果如下：

```
2                        #元素 13 首次出现时的索引
```

在指定范围内没有检索到元素，会提示错误信息。

方法2：使用列表对象的 count()方法统计列表中指定元素出现的次数。示例代码如下：

```
list1.append(13)         #在 list1 尾部添加一个新元素 13
list1.count(13)          #在 list1 列表中检索 13 这个元素出现的次数
```

代码运行结果如下：

```
2                        #在 list1 列表中，13 这个元素出现了 2 次
```

方法3：使用 in 运算符检索某个元素是否在该列表中。如果元素在列表中，返回 True，否则返回 False。示例代码如下：

```
'abc' in list1           #在 list1 列表中检索是否存在'abc'元素
```

代码运行结果如下：

```
False                    #在 list1 列表中不存在'abc'元素
```

③ 删除元素

删除元素可用不同方法来实现。

方法 1：使用 del 命令删除列表中指定位置的元素。示例代码如下：

```
del    list1[-1]                    #在 list1 列表中删除最后一个元素
list1
```

代码运行结果如下：

```
[12,2.7,13,21,33,34,31,'python',11,22]
```

del 命令也可以直接删除整个列表。删除对象之后，该对象就不存在了，再次访问就会提示出错。

方法 2：使用列表对象的 remove()方法删除首次出现的指定元素，如果列表中不存在要删除的元素，提示出错信息。示例代码如下：

```
list1.remove(13)                   #在 list1 列表中删除首次出现的元素 13
list1
```

代码运行结果如下：

```
[12,2.7,21,33,34,31,'python',11,22]
```

方法 3：使用列表的 pop()方法删除并返回指定位置上的元素，未传入参数时删除最后一个位置上的元素，如果给定的索引超出了列表的索引范围，则提示出错。示例代码如下：

```
list1.pop(1)                       #在 list1 列表中删除索引为 1 的元素
list1
```

代码运行结果如下：

```
[12,21,33,34,31,'python',11,22]
```

2.3.2 元组

Python 的元组（tuple）与列表类似，不同之处在于不能修改元组的元素，即一旦创建元组，用任何方法都不能修改其元素的值，如果确实需要修改，只能再创建一个新元组。

元组使用圆括号标识元素，而列表使用方括号标识元素。元组的创建很简单，只需要在圆括号中添加元素，并使用逗号分隔元素即可；也可省略圆括号，直接使用逗号分隔元素。示例代码如下：

```
x=(10,22,12,13,'abc')              #创建元组 x
x
```

代码运行结果如下：

```
(10,22,12,13,'abc')
```

如果要定义一个空元组，可以直接使用圆括号来表示。示例代码如下：

```
y=()                               #创建空元组 y
y
```

代码运行结果如下：

```
()
```

💡 **提示**

Python 在定义只有一个元素的元组时，在元素后面必须加一个逗号","。示例代码如下：

```
y=(1,)                 #创建只有一个元素的元组 y
y
```

代码运行结果如下：

```
(1,)
```

（1）元组的基本操作

由于元组是不可变序列，所以有些操作在元组中是不能使用的，如添加、修改和删除等操作。下面介绍元组的基本操作。

① 访问元组

与列表类似，可以使用索引来访问元组中的元素值。示例代码如下：

```
x=(12,32,45,23)              #创建元组 x
print(x[0],x[1],x[-1])       #输出指定索引的元素值
```

代码运行结果如下：

```
12 32 23
```

② 连接组合元组

元组中的元素值是不允许修改的，但我们可以对元组进行连接组合。示例代码如下：

```
y=(11,22,33)                 #创建元组 y
z=x+y                        #将元组 x 和元组 y 进行连接组合后赋给 z
z
```

代码运行结果如下：

```
(12,32,45,23,11,22,33)
```

（2）元组的内置函数

Python 提供的元组内置函数有 len()、max()、min()和 tuple()。此处重点介绍 tuple()函数。

tuple()函数的功能是以一个序列为参数，并把它转换为元组，如果参数本身是元组，则原样返回该参数。示例代码如下：

```
tuple([1,2,3])               #将列表转换为元组
tuple('abc')
```

代码运行结果如下：

```
(1,2,3)
('a','b','c')
```

2.3.3 字典

假如我们要创建一个数据结构用于存储学生信息，信息包括字段名（如学号、姓名、性别等）和属性值（如 20230101、liming、male 等），应该怎么做呢？

一种方法是建立两个列表，一个列表用于存储字段名，另一个列表用于存储属性值，然后通过某种方式创建两个列表之间的关联。这种方法虽然可行，但是并不实用，Python 提供了字典这个数据结构用于解决上述问题。

（1）字典的创建

字典是 Python 中常用的一种数据结构，它由"键-值对"组成，每个键-值对称为一个元素，每个元素表示一种映射或对应关系。其中，"键"可以是 Python 中的任意不可变数据类型，如整数、浮点数、复数、字符串、元组等类型，但不能是列表、集合、字典或其他可变数据类型。"值"可为任意数据类型。

字典的创建主要有以下 2 种方法。

① 直接赋值创建字典

直接赋值创建字典的一般语法格式如下：

```
Variable name = {key1:value1,key2:value2,key3:value3,...}
```

字典的元素放在花括号中，元素之间用逗号分隔，键与值之间用冒号分隔。例如，创建一个学生信息字典，包括学生学号、姓名和性别 3 个元素，代码如下：

```
stu_info={'num':'20230101','name':'liming','gender':'male'}        #创建字典
stu_info                                                           #查看字典
```

代码运行结果如下：

```
{'num':'20230101','name':'liming','gender':'male'}
```

💡 **提示**

> 字典中元素输出的顺序与创建时的顺序不一定相同，这是因为字典中各个元素并没有先后顺序。

② 使用内置函数 dict()创建字典

除了可以通过上述直接赋值的方法创建外，字典还可以用内置函数 dict()通过其他字典、键-值对的序列或关键字参数来创建。zip()函数将可迭代的对象作为参数，把对象中对应的元素打包成一个个元组，然后返回由这些元组组成的 zip 对象。

使用内置函数 dict()创建字典。示例代码如下：

```
stu_info2=dict(stu_info)                                          #通过其他字典创建
stu_info3=dict(num='20230101',name='liming',gender='male')        #通过关键字参数创建
stu_info4=dict(zip(['num','name','gender'],['20230101','liming','male'])) #通过 dict()和 zip()结合
创建
```

（2）字典的访问

访问字典是根据指定键访问其对应值，常见的访问方法有以下两种。

① 根据键访问值

字典中的每个元素表示一种映射关系，将提供的键作为索引可以访问对应的值，如果字典中不存在这个键，则会抛出异常。根据键访问值的语法格式如下：

字典名[键]

示例代码如下：

```
stu_info['num']      #根据 num 访问学号
```

代码运行结果如下：

```
'20230101'
```

② 使用 get()方法访问值

在访问字典时，若不确定字典中是否有某个键，可通过 get()方法进行获取，若该键存在，则返回其对应的值，若不存在，则返回默认值。使用 get()方法访问值的语法格式如下：

```
dict.get(key[,default=None])
```

其中，dict 为被访问字典名；key 表示要查找的键；default 用于定义默认值，如果指定键的值不存在，返回该默认值，当 default 为空时，返回 None。例如，使用 get()方法访问前面定义的 stu_info 字典，代码如下：

```
stu_info.get('num')       #使用 get()获取学生学号
```

代码运行结果如下：

```
'20230101'
```

（3）字典的基本操作

与列表相似，Python 也提供了大量方法用于字典元素的修改、添加、删除、更新、复制等操作。

① 修改和添加元素

当以指定键为索引为字典元素赋值时，有以下两种含义。

第一，若该键在字典中存在，则表示修改该键对应的值。

第二，若该键不存在，则表示添加一个新的键-值对，也就是添加一个新元素到字典中。示例代码如下：

```
stu_info['age']=18          #添加学生年龄
stu_info
```

代码运行结果如下：

```
{'num':'20230101','name':'liming','gender':'male','age':18}
```

② 删除元素

要删除字典中的元素或整个字典，可以使用 del 命令、clear()、pop() 和 popitem() 方法。

del 命令可根据键删除字典中的元素。示例代码如下：

```
del stu_info['age']          #删除学生年龄
stu_info
```

代码运行结果如下：

```
{'num':'20230101','name':'liming','gender':'male'}
```

clear() 方法用于清除字典中的所有元素。其语法格式如下：

```
dict.clear()
```

其中，dict 为要被清空的字典名；该方法不包含任何参数，也没有返回值。示例代码如下：

```
stu_info.clear()             #清空字典
stu_info
```

代码运行结果如下：

```
{}
```

pop() 方法用于获取指定键的值，并将这个键-值对从字典中删除。其语法格式如下：

```
dict.pop(key[,default])
```

其中，dict 为要被删除元素的字典名；key 表示要被删除的键；default 表示默认值，当字典中没有要被删除的 key 时，该方法返回指定的默认值。示例代码如下：

```
stu_info={'num':'20230101','name':'liming','gender':'male'}   #创建字典
stu_info.pop('gender')                                         #删除学生性别
stu_info
```

代码运行结果如下：

```
{'num':'20230101','name':'liming'}
```

popitem() 方法用于随机获取一个键-值对，并将其删除。其语法格式如下：

```
dict.popitem()
```

其中，dict 为要被删除元素的字典名；该方法无参数，返回值为一个随机的键-值对。示例代码如下：

```
stu_info.popitem()           #随机返回某键-值对并删除
stu_info
```

代码运行结果如下：

{'num':'20230101'}

③ 更新字典

使用 update()方法可以将新字典的键-值对一次性全部添加到当前字典中，如果两个字典中存在相同的键，则将当前字典更新为新字典中的值。update()方法的语法格式如下：

dict.update(dict2)

其中，dict 为当前字典名，dict2 为新字典名。示例代码如下：

stu_info.update({'name':'liming','gender':'male','age':18})   #添加新元素

stu_info

代码运行结果如下：

{'name':'liming','gender':'male','age':18}

④ 复制字典

复制字典可调用 copy()方法，copy()方法返回字典的浅复制结果。其语法格式如下：

dict.copy()

其中，dict 为需要复制的字典名，该方法无参数，返回值为一个新字典。示例代码如下：

stu_info.copy()   #复制字典

stu_info

代码运行结果如下：

{'name':'liming','gender':'male','age':18}

2.4 Python 的运算符与表达式

Python 语言提供了丰富的运算符和表达式，这些丰富的运算符和表达式使 Python 语言具有很强的表达能力。

2.4.1 运算符

运算符用于连接表达式中各种类型的数字、变量等操作数（Operand），其作用是指明对操作数执行的运算类型。Python 支持多种类型的运算符，包括算术运算符、赋值运算符、比较（关系）运算符、逻辑运算符、成员运算符、同一性运算符等。

2-2 Python 的运算符与表达式

（1）算术运算符

Python 提供了 7 个基本的算术运算符，其运算方式与数学中的基本相同。Python 算术运算符如表 2-2 所示。

表 2-2   Python 算术运算符

运算符	含义	优先级	结合性
+	加法	这些运算符的优先级相同，但比下面的运算符优先级低	左结合
−	减法		
*	乘法	这些运算符的优先级相同，但比上面的运算符优先级高	
/	除法		
%	模		
**	幂		
//	整除		

Python 中，同一个表达式可以包括多种运算符，还可以使用圆括号来修改运算次序，运算方式与数学中的类似。

（2）赋值运算符

赋值运算符是构成 Python 语言最基本、最常用的赋值语句的重要部分。Python 语言允许将赋值运算符与其他 12 种运算符结合使用，形成复合赋值运算符，使 Python 语言编写的程序更简单、精练。

赋值运算符用"="表示，它的作用是将一个数据赋给一个变量。

例如，"a=3"的作用是把常量 3 赋给变量 a。也可以将一个表达式赋给一个变量，如"a=x%y"的作用是将表达式 x%y 的结果赋给变量 a。

赋值运算符"="是一个双目运算符，其结合方向为自右至左。

在讲解基础赋值规则后，下面将进一步介绍 Python 中更灵活的赋值结构。除单一变量赋值外，Python 还支持三种特殊赋值结构，使批量赋值操作更加高效便捷。

① 链式赋值

在 Python 中，可通过链式赋值将同一个值赋给多个变量，一般形式为：

```
x=y=5
```

这里，x=y=5 等价于先执行"y=5"，再执行"x=y"。

例如，a=b=c=1 创建了一个整型对象，值为 1，3 个变量 a、b、c 被分配到相同的内存空间上，均指向数据对象 1。

② 多变量并行赋值

Python 可以对多个变量并行赋值，一般形式为：

变量 1,变量 2,…,变量 n=表达式 1,表达式 2,…,表达式 n

变量个数要与表达式的个数一致，赋值过程为：首先计算右边 n 个表达式的值，然后同时将表达式的值赋给左边的 n 个变量。示例代码如下：

```
x,y,z=2,5,8
```

③ 复合赋值运算符

Python 语言规定，赋值运算符"="可与 7 种算术运算符和 5 种位运算符结合构成 12 种复合赋值运算符。它们分别是+=、-=、*=、/=、//=、**=、%=、>>=、<<=、&=、^=和|=，结合方向为自右至左。例如：

```
a+=3      #等价于 a=a+3
a*=a+3    #等价于 a=a*(a+3)
a%=3      #等价于 a=a%3
```

（3）比较（关系）运算符

比较运算用于比较运算符两边的表达式，若比较结果符合给定的条件，则结果为 True（代表真），否则为 False（代表假）。Python 语言提供了 7 种比较运算符，如表 2-3 所示。

表 2-3   Python 比较运算符

运算符	含义	优先级	结合性
>	大于	这些运算符的优先级相同，但比下面的运算符优先级低	左结合
>=	大于或等于		
<	小于		
<=	小于或等于		

运算符	含义	优先级	结合性
==	等于	这些运算符的优先级相同，但比上面的运算符优先级高	左结合
!=	不等于		
<>			

Python 中，比较运算符可以连用，也称为比较运算符链，其计算方法与数学中的计算方法相同。示例代码如下：

```
x=5
0<=x<=10          #x 大于或等于 0 且小于或等于 10
```

代码运行结果如下：

```
True
```

（4）逻辑运算符

逻辑运算符是对比较表达式或布尔值进行运算的运算符，运算结果仍是布尔值。Python 语言提供 3 种逻辑运算符，如表 2-4 所示。

表 2-4   Python 逻辑运算符

运算符	含义	优先级	结合性
not	逻辑非	高	右结合
and	逻辑与	↑	左结合
or	逻辑或	低	

and 和 or 是双目运算符，结合方向是自左至右，且 and 的优先级高于 or。not 是单目运算符，结合方向是自右至左，它的优先级高于 and 和 or。

3 种逻辑运算符的意义如下。

① a and b：若 a 和 b 同时为 True，则结果为真，否则为假。例如：

```
15>13 and 14>12
```

由于 15>13 为真，14>12 也为真，逻辑与的结果为 True。

② a or b：若 a 和 b 同时为 False，则结果为假，否则为真。例如：

```
15<10 or 14>6
```

由于 15<10 为假，14>6 为真，逻辑或的结果为 True。

③ not a：若 a 为真，结果为假；若 a 为假，结果为真。例如，not(15>10)的结果为 False。

3 种逻辑运算符的真值表如表 2-5 所示。

表 2-5   Python 逻辑运算符的真值表

a	b	a and b	a or b	not a
真	真	真	真	假
真	假	假	真	假
假	真	假	真	真
假	假	假	假	真

（5）成员运算符

成员运算符用于判断一个元素是否在某一个序列中，或者判断一个字符是否属于某个字符串等，运算结果是布尔值。Python 提供了两种成员运算符，如表 2-6 所示。

表 2-6   Python 成员运算符

运算符	含义	优先级	结合性
in	存在	相同	左结合
not in	不存在		

in 运算符用于在指定的序列中查找某个元素是否存在，存在则返回 True，不存在则返回 False。示例代码如下：

'a' in 'abcd'

代码运行结果如下：

True

not in 运算符用于在指定的序列中查找某个元素是否不存在，不存在则返回 True，存在则返回 False。示例代码如下：

'ac' not in 'abcd'

代码运行结果如下：

True

（6）同一性运算符

同一性运算符用于检查两个变量是否指向同一个对象，其运算结果是布尔值。Python 提供了同一性运算符，如表 2-7 所示。

表 2-7   Python 同一性运算符

运算符	含义	优先级	结合性
is	相同	相同	左结合
is not	不相同		

is 运算符用来检查运算的两个变量是否引用同一个对象，也就是是否相同。若相同则返回 True，否则返回 False。示例代码如下：

x=y=2.5
z=2.5
x is y

代码运行结果如下：

True

在该例中，变量 x 和 y 被绑定到同一个数值上，而 z 被绑定到另一个与 x 具有相同数值的对象上，也就是 x 和 z 值相等，但不是同一个对象。

is not 运算符用来检查运算的两个变量是否未引用同一个对象，如果未引用同一个对象则返回 True，否则返回 False。示例代码如下：

x is not z

代码运行结果如下：

True

Python 中不同的运算符具有不同的优先级。在计算表达式的值时，优先级比较高的运算符先参与计算，如果表达式中的运算符优先级相同，要按照运算符的结合性确定参与计算的先后顺序，当然也可以使用圆括号改变计算的顺序。表 2-8 列出了本节所介绍的运算符的优先级和结合性。

表 2-8   Python 常用运算符的优先级和结合性

优先级	运算符	结合性
	( )	
	**、*、/、%、//	
	+、-	左结合
高 ↑	==、!=、<>	
	<、<=、>、>=	
	not	右结合
	and	
	or	左结合
低	is、is not	
	in、not in	
	=、+=、-=、*=、/=、%=、//=、**=	右结合

2.4.2 表达式

Python 中的表达式（Expression）是由运算符和操作数组合而成的，它们可以被求值（Evaluated）为某个值。Python 中的表达式非常灵活，有多种类型，如算术表达式、赋值表达式、比较表达式、逻辑表达式等。

（1）算术表达式

用算术运算符将运算对象（操作数）连接起来且符合 Python 语言语法规则的式子，称为算术表达式。运算对象包括常量、变量和函数等。例如：

```
3+a*b/5-2.3+b
```

就是一个算术表达式。该表达式先求 a*b，然后将其结果除以 5，之后从左至右进行加法和减法运算。如果表达式中有圆括号，则应该先进行圆括号内的运算，再进行圆括号外的运算。

（2）赋值表达式

由赋值运算符"="将一个变量和一个表达式连接起来的式子称为赋值表达式，其一般形式为：

```
变量=表达式
```

赋值运算符的左边必须是变量，右边是表达式。赋值表达式的求解过程为：计算赋值运算符右边表达式的值，并将计算结果赋给其左边的变量。示例代码如下：

```
y=2
x=(y+2)/3
x
```

代码运行结果如下：

```
1.333333333333
```

赋值时先计算表达式的值，然后使变量指向该数据对象（值），该变量可以理解为该数据对象的别名。

> **注意**
>
> Python 的赋值和一般的高级语言的赋值有很大的不同，它是引用赋值。

（3）比较表达式

由比较运算符和操作数组成的表达式称为比较表达式。比较表达式的运算结果是一个布尔值，即只有 True 和 False 两个值。在 Python 中，真用 True 表示，假用 False 表示。示例代码如下：

```
x,y,z=2,3,5
x>y
```

代码运行结果如下：

```
False
```

注意浮点数的比较。在计算机中，浮点数是实数的近似值。执行一系列浮点数的运算后，可能会发生四舍五入的情况。示例代码如下：

```
x=123456
y=-111111
z=1.2345678
a=(x+y)+z
b=x+(y+z)
print(a,b)
```

代码运行结果如下：

```
12346.2345678 12346.23456799998
```

在数学中,x、y、z 在初始值相同的情况下，(x+y)+z 和 x+(y+z)结果相同。在计算机中，需要进行四舍五入，因此得到了不同的值。示例代码如下：

```
a==b
```

代码运行结果如下：

```
False
```

又如：

```
a-b<0.0000001
```

代码运行结果如下：

```
True
```

语句 a==b 用于检查 a 和 b 是否具有相同的值。a-b<0.0000001 用于检查 a 和 b 是否足够接近。在比较浮点数是否相等时，前一种方法常常会得到不正确的结果，因此一般都采用后一种方法。

（4）逻辑表达式

由逻辑运算符连接比较表达式或布尔值组成的表达式称为逻辑表达式，逻辑表达式的运算结果为最后计算的表达式的值。

在逻辑表达式的求解中，并不是所有的逻辑运算都要被执行，只有在必须执行下一个逻辑运算才能求出表达式的解时，才会执行该运算。逻辑运算的运算规则如下。

① 逻辑与运算的运算规则。

对于逻辑与运算 a and b，如果 a 为真，继续计算 b，b 将决定整个表达式的值，所以结果为 b 的值。

如果 a 为假，无须计算 b，就可以得知整个表达式的值为假，所以结果为 a 的值。

示例代码如下：

```
True and 0
```

代码运行结果如下：

```
0
```

又如：

False and 12

代码运行结果如下：

False

② 逻辑或运算的运算规则

对于逻辑或运算 a or b，如果 a 为真，无须计算 b，就可得知整个表达式的值为真，所以结果为 a 的值。

如果 a 为假，继续计算 b，b 将决定整个表达式最终的值，所以结果为 b 的值。示例代码如下：

True or 0

代码运行结果如下：

True

又如：

False or 12

代码运行结果如下：

12

③ 逻辑非运算的运算规则

对于逻辑非运算 not a，如果 a 为真，结果为假；反之，若 a 为假，结果为真。例如：

not (15>12)

运行结果为：

False

2.5 基本程序结构

Python 的基本程序结构主要用于控制程序的执行流程，它们决定了程序中的代码块何时及如何执行。Python 中的基本程序结构主要包括顺序结构、选择结构和循环结构。

2.5.1 顺序结构

顺序结构是最简单的一种结构，其语句是按书写顺序执行的，除非进行指示转移，否则计算机自动以语句编写的顺序一句一句地执行。顺序结构的执行流程始终沿固定方向进行，有一个入口和一个出口。顺序结构的流程图如图 2-1 所示，先执行程序模块 A，然后执行程序模块 B，程序模块 A 和程序模块 B 分别代表某些操作。

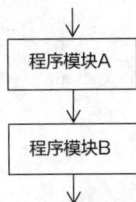

图 2-1　顺序结构的流程图

下面是能够实现实际功能的顺序结构程序设计的例子，虽然不难，但对读者形成清晰的编程思路是有帮助的。

【**案例 2-1**】编写程序，要求输入营业收入、营业成本，计算营业利润

参考代码如下：

```
a=int(input('请输入营业收入：'))        #input()函数用于接收从键盘输入的信息
b=int(input('请输入营业成本：'))
c=a-b                               #计算营业利润
print('营业利润为：',c)              #print()函数用于输出指定信息
```

2.5.2 选择结构

选择结构通过判断某些特定条件是否被满足来决定下一步的执行流程，选择结构是非常重要的控制结构。常见的选择结构有单分支选择结构、双分支选择结构、多分支选择结构、嵌套的选择结构，形式比较灵活多变，具体使用哪一种取决于所要实现的业务逻辑。从某种意义上讲，后面章节中讲到的循环结构中也可以使用 else 子句，可以将其看作选择结构的一种变形。

（1）单分支选择结构

单分支选择结构是最简单的一种选择结构形式，其语法格式如下，其中表达式后面的冒号"："是不可缺少的，表示一个语句块的开始，后面几种其他形式的选择结构和循环结构中的冒号也是必须有的。

```
if 表达式：
    语句块
```

当表达式值为 True 或其他等价值时，表示条件满足，语句块将被执行，否则该语句块将不被执行。示例代码如下：

```
a=12
b=20
if a>b:
    print('a>b 成立')
```

（2）双分支选择结构

双分支选择结构的语法格式如下：

```
if 条件表达式：
    语句块 1
else:
    语句块 2
```

当表达式值为 True 或其他等价值时，执行语句块 1，否则执行语句块 2。下面的代码演示了双分支选择结构的用法。

```
a=12
b=20
if a>b:
    print('a>b 成立')
else:
    print('a>b 不成立')
```

Python 还支持如下形式的表达式：

```
value1 if condition else value2
```

当条件表达式 condition 的值与 True 等价时，表达式的值为 value1，否则为 value2。另外，在 value1 和 value2 中还可以使用复杂表达式，包括函数调用和基本输出语句。下面的

代码演示了上面的表达式的用法，从代码中可以看出，这种形式的表达式也具有惰性求值的特点。

```
a=12
print(6 if a>10 else 5)
```

代码运行结果如下：

```
6
```

（3）多分支选择结构

多分支选择结构为用户提供了更多的选择，可以实现复杂的业务逻辑。多分支选择结构的语法格式如下：

```
if 表达式 1:
    语句块 1
elif 表达式 2:
    语句块 2
elif 表达式 3:
    语句块 3
    …
else:
    语句块 n
```

其中，关键字 elif 是 else if 的缩写。下面的代码演示了利用多分支选择结构将成绩从百分制转换为等级制的实现方法。

```
score=int(input('请输入考试成绩：'))
if   score>=90:
    print( 'A')
elif score>=80:
    print( 'B')
elif score>=70:
    print( 'C')
elif score>=60:
    print( 'D')
else:
    print('E')
```

（4）嵌套的选择结构

选择结构可以进行嵌套，其语法格式如下：

```
if 表达式 1:
    语句块 1
    if 表达式 2:
        语句块 2
    else:
        语句块 3
else:
    if 表达式 3:
        语句块 4
```

使用该结构时，一定要严格控制好不同级别代码块的缩进量，因为这决定了不同代码块的从属关系及业务逻辑是否被正确地实现、是否能够被 Python 正确地理解和执行。

2.5.3 循环结构

循环结构的作用在于重复执行一段代码，直到满足特定的条件为止。它能够提高编程效率，处理重复的任务。使用循环结构，可以避免编写大量重复的代码，使程序更加简洁、高效。

（1）while 循环和 for 循环

Python 提供了两种基本的循环结构：while 循环和 for 循环。其中，while 循环一般用于循环次数难以提前确定的情况，当然也可以用于循环次数确定的情况；for 循环一般用于循环次数可以提前确定的情况，尤其适用于枚举或遍历序列的场景，编程时一般建议优先考虑使用 for 循环。

相同或不同的循环结构之间可以互相嵌套，也可以与选择结构嵌套使用，以实现更为复杂的逻辑。

while 循环和 for 循环常见的用法为：

```
while  条件表达式：
        循环体
```

和

```
for  变量 in 序列或遍历对象：
        循环体
```

另外，while 循环和 for 循环都可以使用 else 子句，如果循环因为条件表达式不成立而自然结束（不是因为执行了 break 语句而结束循环），则执行 else 子句；如果循环是因为执行了 break 语句而提前结束，则不执行 else 子句。其语法格式为：

```
while  条件表达式：
        循环体
else：
        else 子句代码块
```

和

```
for  变量 in 序列或遍历对象：
        循环体
else：
        else 子句代码块
```

（2）break 语句和 continue 语句

break 语句和 continue 语句在 while 循环和 for 循环中都可以使用，并且一般和选择结构结合使用，以达到满足特定条件时跳出循环的目的。一旦 break 语句被执行，将使得整个循环提前结束。continue 语句的作用是终止本次循环，并忽略 continue 语句之后的所有语句，直接回到循环的开始处，进入下一次循环。需要注意的是，过多的 break 语句和 continue 语句会严重降低程序的可读性。除非 break 语句或 continue 语句可以让代码更简单或更清晰，否则不要轻易使用。

下面的代码用来计算小于 100 的最大素数。

```
for n in range(100,1,-1):
    for i in range(2,n):
        if   n%i==0:
            break
        else:
            print(n)
            break
```

删除上面代码中最后一个 break 语句，可以用来输出 100 以内的所有素数。

下面的代码使用 continue 语句输出 10 以内的奇数：

```
for i in range(10):
    if i%2==0:
        continue
    print(i)
```

2.6 Python 的函数

函数是一段具有特定功能的、可重复使用的代码段，它能够提高程序的模块化和代码的复用率。Python 提供了很多内置函数（如 print()、int()函数等）和标准库函数（如 math 库中的 sum()函数）。除此之外，用户还可以自己编写函数，称为自定义函数。

2.6.1 Python 内置函数

Python 提供了大量的内置函数（Built-in Function），这些函数为 Python 程序提供了丰富的功能，从基本的输入输出、数据类型操作到复杂的数学运算和对象处理，都可以通过这些内置函数来实现。下面简要介绍一些常用的 Python 内置函数，如表 2-9 所示。

表 2-9　　　　　　　　　　常用的 Python 内置函数

函数	功能描述
print()	输出。这是最常用的函数之一，用于在屏幕上输出信息
type()	返回对象的类型。比如，type(1)返回<class 'int'>，type('hello')返回<class 'str'>
len()	返回对象的长度（项目数）
input()	从用户那里获取输入。这个函数会暂停程序的执行，等待用户输入一些文本，并按【Enter】键
range()	生成一个整数序列，常用于循环中。range(start,stop[,step])根据给定的起始值（start）、结束值（stop，不包括）和步长（step）生成一个序列
open()	打开文件，并返回文件对象。这个函数是文件操作的基础，用于读取或写入文件
eval()	执行一个字符串表达式，并返回表达式的值

上述只是 Python 内置函数的一小部分，但已经覆盖了日常编程中常用的功能。Python 的强大之处在于其内置函数的丰富性和易用性，这使得开发者能够高效地编写出功能强大的代码。

2.6.2 自定义函数

自定义函数的主要作用是封装特定功能或计算过程，使得代码更加模块化、易于理解和维护。通过自定义函数，开发者可以重复使用相同的代码逻辑，减少代码冗余，提高开发效率。

（1）函数的定义

在 Python 中，定义函数的一般形式为：

```
def  函数名([形式参数列表]):
    函数体
```

在 Python 中使用 def 关键字来定义函数，函数名可以是任何有效的 Python 标识符。函数名后的圆括号内是形式参数（简称形参）列表，形式参数列表是调用该函数时传递给它的值，可以有零个、一个或多个，当传递多个参数时各参数之间由逗号分隔。函数体是函数每次被调用时要执行的代码，由一行或多行语句组成。定义函数时需要注意以下几点。

① 即使该函数不需要接收任何参数，也必须保留一对空的圆括号。

② 圆括号后面的冒号不能省略。

③ 函数体相对于 def 关键字必须保留一定的空格缩进。

例如，定义函数 print_text()，该函数的功能是输出"hello world!"这句话，代码如下：

```
def print_text():
    print('hello world!')
```

（2）函数的调用

定义了函数，就相当于有了一段具有特定功能的代码，要想执行这些代码，需要调用函数。函数调用的一般形式为：

```
函数名([实际参数列表])
```

此时，实际参数（简称实参）列表中给出要传入函数的具体值。

【案例 2-2】编程实现输出如下内容，要求使用函数

参考内容如下：

```
**********
**********
hello world!
**********
**********
```

参考代码如下：

```
#定义函数
def print_line():
    print('**********')
def print_text():
    print('hello world!')
#调用函数
print_line()
print_line()
print_text()
print_line()
print_line()
```

（3）函数的返回值

函数并非总是直接输出数据，它还可以处理一些数据，并返回一个或一组值。函数返回的值被称为返回值。在 Python 中，函数使用 return 语句返回值。

return 语句用于终止函数执行并将程序控制权返回到函数调用方。该语句可返回零个、一个或多个值至调用方。当函数未包含 return 语句时，Python 将隐式执行 return None，即返回 None 值。

【案例 2-3】编写函数实现求两数中较小值并输出

参考代码如下：

```
#定义函数
def minival(x,y):
    if x>y:
        return y
    else:
        return x
```

```
#主程序
a=float(input('输入第一个数据：'))
b=float(input('输入第二个数据：'))
c=minival(a,b)                          #调用函数，将较小值赋给 c
print('较小值为：',c)
```
代码运行结果如下：

```
输入第一个数据：4
输入第二个数据：10
较小值为：4.0
```

如果函数没有 return 语句，Python 将认为该函数以 return None 结束，即返回空值。函数也可以用 return 语句返回多个值，多个值以元组类型保存。

（4）函数的参数

定义函数时，圆括号内使用逗号分隔形参，调用函数时向其传递实参，根据不同的参数类型，将实参的值或引用传递给形参。

根据实参传递给形参的值的不同，分为值传递和地址传递两种方式。

① 值传递方式

所谓值传递方式，是指函数调用时为形参分配内存单元，并将实参的值赋给形参；函数调用结束后，形参所占的内存单元被释放，值消失。

值传递方式的特点是：形参和实参各占不同的内存单元，函数中对形参值的改变不会改变实参的值，这也就是函数参数的单向传递规则。

【案例 2-4】函数参数的值传递方式

参考代码如下：

```
def swap(a,b) :
    a,b=b,a
    print('a=',a,'b=',b)
x,y=eval(input('input x,y:'))
swap(x,y)
print('x=',x,'y=',y)
```
代码运行结果如下：

```
input x,y:3,5
a=5 b=3
x=3 y=5
```

在调用 swap(a,b)时，实参 x 的值传递给形参 a，实参 y 的值传递给形参 b，在函数中通过交换赋值，将 a 和 b 的值进行交换。从运行结果可以看出，形参 a 和 b 的值进行了交换，而实参 x 和 y 的值并没有交换。

② 地址传递方式

所谓地址传递方式，是指在函数调用时，将实参值的存储地址作为参数传递给形参。

地址传递方式的特点是：形参和实参占用同样的内存单元，函数中对形参值的改变也会改变实参的值。因此，函数参数的地址传递方式可以实现调用函数与被调用函数之间的双向数据传递。

值得注意的是，Python 中将列表对象作为函数的参数时，向函数中传递的是列表的引用地址。

【案例 2-5】函数参数的地址传递方式

参考代码如下：

```
def swap(a_list) :
    a_list[0],a_list[1]=a_list[1],a_list[0]
    print('a_list[0]=',a_list[0],'a_list[1]=',a_list[1])
x_list=[3,5]
swap(x_list)
print('x_list[0]=',x_list[0],'x_list[1]=',x_list[1])
```

代码运行结果如下：

```
a_list[0]=5 a_list[1]=3
x_list[0]=5 x_list[1]=3
```

在调用 swap(a_list)时，将列表对象实参 x_list 的地址传递给形参 a_list，x_list 和 a_list 指向同一个内存单元。在函数中，当 a_list[0]和 a_list[1]进行数据交换时，x_list[0]和 x_list[1]的值也进行了交换。

课后习题

一、单项选择题

1. 下面关于函数的说法，错误的是（　　　）。

    A. 在不同函数中可以使用名字相同的变量

    B. 函数可以减少代码的重复，使程序更加模块化

    C. 调用函数时，传入参数的顺序和函数定义时的顺序必须不同

    D. 函数体中如果没有 return，函数返回空值 None

2. 使用（　　）关键字创建自定义函数。

    A. function　　　　　B. func　　　　　　C. def　　　　　　D. procedure

3. 执行以下程序，输出结果为（　　　）。

```
def f():
    print(x)
    x=20+1
f()
```

    A. 0　　　　　　　　B. 20　　　　　　　C. 21　　　　　　D. 程序出现异常

4. 以下哪个不是 Python 的内置数据类型。（　　　）

    A. 整数　　　　　　B. 列表　　　　　　C. 字符串　　　　　D. 字典

5. 以下哪个表达式的结果为 True。（　　　）

    A. 3 == '3'　　　　B. 3 > 2　　　　　C. 3 != 3　　　　D. None == True

6. 在 Python 中，以下用于遍历列表中的所有元素的是（　　　）。

    A. for i in list: print(i)　　　　　　　B. for i = 0; i < len(list); i++: print(list[i])

    C. while i < len(list): print(list[i]); i++　　D. for i in range(list): print(i)

二、填空题

1. Python 中的字典是通过_____来访问其元素的。

2．Python 中，_____函数用于获取字符串的长度。

3．函数可以有多个参数，参数之间使用_____分隔。

4．使用_____语句可以返回函数值并退出函数。

5．如果函数中没有 return 语句或者 return 语句不带任何返回值，那么该函数的返回值为____。

6．Python 中，_____表示逻辑非运算符。

第 3 章

数据分析基础

学习导读

在当今数据驱动的时代，数据分析已成为各行各业不可或缺的一部分。无论是商业决策、科学研究还是日常生活，都离不开对数据的深入理解和分析。本章将带领读者踏入数据分析的大门，从基础的数据分析基本流程讲起，逐步深入介绍使用 Python 中强大的 NumPy 和 pandas 库进行高效的数据操作与管理的方法。通过本章的学习，读者将掌握数据分析的基本流程，学会如何创建、索引、切片数组及创建 DataFrame（pandas 中的数据结构），同时还将了解如何从文件中读取和写入数据，以及如何进行数据的拼接。这不仅可以为学习后续的数据分析、数据可视化及机器学习等高级内容打下坚实的基础，也将使读者在处理实际数据问题时更加得心应手。

学习目标

➢ 掌握包括明确目标与问题定义、数据收集、数据清洗与预处理、数据探索与可视化、数据分析与建模、结果解释与报告撰写及反馈与迭代的完整数据分析基本流程。理解每个步骤在数据分析中的重要性和作用。

➢ 掌握创建 NumPy 数组的方法，理解其多维数据结构的特性。

➢ 掌握数组的索引和切片操作，能够高效地访问和修改数组中的数据。

➢ 理解 DataFrame 和 Series 这两种基本数据结构，并能灵活创建它们。

➢ 掌握数据的索引、选择等基本操作。

➢ 掌握使用 pandas 读取和写入 Excel、CSV 文件的方法。

➢ 理解并应用 merge()、join()等方法进行数据的拼接。

思维导图

- 数据分析基础
  - 数据分析的基本流程
    - 关键步骤：明确目标与问题定义、数据收集、数据清洗与预处理、数据探索与可视化、数据分析与建模、结果解释与报告撰写、反馈与迭代
  - 数组运算NumPy
    - NumPy介绍：NumPy的核心功能、NumPy在数据分析中的应用
    - 数组的创建与数据类型：数组的创建、数组的数据类型
    - 数组的常用属性
    - 数组的索引与切片：索引、切片
  - 数据处理pandas
    - pandas介绍
    - Series的创建：使用列表或数组创建、使用字典创建、使用标量值创建、从pandas索引创建、从另一个Series创建
    - Series索引及切片：索引、切片
    - DataFrame的创建：使用字典创建、使用列表的列表（或元组）创建、使用NumPy数组创建、使用Series对象创建、使用字典的字典创建
    - 文件的读取和写入
    - 数据查看与筛选：数据查看、数据筛选
    - 数据拼接：concat()方法、merge()方法、join()方法

3.1 数据分析的基本流程

数据分析的基本流程是一个系统而有序的过程，旨在从原始数据中提取有价值的信息和洞察，以支持决策制定和业务优化。这一流程大致可以分为以下几个关键步骤，每个步骤之间紧密相连。

（1）明确目标与问题定义

数据分析的第一步是明确分析的目标和需要解决的问题。这包括与利益相关方沟通，理解他们的业务需求、痛点及期望达成的目标。通过清晰的问题定义，数据分析团队能够聚焦于最相关和最有价值的数据点，避免在海量数据中迷失方向。

（2）数据收集

在明确了分析目标和需要解决的问题后，下一步是收集所需的数据。数据来源可能多种多样，包括但不限于企业内部数据库、第三方数据源、社交媒体、用户调研等。数据收集过程中需要注意数据的完整性、准确性和时效性，确保收集到的数据能够真实反映业务现状。

（3）数据清洗与预处理

收集到的原始数据往往存在噪声、缺失值、异常值等问题，这些问题会直接影响分析结果的准确性和可靠性。因此，在进行分析之前，需要进行数据清洗和预处理工作，包括去除重复数据、填补缺失值、处理异常值、转换数据类型和格式等，以确保数据质量。

（4）数据探索与可视化

数据探索是了解数据分布、特征和规律的重要步骤。通过统计描述、图表展示等方式，数据分析师可以发现数据中的潜在模式和趋势。同时，使用数据可视化技术能够将复杂的数据关系以直观的方式呈现出来，帮助非专业人士快速理解数据背后的故事。

（5）数据分析与建模

在数据探索与可视化的基础上，数据分析师会运用各种统计方法和机器学习算法对数据进行深入分析。这些分析可能包括趋势分析、关联分析、聚类分析、预测分析等，旨在揭示数据之间的内在联系和规律。同时，根据业务需求，数据分析师还可能建立预测模型或优化模型，以支持决策制定和业务优化。

（6）结果解释与报告撰写

数据分析的结果需要以易于理解的方式呈现给利益相关方。这包括撰写分析报告、制作演示文稿等。在报告中，数据分析师需要清晰地阐述分析过程、展示分析结果，并对结果进行深入解读。同时，数据分析师还需要基于分析结果提出建议或策略，以支持业务决策。

（7）反馈与迭代

数据分析并不是一次性的工作，而是一个持续迭代的过程。在报告撰写完成后，数据分析师需要与利益相关方保持沟通，收集他们的反馈意见，并根据反馈意见对分析过程进行调整和优化。通过不断地反馈和迭代，数据分析师能够不断提升分析质量，为业务提供更加准确和有价值的洞察。

综上所述，数据分析的基本流程包括明确目标与问题定义、数据收集、数据清洗与预处理、数据探索与可视化、数据分析与建模、结果解释与报告撰写及反馈与迭代等关键步骤。这些步骤相互关联、相互支持，共同构成了数据分析的完整流程。

3.2 数组运算 NumPy

NumPy 为数据分析提供了高效的数据存储和处理能力、丰富的数学函数和统计工具、强大的数组操作能力，以及与其他数据分析工具的紧密集成能力。因此，在进行数据分析时，掌握 NumPy 的使用方法是非常重要和必要的。

3-1　数组运算
Numpy

3.2.1 NumPy 介绍

NumPy（Numerical Python，数值 Python）是 Python 的一个开源的数值计算扩展库，专为高效处理大型多维数组和矩阵运算而设计。它不仅提供了丰富的数学函数，还极大地简化了数组和矩阵的操作，使得 Python 在科学计算领域的应用更加广泛和深入。

（1）NumPy 的核心功能

① 提供多维数组对象：NumPy 提供了高效的多维数组对象 ndarray，这是 NumPy 进行数据分析的基础。ndarray 数组对象在内存中连续存储，并且具有相同的数据类型，这使得 NumPy 能够执行高效的数组运算。

② 提供数学函数库：NumPy 提供的数学函数库内置大量的数学函数，涉及线性代数、傅里叶变换、随机数生成等，这些函数可以直接对 ndarray 数组进行操作，极大地降低了数据分析的复杂度。

③ 提供广播机制：NumPy 的广播机制允许不同形状的数组之间进行运算，这对进行数据分析和机器学习模型训练尤为重要。

（2）NumPy 在数据分析中的应用

① 数据预处理：在数据分析的初始阶段，经常需要对收集到的原始数据进行预处理，包括数据清洗、数据转换、缺失值处理等。NumPy 提供了丰富的函数和工具，如 np.unique()用于去

重、np.isnan()和 np.nan_to_num()用于处理缺失值等，使数据预处理变得更加高效和简单。

② 数据统计：NumPy 提供了大量的统计函数，如 np.mean()用于计算均值、np.std()用于计算标准差、np.median()用于计算中位数等，这些函数可以直接对 ndarray 数组进行操作，快速得出数据的统计特性。

③ 数据可视化：虽然 NumPy 本身不直接提供数据可视化的功能，但它可以与其他库（如 Matplotlib、pandas 等）结合使用，将数据分析的结果以图表的形式展示出来。例如，可以使用 NumPy 计算数据的统计量，然后使用 Matplotlib 绘制直方图、散点图等图表。

④ 机器学习模型训练：在机器学习领域，NumPy 是不可或缺的。许多机器学习算法的实现都依赖于 NumPy 的 ndarray 数组和数学函数。通过使用 NumPy，人们可以方便地进行数据的特征提取、模型训练、预测等操作。

3.2.2 数组的创建与数据类型

NumPy 提供了两种基本对象：ndarray 和 ufunc。ndarray 是存储单一数据类型数据的多维数组，而 ufunc 则是能够对数组进行处理的函数。

（1）数组的创建

NumPy 提供了 array()函数，用于创建数组。

✎【案例 3-1】使用 array()函数创建数组

参考代码如下：

```
import numpy as np              #导入 NumPy 库，并指定别名为 np
a1=np.array([12,23,34,10])      #利用列表构建一维数组
a2=np.array([[1,2,3],[4,5,6]])  #利用列表构建二维数组，可将其理解为矩阵
```

（2）数组的数据类型

在数据科学实践中，通常需要使用不同精度的数据类型来使计算结果更精确。NumPy 中的大部分数据类型都是以数字表示的,而且所有数组的数据类型必须一致才更容易确定存储空间。

NumPy 提供了布尔值、整数和浮点数等多种数据类型，并且每种数据类型的名称均对应其转换函数名，可以使用"np.数据类型()"的方式将数据直接转换成对应类型的数据对象。

✎【案例 3-2】数据类型转换

参考代码如下：

```
np.float(50)         #将整数 50 转换为浮点数
np.int(50.35)        #将浮点数 50.35 转换为整数
```

数组的数据类型也可以由用户自己定义。例如，要创建一个企业股票利润表的信息清单，它包含的字段有股票代码、股票名称和净利润，可以使用 dtype()函数来定义这些字段的数据类型，再进行数组的创建。

✎【案例 3-3】创建企业股票利润表的信息清单

参考代码如下：

```
##自定义数据类型
sk=np.dtype([('id',np.str,10),('name',np.str,20),('profit',np.float64)])
##创建数组
sk_array=np.array([[('600811','ST 东方',–102856590.33),('688173','希荻微',16133606),
('600982','宁波能源',259217912.1)]])
```

3.2.3 数组的常用属性

数组作为一个数据类型有自己的属性，表 3-1 列出了数组的属性及其作用。

表 3-1　　　　　　　　　　　　　数组的属性及其作用

属性	作用
ndim	表示数组的维度数量
shape	表示数组的维度，即行列数
size	表示数组中元素的总数
dtype	表示数组中元素的数据类型

以【案例 3-1】中创建的数组 a2 为例，通过下列操作查看其相应的属性。

【案例 3-4】查看数组属性

参考代码如下：

```
a2.ndim          #返回值为 2
a2.shape         #返回值为(2,3)
a2.size          #返回值为 6
a2.dtype         #返回值为 dtype('int32')
```

了解了 NumPy 数组的基础知识，就很容易理解利用 NumPy 读入数据的方法。由于 NumPy 中所有数组的数据类型必须一致才更容易确定存储空间，因此这里以新的数据集——某上市公司"2023 年第 3 季度利润表.csv"为例，介绍数据读入的方法。

数据读入代码如下：

```
import numpy as np
##自定义数据类型
sk=np.dtype([('id',np.str,10),('name',np.str,20),('profit',np.str,20)])
##读入数据
raw_data=np.loadtxt('2023 年第 3 季度利润表.csv',delimiter=',',dtype=sk,skiprows=1)
raw_data
```

通过建立自定义的数据类型的字段，可成功读入数据集。

3.2.4 数组的索引与切片

NumPy 库中的数组（ndarray）提供了强大的索引与切片操作，这些操作允许用户以灵活的方式访问和修改数组中的元素。与 Python 的内置列表类似，NumPy 数组的索引从 0 开始，但 NumPy 数组的切片操作更加高效，并且支持多维数组的索引。

（1）索引

NumPy 数组的索引操作可以访问单个元素或数组的子集。对于一维数组，索引操作与 Python 列表的相同，即使用方括号并指定元素的索引。示例代码如下：

```
sk_id=raw_data[['id']]
sk_id[2]              #索引第 3 家股票代码
sk_id[2:6]            #索引第 3 家到第 6 家股票代码
```

对于多维数组，每一个维度都有一个索引，使用以逗号分隔的元组来指定每个维度上的索引。示例代码如下：

```
#建立三维数组
arr=np.array([raw_data['id'],raw_data['name'],raw_data['profit']])
```

```
arrt=arr.T          #通过转置变形，使数组中的每一行表示一只股票的信息
arrt[0]             #通过行数索引，显示第 1 行股票信息
```

当然，除了上述基本索引外，还可以通过布尔值进行索引。例如，想找出股票净利润高于
10 万元的股票信息，就可以通过布尔值进行索引，如下。

```
raw_data[raw_data['profit']>100000]
```

（2）切片

NumPy 数组的切片操作可以获取数组的一个子集。切片操作通过指定起始索引、结束索引
（可选）和步长（可选）来定义子集的边界和间隔。

对于一维数组，切片操作与 Python 列表的相同。示例代码如下：

```
sk_id[2:6]          #显示第 3 家到第 6 家股票代码
```

对于多维数组，可以在每个维度上分别进行切片。在多维数组的切片操作中，如果省略了
某个维度的索引，那么将返回该维度上的全部元素。示例代码如下：

```
arrt[1,0:3]         #显示第 2 家前 3 列股票信息
```

NumPy 的索引与切片操作是数据分析和科学计算中非常重要的工具，它们提供了高效、灵
活的方式来访问和操作数组。

3.3　数据处理 pandas

pandas 库是 Python 中用于数据处理和分析的强大开源库，它提供了高效
的数据结构和工具，使数据处理和分析更加简单和便捷。

3.3.1　pandas 介绍

3-2　数据处理
pandas

pandas 由 Wes McKinney（韦斯·麦金尼）于 2008 年创建，旨在成为数
据分析领域的高级工具，解决多种数据格式的处理需求。pandas 提供高性能、
易于使用的数据结构和数据分析工具，是 Python 中进行数据处理和分析的必备工具。

pandas 库主要的数据结构为 Series 和 DataFrame。

（1）Series：一维标签数组，可以存储任何数据类型的数据（如整数、字符串、浮点数、
Python 对象等），并有一个索引与之相关联。它类似于数组或列表，但提供了更丰富的索引
功能。

（2）DataFrame：二维标签数据结构，类似于电子表格或 SQL（Structure Query Language，
结构查询语言）表格，具有行索引和列索引。DataFrame 的每一列可以包含不同类型的数据，
是 pandas 中用于存储和操作表格数据的主要数据结构。

pandas 因其高效、灵活和简洁的设计，已广泛应用于金融、统计、工程、社会科学等领域
的各种数据处理任务中。无论是在学术研究、商业分析中，还是在数据科学项目中，pandas 都
是不可或缺的工具之一。

3.3.2　Series 的创建

在 Python 中，特别是在使用 pandas 库时，Series 是一个非常基础且重要的数据结构，它代
表了一个一维的、大小可变的、具有同质类型数据的数组，以及一个与之相关的数据标签（索
引）集合。Series 可以被看作一个长度可变的有序字典（其中键是索引，值是数据）。Series 对

象在 pandas 中扮演着基础而关键的角色，许多更复杂的数据结构（如 DataFrame）都是基于 Series 构建的。pandas 还提供了一些函数和方法，可以基于其他 pandas 对象或数据来创建 Series。pd.Series()可以用于将其他 pandas 对象（如索引、数组等）转换为 Series。下面详细介绍 pandas 中 Series 的创建方式。

（1）使用列表或数组创建

最直接的创建 Series 的方式是使用 Python 的列表或 NumPy 的数组。在创建时，可以指定一个索引列表，该列表与数据列表或数组的长度相同，作为 Series 的索引。示例代码如下：

```
import pandas as pd        #导入 pandas 库，指定库别名为 pd
#使用列表创建 Series
s=pd.Series([1,2,3,4])
print(s)
#使用列表和自定义索引创建 Series
s_custom_index = pd.Series([1, 2, 3, 4], index=['a', 'b', 'c', 'd'])
print(s_custom_index)
# 使用 NumPy 数组创建 Series
import numpy as np
s_np = pd.Series(np.array([1, 2, 3, 4]))
print(s_np)
```

（2）使用字典创建

使用 Python 的字典也是创建 Series 的一种常用方式。字典的键会被自动转换为 Series 的索引，而字典的值则成为 Series 的数据。示例代码如下：

```
d = {'a': 1, 'b': 2, 'c': 3, 'd': 4}
s_dict = pd.Series(d)
print(s_dict)
```

（3）使用标量值创建

如果想要创建一个所有值都相同的 Series，可以使用一个标量值（如整数、浮点数或字符串等）和一个索引列表来创建。标量值会被广播到索引的每一个位置。示例代码如下：

```
s_scalar = pd.Series(5, index=['a', 'b', 'c', 'd'])      #5 为标量值
print(s_scalar)
```

（4）从 pandas 索引创建

虽然索引（Index 对象）本身不是 Series，但可以很容易地将其与一些数据结合起来创建 Series。示例代码如下：

```
index = pd.Index(['a', 'b', 'c', 'd'])
# 假设我们想要 index 这个索引对应的数据都是 None（或者任何其他值）
s = pd.Series(None, index=index)
print(s)
```

（5）从另一个 Series 创建

如果已经有一个 Series，并且想要基于它创建一个新的 Series（可能要经过一些修改或转换），可以直接操作它或将其赋值给一个新变量。示例代码如下：

```
s1 = pd.Series([1, 2, 3, 4], index=['a', 'b', 'c', 'd'])
# 创建一个新的 Series，比如我们对 s1 的值加 1
s2 = s1 + 1
print(s2)
```

提示

在创建 Series 时，如果数据中包含多种类型（如整数和字符串），pandas 会尝试将它们统一到一个共同的数据类型中。这种类型转换通常遵循 NumPy 的 dtype 规则。

索引在 Series 中非常重要，它不仅提供了数据的标签（Label），还允许进行快速的数据检索和访问。

Series 对象具有许多与 NumPy 数组和 Python 列表相似的方法，如 mean()、std()、sum()等，用于进行统计分析。可以对 Series 进行索引、切片、条件筛选等操作，以提取或修改其数据。

Series 是 pandas 中一个非常强大且灵活的数据结构，通过合理利用它，可以轻松地处理和分析一维数据。

3.3.3 | Series 索引及切片

在 pandas 的 Series 中，索引扮演着至关重要的角色，它不仅是一个标签集合，还用于数据的快速检索、排序、分组等操作。同时，Series 也支持切片操作，允许根据索引的位置或标签来选取数据的一个子集。

（1）索引

在 Series 中，可以通过索引（Index）的标签来访问特定的元素。如果索引是整数或字符串等可哈希类型，那么可以直接使用这些标签作为键来访问数据。示例代码如下：

```
import pandas as pd
s = pd.Series([1, 2, 3, 4], index=['a', 'b', 'c', 'd'])
print(s['a'])      # 输出：1
print(s['b'])      # 输出：2
print(s['e'])      # KeyError: 'e'
print(s.get('e', 'Not Found'))
```

（2）切片

在 Series 中，切片（Slice）操作允许根据索引的位置或标签来选取一个子集。但是，需要注意的是，Series 的切片操作默认是基于位置的，而不是基于标签的（尽管在某些情况下，如果索引是连续的整数，它看起来像是基于标签的）。

① 基于位置的切片

iloc[]主要用于基于位置的切片（即整数切片），在处理切片时非常有用，特别是当索引不是整数或不连续时。示例代码如下：

```
print(s.iloc[0:2])
```

代码运行结果如下：

```
a    1
b    2
```

② 基于标签的切片

如果想要基于标签进行切片，应该使用 loc[]属性。loc[]允许通过标签来访问数据，并且可以进行切片操作。示例代码如下：

```
print(s.loc['a':'c'])
```

代码运行结果如下：

```
a     1
b     2
c     3
```

在 Series 中，索引是访问和操作数据的关键。可以通过索引的标签来直接访问元素，但需要注意处理不存在的索引时可能引发的 KeyError。切片操作允许选取 Series 的一个子集，可以基于位置或标签来进行切片。loc[]用于基于标签的索引和切片，而 iloc[]用于基于位置的索引和切片。

3.3.4　DataFrame 的创建

在 pandas 中，DataFrame 是数据分析的核心数据结构之一，它提供了一种灵活的方式来存储和操作结构化数据。DataFrame 是一种二维的、大小可变的、具有潜在异构的表格型数据结构，它带有被标记的行和列。可以将 DataFrame 想象为一个 Excel 表格或 SQL 表格，其中包含有序的行和列。DataFrame 非常适用于存储和操作结构化数据，如 CSV 文件或 SQL 查询结果。

下面是几种创建 DataFrame 的常见方法。

（1）使用字典创建

最常见的方法之一是使用字典来创建 DataFrame。字典的键将被用作列名，而字典的值（通常是列表、NumPy 数组或另一个序列）将被用作对应列的数据。示例代码如下：

```
import pandas as pd
data={
     'Name': ['Tom', 'Jerry', 'Mickey'],
     'Age': [5, 7, 8],
     'City': ['New York', 'Paris', 'London']
     }
df = pd.DataFrame(data)
print(df)
```

代码运行结果如图 3-1 所示。

```
     Name   Age      City
0     Tom     5   New York
1   Jerry     7      Paris
2  Mickey     8     London
```

图 3-1　运行结果

（2）使用列表的列表（或元组）创建

也可以使用列表的列表（或元组）来创建 DataFrame，其中外部列表的每个元素都是一个内部列表（或元组），表示 DataFrame 的一行。然后，可以通过 columns 参数指定列名。示例代码如下：

```
import pandas as pd
data=[
     ['Tom', 5, 'New York'],
     ['Jerry', 7, 'Paris'],
     ['Mickey', 8, 'London']
     ]
columns = ['Name', 'Age', 'City']
df = pd.DataFrame(data, columns=columns)
print(df)
```

代码运行结果如图 3-2 所示。

```
    Name  Age      City
0    Tom    5  New York
1  Jerry    7     Paris
2 Mickey    8    London
```

图 3-2　运行结果

（3）使用 NumPy 数组创建

如果已经有一个 NumPy 数组，并且想要将其转换为 DataFrame，可以直接传递数组给 DataFrame 的构造函数，但通常需要确保数组是二维的，并且其形状与想要的 DataFrame 形状相匹配。

直接传递二维 NumPy 数组给 DataFrame 通常就足够了，并且可以指定列名。示例代码如下：

```
import numpy as np
import pandas as pd
data = np.array([
    [1, 2, 3],
    [4, 5, 6],
    [7, 8, 9]
])
# 直接将 NumPy 数组传递给 DataFrame 的构造函数
df = pd.DataFrame(data)
df.columns = ['A', 'B', 'C']
print(df)
```

代码运行结果如图 3-3 所示。

```
   A  B  C
0  1  2  3
1  4  5  6
2  7  8  9
```

图 3-3　运行结果

（4）使用 Series 对象创建

虽然 Series 是 pandas 中的一维数据结构，但可以使用多个 Series 对象来创建 DataFrame，其中每个 Series 成为 DataFrame 的一列。示例代码如下：

```
import pandas as pd
series1 = pd.Series([1, 2, 3], name='A')
series2 = pd.Series([4, 5, 6], name='B')
series3 = pd.Series([7, 8, 9], name='C')
df = pd.DataFrame({
    'A': series1,
    'B': series2,
    'C': series3
})
print(df)
```

代码运行结果如图 3-4 所示。

```
    A  B  C
0   1  4  7
1   2  5  8
2   3  6  9
```

图 3-4　运行结果

（5）使用字典的字典创建

虽然不常见，但也可以使用字典的字典（也称为嵌套字典）来创建 DataFrame，其中外部字典的键为列名，内部字典的键为索引名（或行标签），内部字典的值为对应位置的数据。示例代码如下：

```
import pandas as pd
data = {
        'info': {
        'name':['Tom', 'Jerry', 'Mickey'],
        'Age': [5, 7, 8],
        'City': ['New York', 'Paris', 'London']
        }
        }
#为了创建 DataFrame，只需要内部字典
df = pd.DataFrame(data['info'])
print(df)                            # 输出 DataFrame
```

代码运行结果如图 3-5 所示。

```
     name   Age      City
0     Tom    5   New York
1   Jerry    7      Paris
2  Mickey    8     London
```

图 3-5　运行结果

> **提示**
>
> 确保所有列的长度相同，否则 pandas 会抛出错误。可以通过 index 参数为 DataFrame 指定一个索引列表。如果不指定，pandas 将自动创建一个整数索引，从 0 开始。DataFrame 的列可以包含不同的数据类型（异构），但通常建议在同一列中使用相同的数据类型以提高效率和减少潜在错误。

3.3.5　文件的读取和写入

数据科学实践的第一步是获取数据。俗话说，"巧妇难为无米之炊"。在数据科学实践领域中，数据就是"米"。获取数据的途径有两种，一种是使用爬虫从互联网上爬取数据，另一种是从现有数据库中下载。

pandas 支持多种文件格式的读取和写入，包括 CSV、Excel、JSON、SQL 等格式。下面详细介绍 pandas 中文件的读取和写入操作。

假设上市公司的数据是现成的，所以直接读取数据即可，后续章节均以此数据集数据为例进行讲解。读取文件函数如表 3-2 所示。

表 3-2 读取文件函数

函数	函数作用	参数说明
pandas.read_excel()	读取 Excel 文件	encoding 用于设置编码方式，取值为'utf8'或'gbk'
pandas.read_csv()	读取 CSV 文件	index_col 用于设置行索引的列名，其数据类型为字符串

【案例 3-5】读取文件

参考代码如下：

```
import pandas as pd                                          #导入 pandas
raw_data=pd.read_excel('c:\\2023 年第 3 季度利润表.xlsx')      #读取文件
raw_data.head()                                              #查看数据的前 5 行
```

在这里，使用了 pandas.read_excel()读取 Excel 文件，并输出前 5 行以观察数据。如果想读取 CSV 文件，使用 pandas.read_csv()即可。

💡 提示

CSV 文件的编码方式默认为 UTF-8，但是 Office 的 CSV 文件的编码方式不是 UTF-8，而是 GBK，也可以使用 encoding 参数修改编码方式。

pandas 库不仅能读取文件，还可以将数据写入文件。写入文件函数如表 3-3 所示。

表 3-3 写入文件函数

函数	函数作用	参数说明
pandas.DataFrame.to_excel()	将 DataFrame 写入 Excel 文件	sheet_name：字符串，默认为'Sheet1'，表示要写入数据的 Excel 工作表的名称
pandas.DataFrame.to_csv()	将 DataFrame 写入 CSV 文件	sep：字段之间的分隔符，默认为逗号

【案例 3-6】写入文件

参考代码如下：

```
import pandas as pd
# 创建一个示例 DataFrame
data = {'Name': ['John', 'Anna', 'Peter', 'Linda'],
        'Age': [28, 34, 29, 32],
        'City': ['New York', 'Paris', 'Berlin', 'London']
        }
df = pd.DataFrame(data)
# 将 DataFrame 写入 CSV 文件
df.to_csv('output.csv')
```

在这个例子中，df 被写入 output.csv 文件中。可以通过读取文件操作查看写入的数据。

CSV 文件通常不包含 Excel 文件中可能存在的复杂格式（如字体、颜色、公式等），但它非常适合用于数据交换和存储。

可以通过 to_csv()方法的参数来定制 CSV 文件的输出，如更改分隔符、设置浮点数的格式、选择性地写入列或索引等。

3.3.6 数据查看与筛选

在 pandas 中，数据查看与筛选是数据分析过程中非常重要的环节。pandas 提供了丰富的功能来帮助用户高效地查看数据和根据特定条件筛选数据。

（1）数据查看

在 pandas 中，查看数据是一个基础且重要的操作，它能帮助用户理解数据的结构和内容。下面是一些常用的查看 pandas DataFrame 或 Series 中的数据的方法。

① 查看前几行或后几行数据

head(n)：查看 DataFrame 的前 n 行数据，默认为前 5 行。

tail(n)：查看 DataFrame 的后 n 行数据，默认为后 5 行。

示例代码如下：

```
import pandas as pd                                      #导入 pandas
df=pd.read_excel('c: \\2023 年第 3 季度利润表.xlsx')        #读入文件
df.head()                                                #查看数据的前 5 行
df.head(10)                                              #查看数据的前 10 行
df.tail()                                                #查看数据的后 5 行
df.tail(10)                                              #查看数据的后 10 行
```

② 查看 DataFrame 的基本信息

info()：显示 DataFrame 的基本信息，包括行数、列数、列名、每列的数据类型及非空值的数量等。示例代码如下：

```
print (df.info())                                        #查看 df 的基本信息
```

③ 查看特定列的数据

可以通过列名直接访问 DataFrame 中的特定列，会返回一个 Series 对象。示例代码如下：

```
print (df['净利润'])                                      #查看 df 中的'净利润'列数据
```

④ 查看 DataFrame 的前几列或后几列

虽然 pandas 没有直接提供查看 DataFrame 的前几列或后几列的方法，但可以通过切片操作来查看（注意，这可能会返回一个新的 DataFrame，而不是 Series 的列表）。示例代码如下：

```
print (df.iloc[:, :3])         #使用 iloc[]查看前 3 列，第 1 个:表示选择所有行
print(df.iloc[:, −3:])         # 使用 iloc[]查看最后 3 列
```

⑤ 查看 DataFrame 的转置

T：返回 DataFrame 的转置，即行和列互换。这有助于从另一个角度查看数据。示例代码如下：

```
print (df.T)
```

⑥ 使用 describe()方法

describe()：为 DataFrame 的数值列提供描述性统计信息，如计数、平均值、标准差、最小值、四分位数和最大值等。这对于快速了解数值数据的分布非常有用。示例代码如下：

```
print (df.describe())
```

⑦ 查看 DataFrame 的样本

虽然 head()和 tail()提供了查看数据开始和结束部分的方法，但如果想要随机查看数据中的样本，需要使用 sample()方法。示例代码如下：

```
print (df.sample(n=5))          # 随机选择 5 行数据
```

⑧ 查看 DataFrame 的列名和数据类型

columns：返回 DataFrame 的列名。

dtypes：返回 DataFrame 中每列的数据类型。示例代码如下：

```
print (df.columns)
print(df.dtypes)
```

pandas 提供了多种方法来查看 DataFrame 或 Series 中的数据，从简单的前几行/后几行查看，到更复杂的描述性统计和随机样本选择。这些方法对于数据分析和数据清洗过程中的初步数据探索至关重要。

（2）数据筛选

在 pandas 中，筛选数据是一个常见的任务，可以通过多种方法实现。下面是一些主要的筛选方法。

① 使用布尔索引

使用布尔索引（Boolean Index）是最直接和常用的筛选数据的方法。它通过创建一个布尔序列（该序列中的元素为 True/False），该序列的长度与 DataFrame 的行数相同，然后将这个布尔序列用作索引来选择 DataFrame 中的行。示例代码如下：

```
# 筛选出'净利润'列的值大于 100000 的所有行
filtered_df = df[df['净利润'] >100000]
# 也可以同时应用多个条件
filtered_df = df[(df['净利润'] >100000) & (df['净利润'] < 500000)]
```

注意，当使用多个条件时，需要使用 and（逻辑与）运算符，并且每个条件都需要用括号标识，因为 Python 中的比较运算符（如>和<）的优先级高于逻辑运算符（如&和|）。

② 使用 query()方法

query()方法允许以字符串的形式指定筛选条件，这对于复杂的条件筛选特别有用，尤其是当条件包含列名时，可以避免在字符串中引用列名时使用引号。示例代码如下：

```
# 筛选出'净利润'列的值大于 100000 且'净利润'列的值小于 500000 的所有行
filtered_df = df.query('净利润> 100000 &  净利润< 500000')
```

③ 使用 loc[]和 iloc[]

虽然 loc[]和 iloc[]主要用于基于标签和位置的索引，但它们也可以与布尔索引结合使用来筛选数据。然而，直接使用布尔索引通常更为直接和方便。

loc[]用于基于标签的索引，可以通过行标签（如果有的话）和列名来筛选数据。但直接使用布尔序列时，它实际上在内部将将这些标签转换为位置索引。示例代码如下：

```
# 使用 loc[]和布尔序列（实际上是位置索引）
filtered_df = df.loc[df['净利润'] > 100000]
```

在 pandas 中筛选数据，常用的方法是使用布尔索引和使用 query()方法。布尔索引提供了极大的灵活性，允许根据几乎任何条件来筛选数据。而 query()方法则提供了一种更简洁、更易于阅读的方式来表达复杂的筛选条件。loc[]和 iloc[]虽然也可以用于筛选，但它们通常用于更复杂的索引操作，而不是简单的筛选。

3.3.7 数据拼接

pandas 库中的数据拼接操作是数据处理和分析中的一个重要环节，它允许用户将多个 DataFrame 或 Series 对象合并成一个新的对象。pandas 提供了多种方法来执行这种拼接操作，其中常用的是 concat()、merge()和 join()。下面将详细介绍这些方法的用法和使用场景。

（1）concat()方法

concat()是基础的数据拼接方法，它可以沿着一个轴将多个对象堆叠起来。这些对象可以是 pandas 的 Series、DataFrame。其常用参数含义如下。

axis：指定拼接的轴，默认为 0（按行拼接），如果为 1，则按列拼接。

ignore_index：布尔值，默认为 False。如果为 True，则忽略原索引，生成一个新的整数索引。

keys：如果传递了字典，则此参数可用作结果的最高级别索引（即多级索引中的第一层索引）。

示例代码如下：

```
import pandas as pd
# 创建两个 DataFrame
df1 = pd.DataFrame({'A': [1, 2], 'B': [3, 4]})
df2 = pd.DataFrame({'A': [5, 6], 'B': [7, 8]})
# 沿着行拼接
result_rows = pd.concat([df1, df2], ignore_index=True)
print(result_rows)
# 沿着列拼接
result_cols = pd.concat([df1, df2], axis=1)
print(result_cols)
# 使用 keys 参数
result_with_keys = pd.concat({'df1': df1, 'df2': df2}, axis=1, keys=['df1', 'df2'])
print(result_with_keys)
```

代码运行结果如图 3-6 所示。

```
   A  B
0  1  3
1  2  4
2  5  7
3  6  8
   A  B  A  B
0  1  3  5  7
1  2  4  6  8
  df1    df2
    A  B   A  B
0   1  3   5  7
1   2  4   6  8
```

图 3-6　运行结果

（2）merge()方法

merge()方法类似于 SQL 中的 JOIN 操作，它基于一个或多个键将两个 DataFrame 合并为一个新的 DataFrame。默认情况下，merge()执行的是内连接（Inner Join），但也可以执行左连接（Left Join）、右连接（Right Join）和外连接（Outer Join）。其常用参数含义如下。

how：指定连接类型，如'left' 'right' 'outer' 'inner'（默认）。

on：指定用作连接键的列名。如果两个 DataFrame 的列名相同，则可以省略此参数。

示例代码如下：

```
import pandas as pd
# 创建两个 DataFrame
```

```
df1 = pd.DataFrame({'key': ['K0', 'K1', 'K2', 'K3'],
            'A': ['A0', 'A1', 'A2', 'A3'],
            'B': ['B0', 'B1', 'B2', 'B3']})
df2 = pd.DataFrame({'key': ['K0', 'K1', 'K2', 'K4'],
            'C': ['C0', 'C1', 'C2', 'C3'],
            'D': ['D0', 'D1', 'D2', 'D3']})
# 执行内连接
result_inner = pd.merge(df1, df2, on='key')
print(result_inner)
# 执行左连接
result_left = pd.merge(df1, df2, on='key', how='left')
print(result_left)
```

代码运行结果如图 3-7 所示。

```
  key  A   B    C    D
0  K0  A0  B0   C0   D0
1  K1  A1  B1   C1   D1
2  K2  A2  B2   C2   D2
  key  A   B    C    D
0  K0  A0  B0   C0   D0
1  K1  A1  B1   C1   D1
2  K2  A2  B2   C2   D2
3  K3  A3  B3   NaN  NaN
```

图 3-7　运行结果

（3）join()方法

join()方法在 DataFrame 中执行与 SQL 的 JOIN 操作类似的操作，但它主要用于通过索引将不同的 DataFrame 连接起来。其常用参数含义如下。

how：指定连接类型，如'left' 'right' 'outer' 'inner'（对于 DataFrame 和 DataFrame 连接）。

lsuffix/rsuffix：在左右 DataFrame 有重叠列名时，用于修改列名的后缀。

示例代码如下：

```
# 假设 df1 和 df2 有相同的索引
df1.index.name = 'key'
df2.index.name = 'key'        #使用 join()连接
result_join = df1.join(df2, lsuffix='_left', rsuffix='_right')
print(result_join )
```

pandas 中的 concat()、merge()和 join()方法提供了灵活的数据拼接能力，可以根据不同的场景和需求选择合适的方法。concat()适用于简单的堆叠操作，merge()适用于基于列的复杂连接操作，而 join()则主要用于基于索引的连接操作。

课后习题

一、单项选择题

1. 在数据分析的基本流程中，（　　　　）步骤通常用于发现数据中的模式、异常或趋势。

　　A. 数据收集　　　　　　　　　　　　B. 数据清洗与预处理

C. 数据探索与可视化　　　　　　　　D. 数据分析与建模

2. 在 NumPy 库中，用于表示多维数组的数据类型是（　　）。

    A. list　　　　　B. dict　　　　　C. ndarray　　　　　D. DataFrame

3. 使用 pandas 库读取 CSV 文件时，通常使用哪个函数？（　　）

    A. pd.read_json()　B. pd.read_excel()　C. pd.read_csv()　　D. pd.read_sql()

4. 若要将两个 DataFrame 沿着行方向拼接，应该设置 concat()函数的哪个参数？（　　）

    A. axis=0　　　　B. axis=1　　　　C. how='outer'　　　D. how='inner'

5. 在 pandas 中，如果想查看 DataFrame 的前几行数据，应该使用哪个方法？（　　）

    A. head()　　　　B. tail()　　　　C. info()　　　　D. describe()

6. NumPy 数组中的元素类型（　　）。

    A. 必须全部相同　　　　　　　　　B. 可以不同

    C. 只能是整数　　　　　　　　　　D. 只能是浮点数

二、填空题

1. NumPy 是 Python 中用于科学计算的基础库，它提供了大量的多维数组对象____，用于高效地存储和操作大型多维数组。

2. 在 NumPy 中，可以使用 numpy.array()函数从 Python 列表（或其他序列类型）创建数组，并通过指定 dtype 参数来定义数组中元素的____。

3. NumPy 提供了大量的统计函数，如 np.mean()用于计算_____、np.std()用于计算标准差、np.median()用于计算_____等，这些函数可以直接对多维数组进行操作，快速得出数据的统计特性。

4. pandas 库是一个用于_____的 Python 库。

5. pandas 中的两个主要数据结构是 Series 和_____。

6. DataFrame 是一个二维数据结构，由一系列的 Series 对象组成，每个 Series 对象代表 DataFrame 的_____。

第二篇

财务数据分析篇

【篇引言】

在数字化时代，数据已成为企业的核心资产，尤其是财务数据，它不仅直接反映了企业的经济活动，而且是管理者洞察经营状况、投资者评估企业价值的关键信息。

财务数据分析篇包含第 4 章～第 7 章内容，帮助读者系统化地提升从数据获取、分析、可视化、挖掘到会计文本分析与词云图绘制的综合技能。

本篇不仅提供了财务数据分析的理论知识，还提供了丰富的实践案例。通过本篇的学习，读者能够掌握如何从海量财务数据中提取有价值的信息，为决策提供数据支持，从而在激烈的商业竞争中占据优势。

第 4 章

财务数据获取及分析

学习导读

在数字化时代，财务数据的获取及分析已成为企业战略制定的核心能力。本章从数据获取源头切入，通过 API 调用、HTML 网页数据解析及 PDF 文本信息提取获取财务数据，并通过基本统计分析、数据分组统计、数据相关分析和数据比较分析等技能，演示从数据采集到商业洞察的分析方法。

学习目标

➢ 掌握财务数据获取的不同途径与方法，能够独立运用各种工具和技术获取财务数据。

➢ 了解数据分析的基本概念和常用技术，具备进行基本统计分析、数据分组统计、数据相关分析和数据比较分析的能力。

思维导图

财务数据获取及分析

- 财务数据获取
  - 使用第三方数据接口获取数据：AKShare、BaoStock
  - 从HTML网页中获取数据：pd.read_html()
  - 从PDF文件中获取数据：pdfplumber
- 数据分析
  - 数据类型：定量数据、定性数据、顺序数据、二分数据
  - 基本统计分析：集中趋势、离散程度、分布形态
  - 数据分组统计：groupby()、pd.pivot_table()、pd.crosstab()
  - 数据相关分析：相关系数
  - 数据比较分析：定比分析、环比分析、同比分析
- 本章实训
  - 上市公司的利润表批量获取及分析
    - 案例介绍
    - 实训目标
    - 实训任务
    - 实训步骤
- 实战演练
  - 上市公司的资产负债表批量获取及分析
    - 案例介绍
    - 实战目标
    - 实战任务

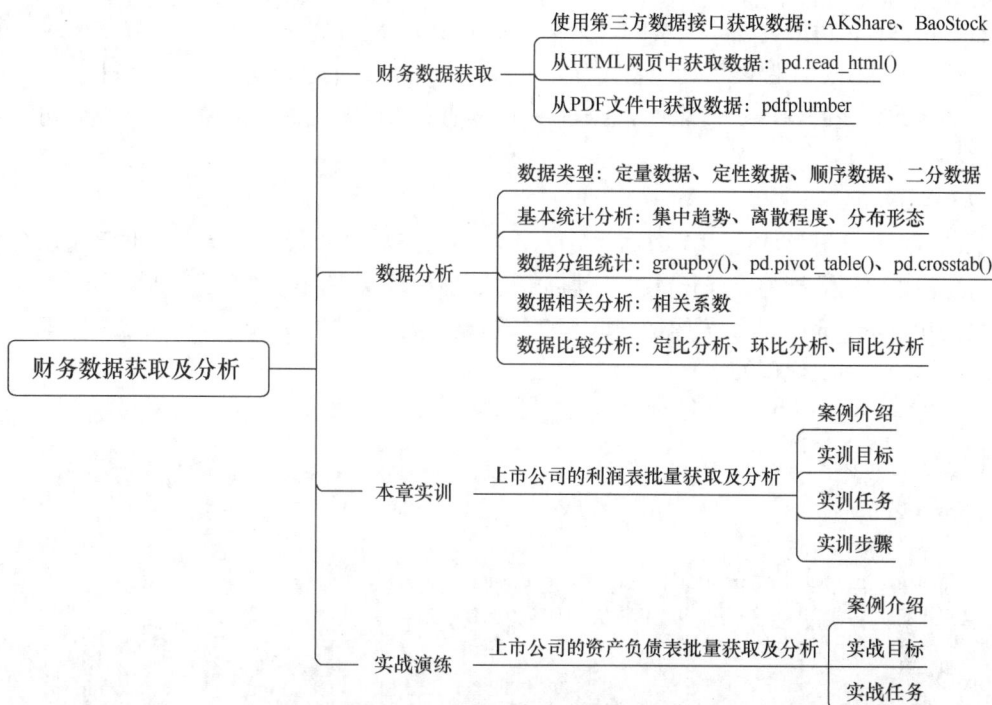

4.1 财务数据获取

　　财务数据获取是财务分析的基础，它涉及从各种来源收集和整合数据的过程。本节将主要介绍如何通过第三方数据接口、HTML（Hypertext Markup Language，超文本标记语言）网页和PDF 文件获取财务数据。

4.1.1 使用第三方数据接口获取数据

　　随着数据服务的发展，许多第三方数据提供商提供了丰富的财务数据接口，用户可以通过API 直接获取所需的数据。这种方法通常需要一定的技术支持，但能够提供高度定制化的数据服务。本节主要介绍第三方数据接口 AKShare 和 BaoStock。

（1）AKShare

AKShare 是一个基于 Python 的财经数据接口，其数据来源包括东方财富网、巨潮资讯网等。使用 AKShare 可以获取业绩报表、资产负债表、利润表、现金流、资金流向等财务数据。

　　在 Python 中，使用函数 ak.stock_lrb_em()获取的利润表，包括上市公司的净利润、营业总收入、营业利润、利润总额等与利润相关的指标。如使用 AKShare 获取 2023 年第 3 季度的利润表，示例代码如下：

```
import akshare as ak
data=ak.stock_lrb_em(date="20230930")
data.to_excel('2023 年第 3 季度利润表.xlsx ',index=False)
```

AKShare 还可以获取指定上市公司的财务指标历史数据，如获取平安银行（000001）从 2013 年至今的所有财务指标历史数据，示例代码如下：

```
data=ak.stock_financial_analysis_indicator(symbol="000001", start_year="2013")
data.to_excel('2013 年至今平安银行财务指标.xlsx',index=False)
```

此外，AKShare 还提供了其他函数，如 ak.stock_yjbb_em()函数可返回业绩快报；ak.stock_zcfz_em()函数可返回资产负债表；ak.stock_xjll_em()函数可返回现金流量表等，具体可查看官方文档。

（2）BaoStock

BaoStock 用于获取中国股市数据，数据来源包括雪球、东方财富网等，提供了上市公司的季度盈利能力、营运能力、成长能力、偿债能力、业绩快报等财务数据。

通过 bs.query_profit_data()函数获取季度盈利能力指标，如获取平安银行 2023 年第 1 季度盈利能力指标，示例代码如下：

```
import baostock as bs
import pandas as pd
# 登录系统
lg=bs.login()
# 显示登录返回信息
print('login respond error_code: '+lg.error_code)
print('login respond  error_msg: '+lg.error_msg)
# 获取季度盈利能力指标
profit_list=[]
rs_profit=bs.query_profit_data(code='sz.000001',year=2023,quarter=1)
while (rs_profit.error_code=='0') & rs_profit.next():
    profit_list.append(rs_profit.get_row_data())
result_profit=pd.DataFrame(profit_list,columns=rs_profit.fields)
# 输出
print(result_profit)
# 结果集输出到.xlsx 文件
result_profit.to_excel('平安银行 2023 年第 1 季度盈利能力指标.xlsx',index=False)
```

BaoStock 还可以获取季频杜邦指数、业绩快报、业绩预告等数据，具体可查看官方文档。

注意，BaoStock 在调用数据时，股票代码需为 9 个字符的股票代码，如"sz.000001"或"sh.600519"。起始日期和结束日期需为字符串格式，如"2021-01-01"。更多关于 BaoStock 的使用方法和示例，可以参考官方文档。

4.1.2 从 HTML 网页中获取数据

pd.read_html()是 pandas 库中的函数，用于解析 HTML 网页中的表格数据，并将它们转换为 pandas 的 DataFrame，其基本语法格式为：

```
pd.read_html(io)
```

其中，io 为 URL、文件路径或 HTML 字符串。pd.read_html()函数会自动解析 HTML 文件中的表格，将其转换成 pandas DataFrame 对象，并返回一个包含 DataFrame 对象的列表。如果 HTML 文件中包含多个表格，那么返回结果就是一个列表，列表中的每个元素是一个 DataFrame 对象。

pd.read_html()函数包含一些用于解析 HTML 表格的参数，其参数说明如表 4-1 所示。

表 4-1   pd.read_html()参数说明

参数	说明
io	必选参数，字符串类型，表示 URL、文件路径或 HTML 字符串
match	可选参数，字符串类型，用于指定 HTML 标签匹配模式。默认值为'table'，表示查找所有的表格标签
header	可选参数，整数类型，表示表格中的表头行索引。默认值为 0
index_col	可选参数，整数类型，表示要作为索引的列索引。默认值为 0
encoding	可选参数，表示 HTML 内容的编码方式。默认值为 None，表示自动检测
skiprows	可选参数，表示跳过的行

📖 【案例 4-1】《财富》世界 500 强排行榜数据爬取

本节以 2023 年《财富》世界 500 强排行榜为例，展示如何利用 pd.read_html()爬取数据。

步骤 1 了解数据所在网页结构后，需要确定数据所在的 URL，URL 是互联网上标准的资源地址，用于标识互联网上每一个网页和资源。

步骤 2 将此网页的 URL 复制出来，并利用 pd.read_html()进行爬取，示例代码如下：

```
import pandas as pd
tabs=pd.read_html("https://www.fortunechina.com/fortune500/c/2023-08/02/content_436874.htm")
print(tabs)
print(len(tabs))
```

步骤 3 观察运行结果，可以看出运行结果中并不是网页全部信息，这是因为 pd.read_html()爬取的是网页上的表格数据，非表格数据将无法被爬取。仔细观察运行结果，返回的是一个长度为 1 的列表。列表的第 1 个对象是本次爬取的目标数据表，可以通过 tabs[0]获取，示例代码如下：

```
dat=tabs[0]
dat.to_excel('2023 年世界 500 强.xlsx',index=False)
dat.head()
```

注意，网络爬取是对网页实时数据的爬取，由于网页结构调整或数据更新，每次爬取的内容可能会存在一些差异，有的网站还有访问次数限制，需要根据实际情况灵活调整。

4.1.3 从 PDF 文件中获取数据

许多财务报告和公告以 PDF 格式发布，直接从这些文件中获取数据可能比较困难。本节将介绍如何从 PDF 文件中获取数据，以及如何处理获取后的数据以供进一步分析使用。

pdfplumber 是一个开源的 Python 库，专门用于处理 PDF 文件。它提供了简单而强大的接口，使得从 PDF 文件中获取文本、表格和其他元素变得更加容易。pdfplumber 是基于 PDFMiner 库构建的，它利用了 PDFMiner 的功能，并提供了一些额外的功能。

4-1 从 PDF
文件中获取数据

🖊 【案例 4-2】从平安银行 2023 年年度报告 PDF 文件中获取数据

本节以"平安银行 2023 年年度报告.pdf"为例，演示如何从一个 PDF 文件中获取数据。

步骤 1 查看所要获取表格所在网页，如图 4-1 所示，文件第 15 页中有会计数据和财务指标的相关表格数据。

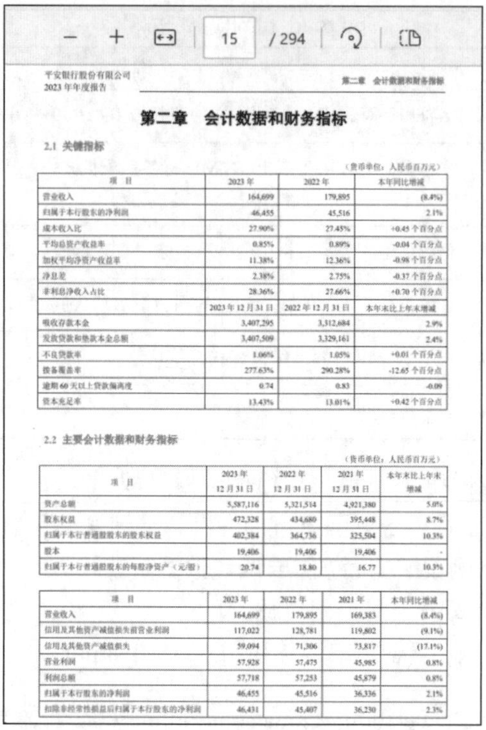

平安银行股份有限公司
2023 年年度报告

第二章　会计数据和财务指标

第二章　会计数据和财务指标

2.1 关键指标

（货币单位：人民币百万元）

项　目	2023 年	2022 年	本年同比增减
营业收入	164,699	179,895	(8.4%)
归属于本行股东的净利润	46,455	45,516	2.1%
成本收入比	27.90%	27.45%	+0.45 个百分点
平均总资产收益率	0.85%	0.89%	-0.04 个百分点
加权平均净资产收益率	11.38%	12.36%	-0.98 个百分点
净息差	2.38%	2.75%	-0.37 个百分点
非利息净收入占比	28.36%	27.66%	+0.70 个百分点
	2023 年 12 月 31 日	2022 年 12 月 31 日	本年末比上年末增减
吸收存款本金	3,407,295	3,312,684	2.9%
发放贷款和垫款本金总额	3,407,509	3,329,161	2.4%
不良贷款率	1.06%	1.05%	+0.01 个百分点
拨备覆盖率	277.63%	290.28%	-12.65 个百分点
逾期 60 天以上贷款偏离度	0.74	0.83	-0.09
资本充足率	13.43%	13.01%	+0.42 个百分点

2.2 主要会计数据和财务指标

（货币单位：人民币百万元）

项　目	2023 年 12 月 31 日	2022 年 12 月 31 日	2021 年 12 月 31 日	本年末比上年末增减
资产总额	5,587,116	5,321,514	4,921,380	5.0%
股东权益	472,328	434,680	395,448	8.7%
归属于本行普通股股东的股东权益	402,384	364,736	325,504	10.3%
股本	19,406	19,406	19,406	-
归属于本行普通股股东的每股净资产（元/股）	20.74	18.80	16.77	10.3%

项　目	2023 年	2022 年	2021 年	本年同比增减
营业收入	164,699	179,895	169,383	(8.4%)
信用及其他资产减值损失前营业利润	117,022	128,781	119,802	(9.1%)
信用及其他资产减值损失	59,094	71,306	73,817	(17.1%)
营业利润	57,928	57,475	45,985	0.8%
利润总额	57,718	57,253	45,879	0.8%
归属于本行股东的净利润	46,455	45,516	36,336	2.1%
扣除非经常性损益后归属于本行股东的净利润	46,431	45,407	36,230	2.3%

图 4-1　平安银行 2023 年年度报告第 15 页内容展示

步骤 2　获取文件中的表格数据，示例代码如下：

```
import pdfplumber
filename='平安银行 2023 年年度报告.pdf'
with pdfplumber.open(filename) as pdf: ## 打开 PDF 文件
    #读取文件所有内容
    ls = pdf.pages
    print(len(ls)) #输出文件总页数
    my_page=ls[14]   #选取页码
    table=my_page.extract_tables()   #获取表格数据，返回列表
```

运行结果为文件中的所有表格数据。

步骤 3　将表格数据存储为本地文件，示例代码如下：

```
table_df = pd.DataFrame(table[0])
table_df.columns=table_df.iloc[0]
table_df=table_df.iloc[1:].reset_index(drop=True)
table_df.to_excel('平安银行 2023 年年度财务关键指标.xlsx')   #保存为 Excel 文件
```

4.2 数据分析

在财务领域，数据分析不仅有助于我们理解历史数据，还能预测未来趋势，为决策提供科学依据。本节先介绍数据类型，再介绍几种关键的数据分析方法。

4.2.1 数据类型

数据类型是指数据的分类，了解数据类型对于选择合适的数据分析方法至关重要。

在统计学中，数据类型通常分为以下几种。

定量数据：也称数值型数据，可以度量，通常有数值和单位。存储定量数据的变量称为定量变量。如"身高"为定量变量，身高的具体取值，如 1.85 米、1.78 米等，为定量数据。

定性数据：也称分类型数据，无法度量。存储定性数据的变量称为定性变量。如"颜色"为定性变量，其具体取值，如红色、绿色等，为定性数据。

顺序数据：有顺序但没有具体数值。存储顺序数据的变量称为顺序变量。如"教育水平"是顺序变量，其取值，如小学、中学、大学等，为顺序数据。

二分数据：只有两种可能的结果。存储二分数据的变量称为二分变量。如"是否成功"为二分变量，取值"是""否"是二分数据。

4.2.2 | 基本统计分析

基本统计分析是数据分析的基础，它包括计算数据的集中趋势、离散程度及分布形态等。本节将介绍基本统计量及其 Python 计算。

（1）基本统计量

① 集中趋势

集中趋势是统计学中用来描述一组数据中心位置的统计量，它通过单个数值来代表整个数据集的一般水平，常用的集中趋势的度量指标有众数、中位数和均值。

众数：众数是一组数据中出现次数最多的数值。它适用于定性数据，也可以用于顺序数据和定量数据，尤其是在数据分布非常倾斜时，众数能更好地反映数据的集中趋势。

中位数：中位数是将数据集按大小顺序排列后位于中间位置的数值。当数据量是奇数时，中位数是唯一的中间值；当数据量是偶数时，中位数是中间两个数值的平均值。异常值对中位数的影响较小，因此在数据分布有异常值时，中位数更能代表数据集的集中趋势。

均值：均值是一组数据所有数值之和除以数据个数得到的平均值。它适用于定量数据，能够提供数据集的平均水平信息。但是，均值容易受到异常值的影响，因此在数据中存在异常值时，均值可能不能准确反映数据的集中趋势。

除了上述 3 种常用指标外，还有一些度量指标可以用来描述集中趋势，如四分位数。四分位数是指将从小到大有序排列的数据集分为 4 等份时，位于划分临界点上的数值。四分位数有三个，包括第一四分位数（Q_1，即下四分位数，也为 25%分位数）、第二四分位数（Q_2，即中位数，也为 50%分位数）和第三四分位数（Q_3，即上四分位数，也为 75%分位数）。

② 离散程度

离散程度是统计学中用来衡量数据分布变异性的一个重要概念，它描述的是数据相对于其中心位置的离散程度。在数据分析中，离散程度有助于我们理解数据的波动情况和数据分布的宽窄。下面是几种常用的离散程度度量指标。

极差：极差是数据集中最大值与最小值之间的差异。它是最简单的离散程度度量指标，易于计算，但受异常值的影响较大。

四分位差：四分位差是上四分位数（Q_3）与下四分位数（Q_1）之间的差值，用于衡量中间50%观测值的离散程度。该指标对异常值具有抗干扰性。

方差：方差是数据与其均值之差的平方和的平均值，它用于衡量数据相对于均值的离散程度。方差较大的数据分布更加分散。

标准差：标准差是方差的平方根，它提供了数据相对于平均值的离散程度的一个度量指标。标准差是实际应用中常用的离散程度度量指标。

这些度量指标各有优缺点，适用于不同类型的数据和不同的分析目的。在实际应用中，通常会根据数据的特性和分析的需求选择合适的离散程度度量指标。

③ 分布形态

分布形态是统计学中用于描述数据分布形状的核心指标，用于揭示数据在对称轴两侧的分布特征。偏度和峰度是常用的分布形态度量指标。

偏度：偏度是衡量数据分布偏斜方向和程度的统计量。如图 4-2 所示，偏度为 0 表示数据分布是对称的；偏度大于 0 表示数据分布是右偏的，也叫正偏态；偏度小于 0 则表示数据分布是左偏的，也叫负偏态。偏度越大，偏斜程度越大。

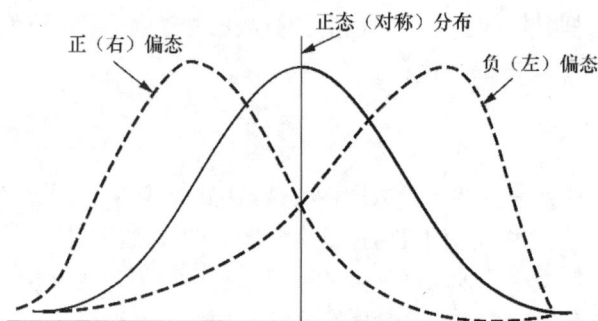

图 4-2　偏态分布

峰度：峰度描述的是数据分布峰部的尖峭或平坦程度，也可以用来衡量数据分布的尾部厚度。如图 4-3 所示，峰度大于 0 表示数据分布是尖峰分布，峰度等于 0 表示数据分布是正态分布，峰度小于 0 则表示数据分布是平峰分布。

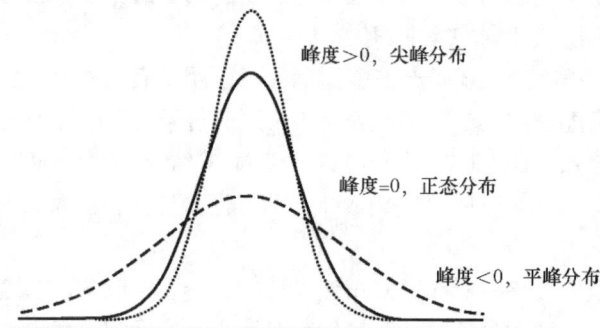

图 4-3　峰度曲线

上述度量指标为我们提供了数据分布的全面视图，使我们能够理解数据的内在结构和特点。

（2）基本统计量的 Python 计算

在 Python 中，使用 pandas 库可以非常方便地对 DataFrame 进行描述性统计分析。pandas 提供了多种内置函数来计算描述性统计量，包括均值、中位数、众数、标准差、方差、偏度、峰度等。常用的描述性统计函数如表 4-2 所示。

表 4-2　　　　　　　　　　　　　　常用的描述性统计函数

函数	作用
mean()	计算均值
median()	计算中位数
mode()	计算众数（需要先安装 SciPy 库）
std()	计算标准差
var()	计算方差
skew()	计算偏度
kurt()	计算峰度

此外，还可以使用 describe()方法，它提供了 DataFrame 的许多描述性统计量，包括 count（非 NA 值的数量）、mean、std、min、25%分位数、中位数、75%分位数、max 等。

【案例 4-3】分析世界 500 强企业的基本情况

现有世界 500 强企业的营业收入、利润、国家及地区、行业等数据，请对 500 强企业的基本情况进行分析。

步骤 1　读入数据，并查看数据类型，示例代码如下：

```
data=pd.read_excel('世界 500 强企业及行业.xlsx')
data.info()
```

代码运行结果如下：

```
<class 'pandas.core.frame.DataFrame'>
RangeIndex: 500 entries, 0 to 499
Data columns (total 6 columns):
 #   Column          Non-Null Count   Dtype
---  ------          --------------   -----
 0   排名              500 non-null     int64
 1   公司名称(中文)      500 non-null     object
 2   营业收入(百万美元)  500 non-null     float64
 3   利润(百万美元)      500 non-null     float64
 4   国家及地区          500 non-null     object
 5   行业              500 non-null     object
dtypes: float64(2), int64(1), object(3)
memory usage: 23.6+ KB
```

通过上述结果的简要信息可以了解数据的基本情况。其中，"RangeIndex"表示 DataFrame 的行数和列数，如"RangeIndex: 500 entries, 0 to 499"表示 DataFrame 有 500 行，范围从 0 到 499；"Column"表示 DataFrame 的列名；"Non-Null　Count"表示这个列中非空值的个数；"Dtype"表示 DataFrame 各列的数据类型。营业收入、利润为定量数据，国家及地区、行业为定性数据。

步骤 2　计算定量数据的基本统计量。

利用 data.describe()计算定量数据的统计量，并统一保留小数点后 2 位，示例代码如下：

```
data.describe().round(2)
```

代码运行结果如图 4-4 所示。

从结果可以看出，营业收入的最大值达到了 611289.00 百万美元，最小值为 30922.30 百万美元，平均值为 82292.80 百万美元，中位数为 56233.15 百万美元，标准差为 77609.46 百万美元。

	排名	营业收入(百万美元)	利润(百万美元)
count	500.00	500.00	500.00
mean	248.99	82292.80	5784.41
std	144.47	77609.46	12359.72
min	1.00	30922.30	-22819.00
25%	123.75	40056.35	782.20
50%	248.50	56233.15	2477.50
75%	374.25	90609.58	6677.25
max	500.00	611289.00	159069.00

图 4-4　运行结果

以营业收入为例，计算偏度、峰度，示例代码如下：

```
print('偏度：',data['营业收入(百万美元)'].skew().round(2))
print('峰度：',data['营业收入(百万美元)'].kurt().round(2))
```

代码运行结果如下：

```
偏度：3.53
峰度：15.84
```

可以看出营业收入呈尖峰分布，分布形态是右偏分布，即存在少量极大值。

步骤 3　计算定性数据的统计量，示例代码如下：

```
print('国家及地区众数',data['国家及地区'].mode())
```

代码运行结果如下：

```
国家及地区众数 0    中国
Name: 国家及地区, dtype: object
```

从结果可以看出，世界 500 强企业所在国家及地区中，出现次数最多的国家是中国。

4.2.3　数据分组统计

数据分组统计是对数据进行分类和分组后的统计分析，它有助于我们深入探究不同类别或组别之间的差异和规律，从而更好地理解数据的内在结构。pandas 提供了多种函数来支持数据分组统计。下面介绍 groupby()、pd.pivot_table()和 pd.crosstab()函数。

（1）使用 groupby()进行数据分组统计

groupby()是 pandas 中用于对数据进行分组的一个函数，它可以通过不同的聚合函数对分组后的数据进行统计和汇总。在使用 pandas 的 groupby()函数对数据进行分组时，通常会遵循以下步骤。

步骤 1　确定分组的键，并进行分组。键可以是列名，也可以是多个列名的组合。然后使用 groupby()函数将数据根据这些键进行分组。

步骤 2　在分组的基础上进行数据聚合。如对每个分组内的数据执行统计运算，如使用 sum()、mean()、count()、max()、min()等，或者可以对分组执行其他操作，如应用自定义函数 apply()等。

步骤 3　重置索引，保存数据。分组操作会产生新的索引，通过重置索引将结果转换为传统的 DataFrame 格式，并将分组和聚合的结果保存到新的 DataFrame 中。

以【案例 4-3】为例，选择"营业收入(百万美元)""利润(百万美元)"和"行业"这 3 列数据，然后按照"行业"进行分组，并对每个分组应用多个聚合函数，包括 max()、mean()、min()和 sum()，最后重置结果的索引，得到一个包含行业和相应聚合结果的新 DataFrame，示例代码如下：

```
data[['营业收入(百万美元)','利润(百万美元)','行业']].groupby(['行业']).agg(['max','mean',
'min','sum']).reset_index()
```

代码运行结果（部分）如图 4-5 所示。

	行业	营业收入(百万美元)				利润(百万美元)			
		max	mean	min	sum	max	mean	min	sum
0	专业零售	157403.0	62212.000000	31126.4	684332.0	17105.0	4133.118182	315.0	45464.3
1	互联网服务和零售	513983.0	167848.612500	31877.0	1342788.9	59972.0	13808.412500	-9141.0	110467.3
2	人寿与健康保险	181565.8	68013.550000	31217.5	1632325.2	12453.8	2589.387500	-1438.0	62145.3
3	保健	324162.0	150701.977778	31974.0	1356317.8	20120.0	5427.555556	792.0	48848.0
4	信息技术服务	61594.3	61062.150000	60530.0	122124.3	6877.2	4258.100000	1639.0	8516.2

图 4-5　运行结果（部分）

（2）使用 pd.pivot_table()创建数据透视表

pivot_table()是 pandas 中的一个内置函数，专门用于创建数据的透视表。透视表是一种表格格式，它可以通过行索引、列索引和值来组织数据，非常适用于交叉分析数据。在使用 pivot_table()时，需要指定哪些行作为行索引、哪些列作为列索引，以及哪些数据作为值进行聚合计算。

以【案例 4-3】为例，使用 pandas 的 pivot_table()函数创建一个数据透视表，将"营业收入(百万美元)"和"利润(百万美元)"两列的数据按照"行业"列进行分组，并应用多个聚合函数，包括 max()、mean()、min()和 sum()。然后，通过 reset_index()方法重置索引。示例代码如下：

```
pd.pivot_table(data, values=['营业收入(百万美元)','利润(百万美元)'],index=['行业'],aggfunc=
{max, np.mean,min, sum}).reset_index()
```

代码运行结果（部分）如图 4-6 所示。

	行业	利润(百万美元)				营业收入(百万美元)			
		max	mean	min	sum	max	mean	min	sum
0	专业零售	17105.0	4133.118182	315.0	45464.3	157403.0	62212.000000	31126.4	684332.0
1	互联网服务和零售	59972.0	13808.412500	-9141.0	110467.3	513983.0	167848.612500	31877.0	1342788.9
2	人寿与健康保险	12453.8	2589.387500	-1438.0	62145.3	181565.8	68013.550000	31217.5	1632325.2
3	保健	20120.0	5427.555556	792.0	48848.0	324162.0	150701.977778	31974.0	1356317.8
4	信息技术服务	6877.2	4258.100000	1639.0	8516.2	61594.3	61062.150000	60530.0	122124.3

图 4-6　运行结果（部分）

（3）使用 pd.crosstab()创建交叉频数表

pd.crosstab()函数是 pandas 库中的一个函数，用于创建两个或两个以上变量之间的频数表。通常，这个函数用于对分类数据进行分析，以帮助我们理解这些分类数据之间的关系。

以【案例 4-3】为例，使用 pandas 的 pd.crosstab()函数创建一个交叉频数表，其中行索引为数据集中的"国家及地区"列，列索引为"行业"列，交叉频数表将展示每个国家及地区在不同行业中的频数，示例代码如下：

```
pd.crosstab(index=data['国家及地区'],columns=data['行业'])
```

代码运行结果（部分）如图 4-7 所示。

国家及地区	专业零售	互联网服务和零售	人寿与健康保险	保健	信息技术服务	公用设施	制药	化学品	医疗器械和设备	半导体、电子元件	...	运输及物流	邮件、包裹及货物包装运输	采矿、原油生产	金属产品	铁路运输	银行	食品	食品和杂货店	食品生产	饮料
中国	1	4	6	0	0	3	1	4	0	1	...	3	2	8	18	0	9	0	0	1	0
丹麦	0	0	0	0	0	0	0	0	0	0	...	0	0	1	0	0	0	0	0	0	0
俄罗斯	0	0	0	0	0	0	0	0	0	0	...	0	0	0	0	0	1	0	0	1	0
加拿大	1	0	0	1	0	0	0	0	0	0	...	0	0	0	2	0	4	0	1	1	0
卢森堡	0	0	0	0	0	0	0	0	0	0	...	0	0	0	0	1	0	0	0	0	0
印度	0	0	1	0	0	0	0	0	0	0	...	0	0	1	0	0	1	0	0	0	0

图 4-7　运行结果（部分）

4.2.4　数据相关分析

数据相关分析旨在探究变量之间的相互关系，从而更好地理解现象背后的机制。本节将介绍相关分析及其计算举例。

（1）相关分析

相关分析是统计学中用来研究两个或两个以上变量之间相互依赖关系的工具。在现实生活中，许多现象都不是孤立存在的，它们之间往往存在一定的联系。例如，商品的价格和需求量、个人的收入和消费水平、疾病的发病率与环境因素等，这些变量之间都可能存在某种程度的相关性。通过相关分析，我们可以揭示变量之间的这种依赖关系，为数据的解释和预测提供依据。

相关分析通过计算相关系数来衡量两个变量之间关系的强度和方向。相关系数是衡量两个变量之间线性关系强度的一个数值。相关系数的取值范围为-1 到 1，接近 1 或-1 表示强烈的正相关或负相关，而接近 0 则表示没有线性关系。

常见的相关系数强弱程度的划分标准如表 4-3 所示。

表 4-3　　　　　　　　　　常见的相关系数强弱程度的划分标准

相关系数强弱程度	常见划分标准
强相关	相关系数绝对值大于 0.75，表示两个变量之间具有较强的线性关系
中等程度相关	相关系数绝对值在 0.3~0.75，表示两个变量之间存在一定的线性关系，但强度不如强相关
弱相关	相关系数绝对值在 0.1~0.3，表示两个变量之间的线性关系较弱
极弱相关/不相关	相关系数绝对值在 0~0.1，表示两个变量极弱相关或不相关

注意，这些划分并没有严格的理论依据，并且不同领域的标准可能有所不同。在进行相关分析时，应根据实际问题和领域特点来判断相关系数的强弱程度。

（2）相关分析计算举例

在 pandas 中进行相关分析常用 data.corr()函数。data.corr()的常用参数如表 4-4 所示。

表 4-4   data.corr()的常用参数

参数	说明
method	"pearson"为皮尔逊相关系数，用于衡量两个数据的散点图是否在一条线上，即针对线性数据的相关系数进行计算，针对非线性数据时便会有误差；"spearman"为斯皮尔曼相关系数，用于度量非线性的、非正态分布的数据的相关程度；"kendall"为肯德尔等级相关系数，用于度量分类变量的相关程度
min_periods	可选参数，指定样本的最少数据量，默认为 1

【案例 4-4】分析平安银行季度营收与利润情况

现有平安银行的季度营业总收入和净利润数据，请对该企业的营收与利润情况进行分析。

在 Python 中计算"营业总收入（百万元）""净利润（百万元）"的相关系数，示例代码如下：

```
data=pd.read_excel('平安银行季度营收与利润.xlsx')
data[['营业总收入（百万元）','净利润（百万元）']].corr(method='pearson').round(3)
```

代码运行结果如图 4-8 所示。

	营业总收入（百万元）	净利润（百万元）
营业总收入（百万元）	1.000	0.752
净利润（百万元）	0.752	1.000

图 4-8　运行结果

从结果可以看出，"营业总收入（百万元）""净利润（百万元）"的皮尔逊相关系数为 0.752，这两个变量之间存在一定的线性关系。

4.2.5　数据比较分析

数据比较分析通过对比不同期间的数据，帮助企业管理者理解数据的变化趋势。财务数据比较分析主要包括定比分析、环比分析与同比分析。本节分别介绍这 3 种分析方法。

（1）定比分析

定比分析通过将本期的财务数据与一个固定时期的数据进行比较来评估财务状况的变化。定比分析通常使用定比增长率来度量。定比增长率用于衡量某一财务指标在两个固定期间之间的增长或减少幅度。定比增长率的计算公式为：

$$定比增长率 = \left(\frac{本期数据}{基准期数据} - 1 \right) \times 100\%$$

例如，如果某公司在 2022 年的销售额为 100 万元，在 2024 年的销售额为 140 万元，那么定比增长率为：

$$定比增长率 = \left(\frac{140}{100} - 1 \right) \times 100\% = 40\%$$

这意味着销售额在 2024 年相比 2022 年增长了 40%。

（2）环比分析

环比分析是将本期的财务数据与上期的财务数据进行比较，主要用于评估短期内的财务变动情况，常用于季度或月度财务报告。环比分析通常使用环比增长率来度量。环比增长率用于衡量某一财务指标在连续两个期间之间的增长或减少幅度。环比增长率的计算公式为：

$$环比增长率 = \frac{本期数据 - 上期数据}{上期数据} \times 100\% = \left(\frac{本期数据}{上期数据} - 1\right) \times 100\%$$

例如，如果某公司在 2024 年 1 月的销售额为 100 万元，在 2024 年 2 月的销售额为 130 万元，那么环比增长率为：

$$环比增长率 = \left(\frac{130}{100} - 1\right) \times 100\% = 30\%$$

这意味着销售额在 2024 年 2 月相比 2024 年 1 月增长了 30%。

（3）同比分析

同比分析是指将本期的财务数据或业务指标与上一年度同一期间的数据进行比较，以评估和分析业绩的变化情况。同比分析可用同比增长率来度量。同比增长率是同比分析中的一个重要指标，它表示本期与上一年同期相比，业务增长或减少的百分比。同比增长率的计算公式为：

$$同比增长率 = \frac{本期数据 - 同期数据}{同期数据} \times 100\% = \left(\frac{本期数据}{同期数据} - 1\right) \times 100\%$$

例如，如果某公司在 2024 年第一季度的销售额为 100 万元，而在 2023 年第一季度的销售额为 80 万元，那么同比增长率为：

$$同比增长率 = \left(\frac{100}{80} - 1\right) \times 100\% = 25\%$$

这意味着销售额在 2024 年第一季度相比 2023 年第一季度增长了 25%。

（4）财务数据比较分析指标应用举例

以【案例 4-4】为例，在 Python 中计算营业总收入的定比增长率、环比增长率、同比增长率，主要分以下 5 个步骤来实现。

步骤 1　读入数据，并查看数据表，示例代码如下：

```
data=pd.read_excel('平安银行季度营收与利润.xlsx')
data.head()
```

4-2　财务数据比较分析指标应用举例

代码运行结果如图 4-9 所示。

	日期	报告期	营业总收入（百万元）	净利润（百万元）
0	2013-03-31	一季度	10526	3589
1	2013-06-30	二季度	12443	3942
2	2013-09-30	三季度	13595	4165
3	2013-12-31	四季度	14730	3535
4	2014-03-31	一季度	14800	5054

图 4-9　运行结果

步骤 2　将"日期"列数据类型转换，并设置为行索引，示例代码如下：

```
import datetime
data['日期']=pd.to_datetime(data['日期'])
data=data.set_index('日期')
data.head()
```

代码运行结果如图 4-10 所示。

日期	报告期	营业总收入（百万元）	净利润（百万元）
2013-03-31	一季度	10526	3589
2013-06-30	二季度	12443	3942
2013-09-30	三季度	13595	4165
2013-12-31	四季度	14730	3535
2014-03-31	一季度	14800	5054

图 4-10　运行结果

步骤 3　计算营业总收入的定比增长率。以 2013 年 3 月 31 日为基准，在数据集中找到该日期的"营业总收入（百万元）"数值作为基准数据。然后，计算"营业总收入（百万元）"列每个数值与基准数据的比值，再减去 1，得到"收入定比增长率"列，并将"收入定比增长率"列的数值转换为百分比格式，保留两位小数。最后，输出数据集的前 5 行，查看更新后的数据。示例代码如下：

```
fix_date='2013-03-31'
fix_num=data.loc[fix_date,'营业总收入（百万元）']
data['收入定比增长率']=data['营业总收入（百万元）']/fix_num-1
data['收入定比增长率']=data['收入定比增长率'].apply(lambda x: '{:.2f}%'.format(x * 100))
#百分比格式
data.head()
```

代码运行结果如图 4-11 所示。

日期	报告期	营业总收入（百万元）	净利润（百万元）	收入定比增长率
2013-03-31	一季度	10526	3589	0.00%
2013-06-30	二季度	12443	3942	18.21%
2013-09-30	三季度	13595	4165	29.16%
2013-12-31	四季度	14730	3535	39.94%
2014-03-31	一季度	14800	5054	40.60%

图 4-11　运行结果

步骤 4　计算营业总收入的环比增长率。计算本期营业总收入与上期营业总收入之差，再除以上期营业总收入，并将其作为新的一列"收入环比增长率"添加到数据集中。然后，使用 apply()函数和 lambda 表达式，将"收入环比增长率"这一列的数值转换为百分比格式，并保留两位小数。最后，输出数据集的后 5 行。

在此可通过 pct_change() 函数计算数据的百分比变化，其基本语法为：

```
pct_change(periods)
```

参数 periods 可指定比较的时间间隔。如 periods=1，表示计算与 1 个周期前的百分比变化。

示例代码如下：

```
data['收入环比增长率']=data['营业总收入（百万元）'].pct_change(periods=1)
data['收入环比增长率']=data['收入环比增长率'].apply(lambda x: '{:.2f}%'.format(x * 100))#
百分比格式
data.tail()
```

代码运行结果如图 4-12 所示。

日期	报告期	营业总收入（百万元）	净利润（百万元）	收入定比增长率	收入环比增长率
2022-12-31	四季度	40618	8857	285.88%	2.41%
2023-03-31	一季度	41246	14602	291.85%	1.55%
2023-06-30	二季度	38101	10785	261.97%	-7.62%
2023-09-30	三季度	35400	14248	236.31%	-7.09%
2023-12-31	四季度	33212	6820	215.52%	-6.18%

图 4-12　运行结果

步骤 5　计算营业总收入的同比增长率。计算本期营业总收入与上一年同期营业总收入之差，再除以上一年同期营业总收入，即同比增长率，并将这个增长率作为新列"收入同比增长率"添加到数据集中。随后，将"收入同比增长率"列的数值转换为百分比格式，并保留两位小数。最后，输出数据集的后 5 行。示例代码如下：

```
data['收入同比增长率']=data['营业总收入（百万元）'].pct_change(periods=4)
data['收入同比增长率']=data['收入同比增长率'].apply(lambda x: '{:.2f}%'.format(x * 100))
#百分比格式
data.tail()
```

代码运行结果如图 4-13 所示。

日期	报告期	营业总收入（百万元）	净利润（百万元）	收入定比增长率	收入环比增长率	收入同比增长率
2022-12-31	四季度	40618	8857	285.88%	2.41%	5.79%
2023-03-31	一季度	41246	14602	291.85%	1.55%	0.96%
2023-06-30	二季度	38101	10785	261.97%	-7.62%	-3.14%
2023-09-30	三季度	35400	14248	236.31%	-7.09%	-10.74%
2023-12-31	四季度	33212	6820	215.52%	-6.18%	-18.23%

图 4-13　运行结果

课后习题

一、单项选择题

1. 以下哪个工具不能用于获取财务数据？（　　　）
   A. 第三方数据接口　　　　　　　　　B. 网络爬虫
   C. 企业财报文件　　　　　　　　　　D. 显微镜

2. 在进行基本统计分析时，我们通常关注哪些指标？（　　　）
   A. 均值、中位数、众数　　　　　　　B. 方差、标准差
   C. 峰度、偏度　　　　　　　　　　　D. 所有以上

3. 在数据分析中，数据分组统计主要用来做什么？（　　　）
   A. 描述数据的集中趋势和离散程度　　B. 找出数据的分布情况
   C. 预测未来的财务状况　　　　　　　D. 解释财务数据背后的原因

4. 数据相关分析主要分析的是什么？（　　　）

    A. 数据之间的关联性　　　　　　　　B. 数据的集中趋势

    C. 数据的离散程度　　　　　　　　　D. 数据的分布情况

5. 数据比较分析通常用于比较哪些数据？（　　　）

    A. 不同企业同一时间的财务数据　　　B. 同一企业不同时间的财务数据

    C. 不同企业不同时间的财务数据　　　D. 以上都对

6. 数据隐私和信息安全在财务数据分析中非常重要，以下哪项不是保护数据隐私和信息安全的方法？（　　　）

    A. 不泄露企业内部财务数据　　　　　B. 不使用非法手段获取财务数据

    C. 不对财务数据进行统计分析　　　　D. 遵守相关法律法规和职业道德标准

二、判断题

1. 数据分析只能用来描述财务数据，不能用来解释财务数据背后的原因。（　　　）

2. 基本统计分析、数据分组统计、数据相关分析和数据比较分析都可以用来描述财务数据。（　　　）

3. 第三方数据接口是一种获取财务数据的网络爬虫。（　　　）

4. 数据比较分析只能用来比较不同企业同一时间的财务数据。（　　　）

5. 企业财报文件是从公开渠道获取财务数据的一种工具。（　　　）

6. 在进行数据分析时，我们不需要关注数据的集中趋势和离散程度。（　　　）

本章实训

上市公司的利润表批量获取及分析

一、案例介绍

上市公司利润表数据是投资者进行价值评估和投资决策的核心依据。随着我国资本市场的不断完善和财务信息披露制度的规范化，及时准确地获取和分析企业利润表数据对投资机构、个人投资者及企业管理者都具有重要意义。特别是在白酒行业面临消费升级和市场竞争加剧的背景下，深入分析企业盈利能力和增长趋势，对把握行业投资机会和风险管控具有重要价值。

二、实训目标

完成数据获取、处理、统计分析和增长率计算等任务，掌握上市公司利润表数据分析的完整方法论，提升财务数据分析与投资价值评估的实战能力。

三、实训任务

（1）通过 Python 编程批量获取上市公司 2021—2023 年的季度利润表数据，并保存为本地文件，命名为"2021—2023 年季度利润表.xlsx"。

（2）读取本地文件"2021—2023 年季度利润表.xlsx"，观察数据的数据量、变量个数及变量类型，并将"报告期"列转换为字符串。

（3）根据"报告期"列构建"年""季度"变量，并进行数据分组统计，计算年度的"净利润"和"营业总收入"，以及不同股票年度的"净利润"和"营业总收入"。

（4）提取贵州茅台的季度利润表，并对贵州茅台的"净利润"和"营业总收入"进行基本统计分析。

（5）以"2021-03-31"为基准，计算贵州茅台的净利润定比增长率、净利润环比增长率、净利润同比增长率。

四、实训步骤

（1）通过 Python 编程批量获取上市公司 2021—2023 年的季度利润表数据，并保存为本地文件，命名为"2021—2023 年季度利润表.xlsx"。

利用 AKShare 接口获取 2021—2023 年的季度利润表，分两个步骤来实现，首先生成日期列表，然后进行批量获取。

步骤 1 根据季度发布时间，生成 2021—2023 年的日期列表。示例代码如下：

```
datelist=[]
for year in [2021,2022,2023]:
    dlist=[]
    for d in ['0331','0630','0930','1231']:
        date=str(year)+d
        dlist.append(date)
    datelist.extend(dlist)
```

步骤 2 遍历日期列表，使用 AKShare 接口获取每个日期的季度利润表数据，将报告期信息添加到 DataFrame 中，然后将所有 DataFrame 合并为一个大的 DataFrame，将其导出为一个本地文件，文件名称为"2021—2023 年季度利润表.xlsx"。示例代码如下：

```
dat=[]
for date in datelist:
    df=ak.stock_lrb_em(date=date)
    df['报告期']=date
    dat.append(df)
data=pd.concat(dat,axis =0)
data.to_excel('2021—2023 年季度利润表.xlsx',index=False)
```

（2）读取本地文件"2021—2023 年季度利润表.xlsx"，观察数据的数据量、变量个数及变量类型，并将"报告期"列转换为字符串。

步骤 1 读取本地文件，输出数据列简要信息，示例代码如下：

```
data=pd.read_excel('2021—2023 年季度利润表.xlsx')
data.info()
```

代码运行结果如下：

```
<class 'pandas.core.frame.DataFrame'>
RangeIndex: 55919 entries, 0 to 55918
Data columns (total 16 columns):
 #   Column          Non-Null Count   Dtype
---  ------          --------------   -----
 0   序号             55919 non-null   int64
 1   股票代码          55919 non-null   int64
 2   股票简称          55919 non-null   object
 3   净利润           55919 non-null   float64
```

4	净利润同比	54807 non-null	float64
5	营业总收入	55886 non-null	float64
6	营业总收入同比	54744 non-null	float64
7	营业总支出-营业支出	54748 non-null	float64
8	营业总支出-销售费用	53998 non-null	float64
9	营业总支出-管理费用	55853 non-null	float64
10	营业总支出-财务费用	54810 non-null	float64
11	营业总支出-营业总支出	55919 non-null	float64
12	营业利润	55919 non-null	float64
13	利润总额	55919 non-null	float64
14	公告日期	55919 non-null	datetime64[ns]
15	报告期	55919 non-null	int64

dtypes: datetime64[ns](1), float64(11), int64(3), object(1)

memory usage: 6.8+ MB

从结果可以看出，数据量为 55919 条，共 16 个变量，其中"报告期"列的数据类型为整型。

步骤 2　将"报告期"列的类型转换为字符串。示例代码如下：

data['报告期']=data['报告期'].astype('str')

（3）根据"报告期"列构建"年""季度"变量，并进行数据分组统计，计算年度的"净利润"和"营业总收入"，以及不同股票年度的"净利润"和"营业总收入"。

步骤 1　构建"年""季度"变量。示例代码如下：

```
#将日期字符串转换为 datetime 对象
date_series=data['报告期'].apply(pd.to_datetime)
#提取年、季度
year=date_series.dt.year
quarter=date_series.dt.quarter
#赋值给 data
data['年']=year
data['季度']=quarter
data.head()
```

步骤 2　分组统计年度的"净利润"和"营业总收入"。示例代码如下：

pd.pivot_table(data,values=['净利润','营业总收入'],index=['年'],aggfunc=sum).reset_index()

代码运行结果如图 4-14 所示。

	年	净利润	营业总收入
0	2021	1.374412e+13	1.631328e+14
1	2022	1.429169e+13	1.756895e+14
2	2023	9.028819e+12	1.083612e+14

图 4-14　运行结果

步骤 3　统计不同股票年度的"净利润"和"营业总收入"。示例代码如下：

pd.pivot_table(data,values=['净利润','营业总收入'],index=['股票代码','年'],aggfunc=sum).reset_index()

代码运行结果如图 4-15 所示。

	股票代码	年	净利润	营业总收入
0	1	1970	3.363780e+11	1.305471e+12
1	2	1970	1.298815e+11	2.624429e+12
2	4	1970	-1.235411e+09	1.003090e+09
3	5	1970	3.839436e+08	1.698352e+09
4	6	1970	2.644262e+09	1.634825e+10
...	...	...	...	...
5162	688799	1970	1.111274e+09	7.947538e+09
5163	688800	1970	1.073261e+09	7.898001e+09
5164	688819	1970	1.146371e+10	2.540219e+11
5165	688981	1970	6.320603e+10	2.727348e+11
5166	689009	1970	2.835164e+09	6.090826e+10

5167 rows × 4 columns

图 4-15　运行结果

（4）提取贵州茅台的季度利润表，并对贵州茅台的"净利润"和"营业总收入"进行基本统计分析。

步骤 1　通过"股票简称"列提取贵州茅台的季度利润表。示例代码如下：

```
data_eg=data.iloc[np.where(data['股票简称']=='贵州茅台')].reset_index()
data_eg.head()
```

代码运行结果（部分）如图 4-16 所示。

	index	序号	股票代码	股票简称	净利润	净利润同比	营业总收入	营业总收入同比	营业总支出-营业支出	营业总支出-销售费用	营业总支出-管理费用	营业总支出-财务费用
0	3174	3175	600519	贵州茅台	1.395446e+10	6.57	2.806474e+10	10.934421	2.269951e+09	5.670696e+08	1.780458e+09	-1.360911e+08
1	9516	4724	600519	贵州茅台	2.465399e+10	9.08	5.072158e+10	11.147763	4.232098e+09	1.290652e+09	3.487194e+09	-3.661275e+08
2	14733	4904	600519	贵州茅台	3.726617e+10	10.17	7.705315e+10	10.748532	6.574930e+09	1.923138e+09	5.414713e+09	-6.134122e+08
3	19013	4239	600519	贵州茅台	5.246014e+10	12.34	1.094643e+11	11.705948	8.983378e+09	2.737369e+09	8.450274e+09	-9.345234e+08
4	23496	3558	600519	贵州茅台	1.724497e+10	23.58	3.318716e+10	18.252174	2.464917e+09	5.309537e+08	2.133083e+09	-3.343840e+08

图 4-16　运行结果（部分）

步骤 2　对贵州茅台的"净利润"和"营业总收入"进行基本统计分析。示例代码如下：

```
data_eg[['净利润','营业总收入']].describe()
```
代码运行结果如图 4-17 所示。

	净利润	营业总收入
count	1.100000e+01	1.100000e+01
mean	3.564922e+10	7.190515e+10
std	1.605154e+10	3.324733e+10
min	1.395446e+10	2.806474e+10
25%	2.272443e+10	4.505044e+10
50%	3.598042e+10	7.098721e+10
75%	4.842998e+10	9.755089e+10
max	6.271644e+10	1.275540e+11

图 4-17   运行结果

通过结果可以看出，贵州茅台的季度"净利润"最大约为 6.27×10^{10} 元，最小约为 1.40×10^{10} 元；"营业总收入"最大约为 1.28×10^{11} 元，最小约为 2.81×10^{10} 元。

（5）以"2021-03-31"为基准，计算贵州茅台的净利润定比增长率、净利润环比增长率、净利润同比增长率。

步骤 1   将"报告期"列转换为日期时间格式，然后将"日期"列设置为 DataFrame 的新索引。示例代码如下：

```
data_eg['日期']=pd.to_datetime(data_eg['报告期'])
data_eg=data_eg.set_index('日期')
data_eg.head()
```

步骤 2   计算净利润定比增长率。以"2021-03-31"对应的"净利润"为基准，计算净利润定比增长率。示例代码如下：

```
fix_date='2021-03-31'
fix_num=data_eg.loc[fix_date,'净利润']
data_eg['净利润定比增长率']=data_eg['净利润']/fix_num-1
data_eg['净利润定比增长率']=data_eg['净利润定比增长率'].apply(lambda x: '{:.2f}%'.format(x * 100))#百分比格式
```

步骤 3   计算净利润环比增长率，示例代码如下：

```
data_eg['净利润环比增长率']=data_eg['净利润'].pct_change(periods=1)
data_eg['净利润环比增长率']=data_eg['净利润环比增长率'].apply(lambda x: '{:.2f}%'.format(x * 100))#百分比格式
```

步骤 4   计算净利润同比增长率，示例代码如下：

```
data_eg['净利润同比增长率']=data_eg['净利润'].pct_change(periods=4)
data_eg['净利润同比增长率']=data_eg['净利润同比增长率'].apply(lambda x: '{:.2f}%'.format(x * 100))#百分比格式
```

步骤 5   将贵州茅台的季度利润表及净利润定比增长率、净利润环比增长率、净利润同比增长率数据保存到本地。示例代码如下：

```
data_eg.to_excel('贵州茅台季度利润表及比率.xlsx',index=False)
```

实战演练

上市公司的资产负债表批量获取及分析

一、案例介绍

在宏观经济结构调整和产业转型升级的背景下，上市公司资产负债状况的监测与分析对投资者、监管机构和公司管理者都具有重要意义。本实战案例以中国石化等上市公司为研究对象，通过对其季度资产负债表数据的系统分析，帮助使用者掌握企业财务结构变化的量化分析方法。特别是在能源行业绿色转型的关键时期，准确评估企业资产配置效率和债务风险水平，对投资决策和风险管理具有重要价值。

二、实战目标

通过数据获取、处理、统计分析和增长率计算等任务，培养学生掌握上市公司财务数据分析的完整方法论，提升财务数据分析的实战能力。

三、实战任务

（1）通过 Python 编程批量获取上市公司 2021—2023 年的季度资产负债表数据，并保存为本地文件，命名为"2021—2023 年季度资产负债表.xlsx"。

（2）读取本地文件"2021—2023 年季度资产负债表.xlsx"，观察数据的数据量、变量个数及变量类型，并将"报告期"列转换为字符串。

（3）根据"报告期"列构建"年""季度"变量。

（4）提取中国石化的季度资产负债表，并进行数据分组统计，计算年度的"资产-总资产"和"负债-总负债"。

（5）以"2021-03-31"为基准，计算中国石化的资产-总资产定比增长率、资产-总资产环比增长率。

第 5 章

财务数据可视化

学习导读

数据可视化作为数据分析领域的关键环节，能够将复杂的数据信息，以直观易懂的图形形式传递出来。本章将围绕数据可视化展开讲解。首先介绍 Matplotlib 绘图基础，梳理其基本流程，同时阐述中文字符显示、坐标轴刻度标注等相关问题及解决办法。接着深入探讨常用图形的绘制，使读者熟练掌握折线图、柱形图等核心图表的制作方法。最后进阶到 seaborn 绘图部分，讲解箱线图、热力图等图表的可视化技巧，帮助读者构建起从基础绘图到专业数据展示的能力架构。

学习目标

➤ 掌握 Matplotlib 库相关知识，包括绘图基本流程、中文字符显示及坐标轴刻度标注。

➤ 掌握使用 Matplotlib 库绘制各种常用的图形，包括折线图、柱形图、直方图、散点图和饼图。

➤ 掌握 seaborn 库的进阶可视化技术，能够绘制箱线图、热力图及组合图。

➤ 掌握绘图技巧和工具，能够对财务数据进行有效的可视化分析。

思维导图

```
                                    ┌─ Matplotlib绘图基本流程：创建画布与创建子图、绘制图形、
                                    │  显示或保存图形
                                    │
                    Matplotlib绘图基础 ─┼─ 中文字体配置：matplotlib.rcParams
                                    │
                                    └─ 坐标轴刻度标注：设置刻度位置、调整刻度范围、设置刻度
                                       标签、旋转刻度标签

                                    ┌─ 折线图：plt.plot()
                                    │
                                    ├─ 柱形图：plt.bar()
                                    │
                   Matplotlib常用图形绘制 ─┼─ 直方图：plt.hist()
                                    │
                                    ├─ 散点图：plt.scatter()
                                    │
                                    └─ 饼图：plt.pie()

                                    ┌─ 箱线图：sns.boxplot()
                                    │
财务数据可视化 ──┼─   seaborn可视化进阶 ─┼─ 热力图：sns.heatmap()
                                    │
                                    └─ 组合图：sns.swarmplot()、sns.pairplot()、sns.jointplot()

                                    ┌─ 案例介绍
                                    │
                                    ├─ 实训目标
                   本章实训 ── 上市公司的利润指标可视化分析 ─┤
                                    ├─ 实训任务
                                    │
                                    └─ 实训步骤

                                    ┌─ 案例介绍
                                    │
                   实战演练 ── 上市公司的资产负债可视化分析 ─┼─ 实战目标
                                    │
                                    └─ 实战任务
```

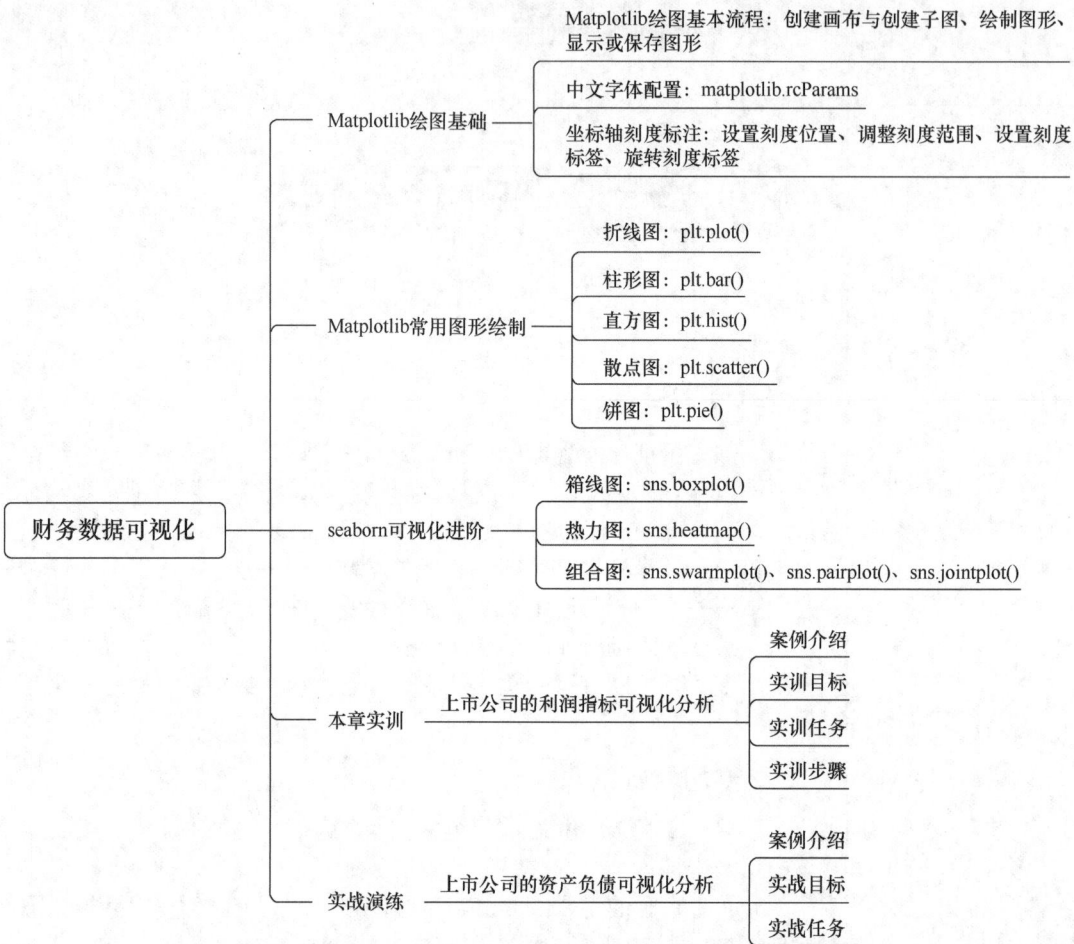

5.1 Matplotlib 绘图基础

Python 是一种简单易学的编程语言，具有强大的绘图能力，适用于各种数据可视化和图表绘制任务。

5.1.1 Matplotlib 绘图基本流程

作为 Python 中广泛使用的绘图库，Matplotlib 提供了丰富的绘图功能，能够帮助用户将数据以直观的图表形式展现出来。Anaconda 集成了 Matplotlib 包，在 Python 中直接导入 pyplot 模块就可以进行绘图。在此导入 pyplot 模块，并指定别名为 plt，示例代码如下：

```
import matplotlib.pyplot as plt
```

Matplotlib 绘图基本流程如图 5-1 所示，具体包括以下 3 个步骤。

步骤 1 创建画布与创建子图。创建一个空白的画布，如果需要同时展示多个图形，可通过创建子图来实现，然后使用对象方法来完成其余的工作。画布与子图函数如表 5-1 所示。

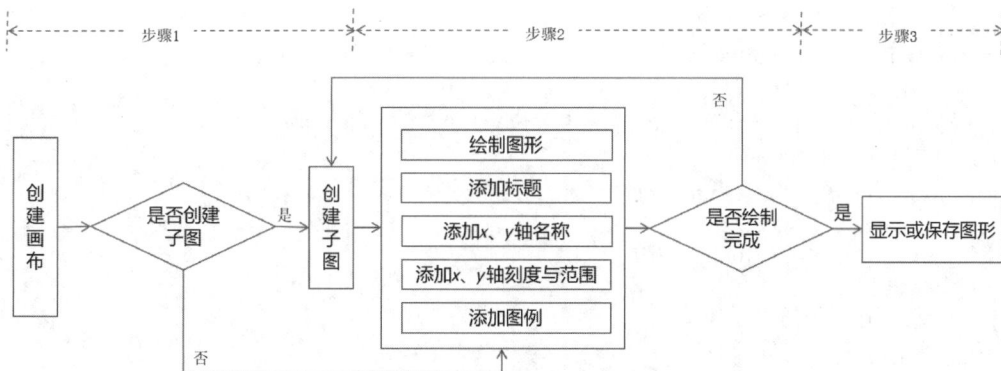

图 5-1　Matplotlib 绘图基本流程

表 5-1　　　　　　　　　　　　　　　　　　画布与子图函数

函数	函数作用
plt.figure()	创建一个空白画布，可以指定画布大小、分辨率
figure.add_subplot()	创建并选中子图，可以指定子图的行数、列数

步骤 2　绘制图形。在使用 Matplotlib 绘制图形时，可以灵活地设置坐标轴和添加各种标签。设置坐标轴和添加各种标签与绘制图形是并列的，没有先后顺序，可以先绘制图形，也可以先添加各种标签，但是添加图例一定要在绘制图形之后。pyplot 模块中添加坐标轴和各种标签的常用函数如表 5-2 所示。

表 5-2　　　　　　　　　　　　pyplot 模块中添加坐标轴和各种标签的常用函数

函数	函数作用
plt.title()	在当前图形中添加标题，可以指定标题的名称、位置、颜色、字号等参数
plt.xlabel()	在当前图形中添加 x 轴名称，可以指定位置、颜色、字号等参数
plt.ylabel()	在当前图形中添加 y 轴名称，可以指定位置、颜色、字号等参数
plt.xlim()	指定当前图形 x 轴的范围，只能指定一个数值区间，无法使用字符串标识
plt.ylim()	指定当前图形 y 轴的范围，只能指定一个数值区间，无法使用字符串标识
plt.xticks()	指定 x 轴刻度位置和标签
plt.yticks()	指定 y 轴刻度位置和标签
plt.legend()	指定当前图形的图例，可以指定图例的大小、位置、标签

步骤 3　显示或保存图形。显示或保存图形函数如表 5-3 所示。

表 5-3　　　　　　　　　　　　　　　　　　显示或保存图形函数

函数	函数作用
plt.show()	在本机显示图形
plt.savefig()	保存绘制的图形，可以指定图形的分辨率、边缘的颜色等参数

5.1.2　中文字体配置

为了实现在 Matplotlib 中显示中文字符，需要进行额外的设置。一种常见的方法是安装中文字体，并在绘图前设置 Matplotlib 的字体配置。

例如，可以通过 matplotlib.rcParams 来设置全局的字体配置。指定的字体必须已经在系统中安装，否则绘图时可能会出现乱码。使用以下代码段来设置中文字体和避免乱码问题。

```
import matplotlib
import matplotlib.pyplot as plt
# 指定字体为 SimHei（黑体）
matplotlib.rcParams['font.sans-serif'] = ['SimHei']
# 设置负号不使用 Unicode 字符
matplotlib.rcParams['axes.unicode_minus'] = False
x=np.array([1,2,3,4,5,6,7])
y=np.array([5,5.5,6,6.1,6.2,6.1,6])
plt.plot(x,y)
plt.title('某商品价格走势')
plt.xlabel('星期')
plt.ylabel('价格（元）')
plt.show()
```

代码运行结果如图 5-2 所示，从图中可以看出修改参数后的中文字符可以正常显示。

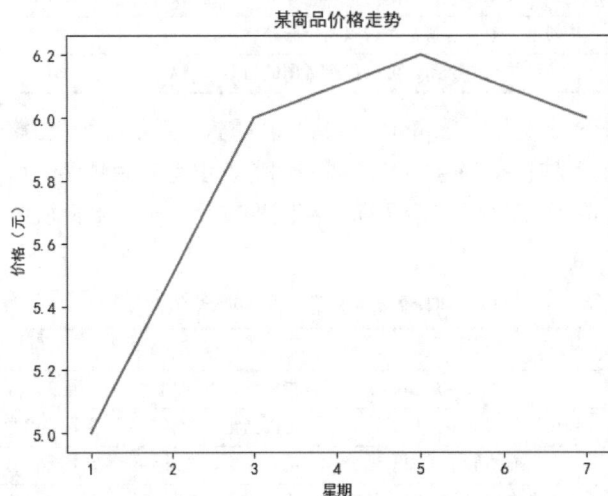

图 5-2　中文字符正常显示

5.1.3　坐标轴刻度标注

在绘图过程中，坐标轴的刻度标注是一个关键环节，它直接影响到图表的可读性和信息传达的准确性。下面是一些修改坐标轴刻度标注的常用方法。

（1）设置刻度位置

使用 plt.xticks(ticks)和 plt.yticks(ticks)来设置坐标轴的刻度位置，示例代码如下：

```
x=np.array([1,2,3,4,5,6,7])
y=np.array([5,5.5,6,6.1,6.2,6.1,6])
plt.plot(x,y)
plt.title('某商品价格走势')
plt.xlabel('星期')
plt.ylabel('价格（元）')
plt.xticks([1,3,5,7]) #设置 x 轴的刻度位置
plt.yticks([0,4,6,8]) #设置 y 轴的刻度位置
plt.show()
```

代码运行结果如图 5-3 所示，可以看出 x 轴、y 轴的刻度位置都进行了调整。

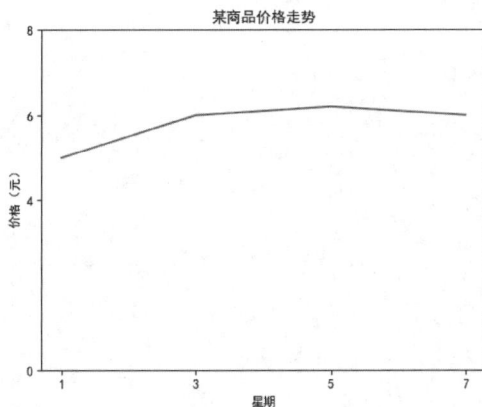

图 5-3　设置坐标轴的刻度位置

（2）调整刻度范围

通过 plt.xlim(xmin,xmax)和 plt.ylim(ymin,ymax)来调整坐标轴的显示范围，从而控制刻度显示的位置，示例代码如下：

```
x=np.array([1,2,3,4,5,6,7])
y=np.array([5,5.5,6,6.1,6.2,6.1,6])
plt.plot(x,y)
plt.title('某商品价格走势')
plt.xlabel('星期')
plt.ylabel('价格（元）')
plt.xlim(1,7)　# 设置 x 轴的显示范围
plt.ylim(0,8)　# 设置 y 轴的显示范围
```

代码运行结果如图 5-4 所示。

图 5-4　设置刻度范围

（3）设置刻度标签

可以通过传递一个包含刻度标签的列表给 plt.xticks()和 plt.yticks()来设置刻度标签，示例代码如下：

```
x=np.array([1,2,3,4,5,6,7])
y=np.array([5,5.5,6,6.1,6.2,6.1,6])
plt.plot(x,y)
```

```
plt.title('某商品价格走势')
plt.xlabel('星期')
plt.ylabel('价格（元）')
plt.xticks(x,['星期一','星期二','星期三','星期四','星期五','星期六','星期日'])
plt.show()
```

代码运行结果如图 5-5 所示。

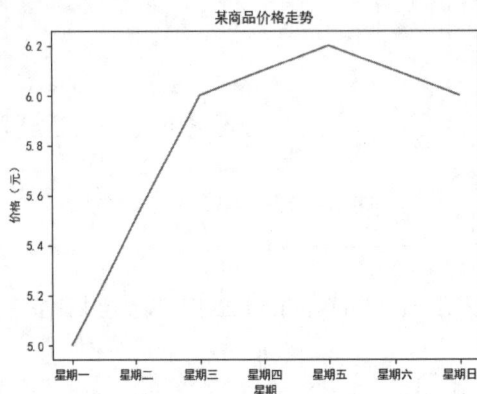

图 5-5 设置刻度标签

（4）旋转刻度标签

在 Matplotlib 中，如果想要旋转坐标轴的刻度标签，可以使用 plt.xticks()和 plt.yticks()函数的 rotation 参数。这个参数允许设置刻度标签的旋转角度，以便更好地适应图表的布局或者避免标签之间的重叠，示例代码如下：

```
x=np.array([1,2,3,4,5,6,7])
y=np.array([5,5.5,6,6.1,6.2,6.1,6])
plt.plot(x,y)
plt.title('某商品价格走势')
plt.xlabel('星期')
plt.ylabel('价格（元）')
plt.xticks(x,['星期一','星期二','星期三','星期四','星期五','星期六','星期日'], rotation=45)
plt.show()
```

代码运行结果如图 5-6 所示。

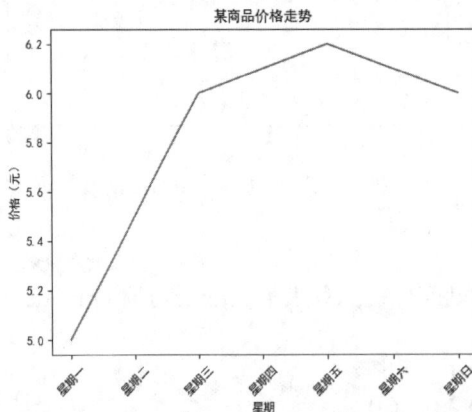

图 5-6 旋转刻度标签

上述方法可以单独或组合使用，以实现复杂的坐标轴刻度标注需求。

5.2 Matplotlib 常用图形绘制

5-1 Matplotlib
常用图形绘制

Matplotlib 是 Python 中强大的绘图库，提供多种图形类型，常见的图形包括折线图、柱形图、直方图、散点图、饼图等。

【案例 5-1】季度营收表可视化

现有某企业 2020—2023 年季度营收表，如表 5-4 所示。

表 5-4 某企业季度营收表

日期	年份	报告期	营业总收入（百万元）	净利润（百万元）
2020-03-31	2020	一季度	34483	8548
2020-06-30	2020	二季度	35588	5130
2020-09-30	2020	三季度	37384	8720
2020-12-31	2020	四季度	35787	6530
2021-03-31	2021	一季度	38271	10132
…	…	…	…	…

5.2.1 折线图

折线图用于展示数据随时间或其他连续变量的变化趋势。在 Matplotlib 中，绘制折线图通常使用 plt.plot()函数，该函数接收 x 轴数据和 y 轴数据作为参数，并允许指定线条的颜色、样式和标记。plt.plot()函数常用参数如表 5-5 所示。

表 5-5 plt.plot()函数常用参数

参数	说明
x、y	x 轴、y 轴的数据
color	线条的颜色，可以使用颜色名称（如'red' 'green'等）或十六进制颜色码（如'#FF0000'等）
linewidth	线条的宽度
linestyle	线条的样式，如实线（'-'）、虚线（'--'）、点线（'-.'）等
marker	数据点的标记样式，如圆圈（'o'）、星号（'*'）、方形（'s'）等
markersize	标记的大小
grid	显示网格
axhline	在 y 轴上添加水平线
axvline	在 x 轴上添加垂直线

（1）简单曲线图

以【案例 5-1】为例，绘制变量"营业总收入（百万元）"随时间的变化曲线，示例代码如下：

```
data=pd.read_excel('某企业季度营收表.xlsx')
plt.plot(data['日期'],data['营业总收入（百万元）'],linestyle='-')
plt.xlabel('日期')
plt.ylabel('营业总收入（百万元）')
plt.show()
```

代码运行结果如图 5-7 所示，从图中可以看出，该企业在 2020—2022 年营业总收入总体呈现上升趋势，在 2023 年先上升再下降。

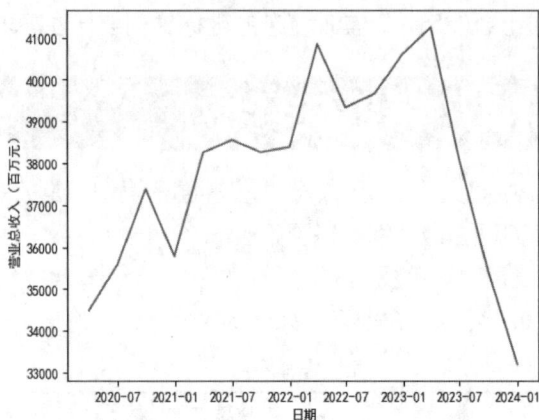

图 5-7　变量"营业总收入（百万元）"随时间的变化曲线

（2）多线图

以【案例 5-1】为例，绘制一系列折线图，用于展示不同年份的营业总收入随季度的变化情况。首先筛选数据集中不同年份的行，取其"报告期"列的数据作为 x 轴的值，取其"营业总收入（百万元）"列的数据作为 y 轴的值。绘制 4 个年份的营业总收入折线图，每个年份用不同的标记和线型表示，并展示营业总收入随季度的变化情况。具体来说，示例代码如下：

```
plt.plot(data[data['年份']==2020]['报告期'],data[data['年份']==2020]['营业总收入（百万元）'],
marker='p',linestyle='--')
    plt.plot(data[data['年份']==2021]['报告期'],data[data['年份']==2021]['营业总收入（百万元）'],
marker='s',linestyle='-.')
    plt.plot(data[data['年份']==2022]['报告期'],data[data['年份']==2022]['营业总收入（百万元）'],
marker='o',linestyle=':')
    plt.plot(data[data['年份']==2023]['报告期'],data[data['年份']==2023]['营业总收入（百万元）'],
marker='*',linestyle='-')
    plt.xlabel('季度')
    plt.ylabel('营业总收入（百万元）')
    plt.legend(['2020 年','2021 年','2022 年','2023 年'],loc='upper right')
    plt.show()
```

代码运行结果如图 5-8 所示。

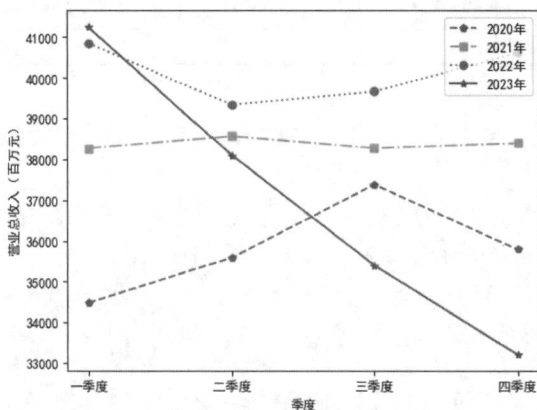

图 5-8　2020—2023 年营业总收入季度多线图

5.2.2 柱形图

柱形图用于比较不同类别或不同时间点的数据大小。在 Matplotlib 中，绘制柱形图通常使用 plt.bar()函数。这个函数可以创建一个简单的柱形图，其中每个条形代表数据集中的一个类别，条形的高度表示该类别的值。

plt.bar()函数常用参数如表 5-6 所示。

表 5-6　　　　　　　　　　　　　　　plt.bar()函数常用参数

参数	说明
x	必选参数，一个序列，表示柱形图的 x 坐标
height	必选参数，一个序列，表示每个条形的高度，即 y 坐标
width	单个条形的宽度，默认值为 0.8
bottom	用于设置条形的基准高度，默认为 None
color	条形的颜色，可以是一个颜色名称字符串，也可以是一个颜色序列，如果字符串个数或序列长度小于或等于条形数量，将循环使用
edgecolor	条形边缘的颜色
linewidth	条形边缘的线条宽度
hatch	条形间的填充模式，如 "/" "\\" 等

（1）简单柱形图

以【案例 5-1】为例，筛选出 2023 年的数据，绘制柱形图，示例代码如下：

```
data=pd.read_excel('某企业季度营收表.xlsx')
y2023=data[data['年份']==2023]
plt.bar(y2023['报告期'], y2023['营业总收入（百万元）'])
plt.xlabel('季度')
plt.ylabel('营业总收入（百万元）')
plt.show()
```

代码运行结果如图 5-9 所示。

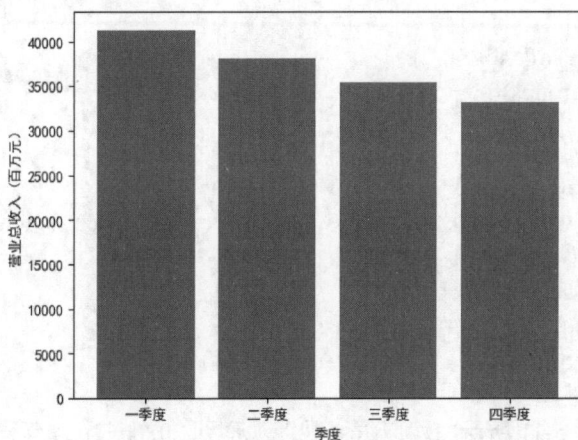

图 5-9　2023 年季度营业总收入柱形图

（2）复式柱形图

以【案例 5-1】为例，创建一个包含 4 个子图的画布，用以展示不同年份的营业总收入数据。主要步骤如下。

步骤 1 数据准备。使用 pandas 库中的 pivot()方法将 DataFrame 从长格式转换为宽格式表格，以便进行数据分析和可视化。长格式通常指的是每一行代表一个观测值，每一列代表一个变量；而宽格式则是指每一行代表一个变量，每一列代表一个观测值。这种转换对于进一步的数据分析和可视化非常重要，示例代码如下：

```
data=pd.read_excel('某企业季度营收表.xlsx')
# 使用 pivot()方法将其转换为宽格式表格
wide_df = data.pivot(index='报告期', columns='年份', values='营业总收入（百万元）')
# 重置索引并为多列赋值
wide_df.reset_index(inplace=True)
wide_df.columns = ['报告期', '2020年营业总收入','2021年营业总收入','2022年营业总收入',
'2023年营业总收入']
wide_df
```

代码运行结果如图 5-10 所示。

	报告期	2020年营业总收入	2021年营业总收入	2022年营业总收入	2023年营业总收入
0	一季度	34483	38271	40852	41246
1	三季度	37384	38273	39661	35400
2	二季度	35588	38564	39338	38101
3	四季度	35787	38395	40618	33212

图 5-10 运行结果

步骤 2 绘制复式柱形图。复式柱形图用于展示多个数据系列在同一图表中的变化情况，它可以帮助我们更直观地比较不同数据系列之间的差异。示例代码如下：

```
# 计算每个季度的宽度
years = ['2020年营业总收入','2021年营业总收入','2022年营业总收入','2023年营业总收入']
hatchs=['','//','\\','++']
n_groups = len(wide_df['报告期'])
ind = np.arange(n_groups)
width = 0.15
# 绘制每个年份的数据
for i, year in enumerate(years):
    plt.bar(ind + i * width, wide_df[year], width, label=year, hatch=hatchs[i])
plt.xlabel('季度')
plt.ylabel('营业总收入（百万元）')
plt.xticks(ind + width, wide_df['报告期'])
plt.legend(['2020','2021','2022','2023'],loc='upper right')
plt.show()
```

代码运行结果如图 5-11 所示，可以很直观地观察到 2020—2023 年同一季度的表现差异。

（3）堆叠柱形图

堆叠柱形图通过将多个数据系列在垂直方向上叠加，来展示不同部分如何共同构成一个整体。这种图表特别适用于展示和比较不同类别或时间段内的数据，以及它们对总体的贡献度。从堆叠柱形图中能够看出每个部分在总体中所占的比例，以及它们如何随时间变化。

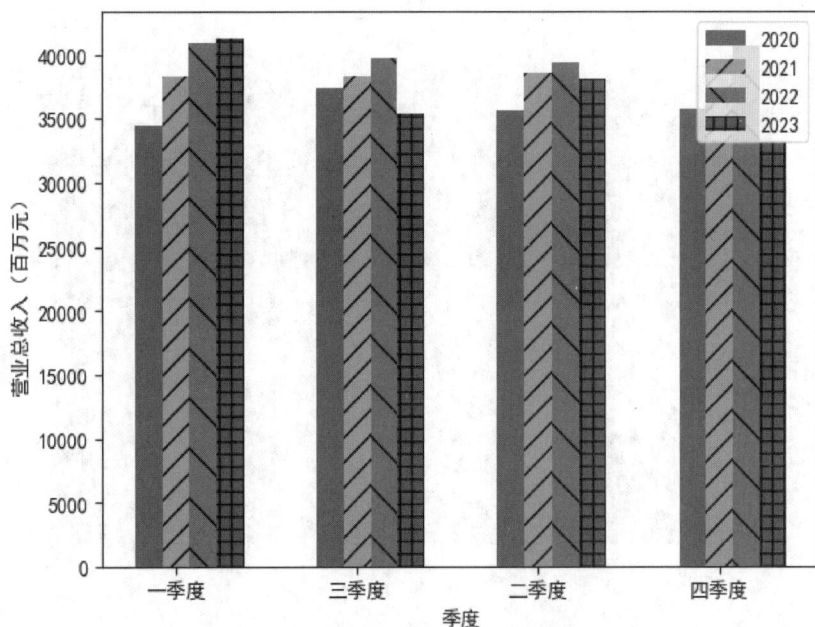

图 5-11 2020—2023 年同一季度复式柱形图

以【案例 5-1】为例，演示如何绘制堆叠柱形图，示例代码如下：

```
data=pd.read_excel('某企业季度营收表.xlsx')
# 使用 pivot()方法将其转换为宽格式表格
wide_df = data.pivot(index='年份',columns='报告期',values='营业总收入（百万元）')
# 重置索引并为多列赋值
wide_df.reset_index(inplace=True)
# 计算每个季度的宽度
quarters = ['一季度','二季度','三季度','四季度']
hatchs = ['', '//', '\\', '++']
n_groups = len(wide_df['年份'])
ind = np.arange(n_groups)
width = 0.45
# 初始化底部数组
bottom = np.zeros(n_groups)
# 绘制每个季度的数据
for i, quarter in enumerate(quarters):
    plt.bar(ind, wide_df[quarter], width, label=quarter, bottom=bottom, hatch=hatchs[i])
    bottom += wide_df[quarter]  # 更新底部值
plt.xlabel('年份')
plt.ylabel('营业总收入（百万元）')
plt.xticks(ind+width/2, wide_df['年份'])
plt.legend(loc='upper right')
plt.show()
```

代码运行结果如图 5-12 所示，从图中可以看出每个季度营业总收入在该年度中所占的比例，以及营业总收入在 2020—2023 年随时间的变化情况。

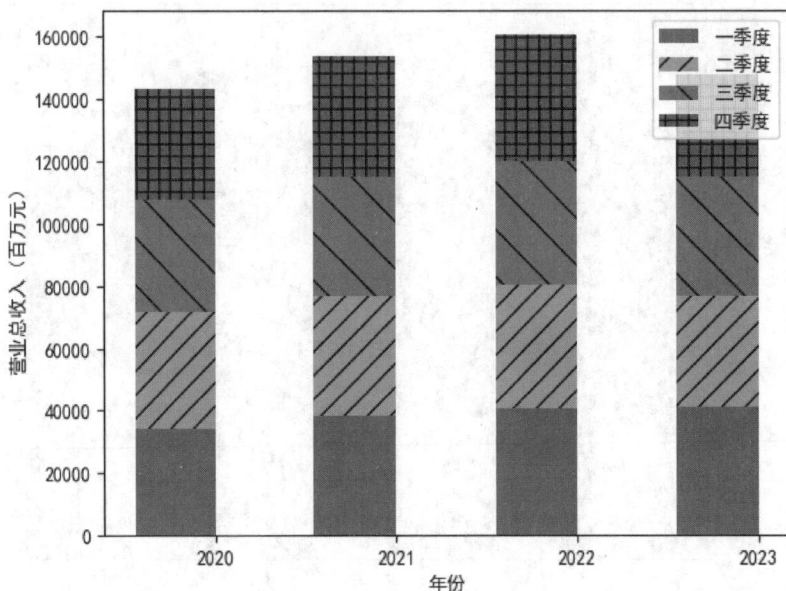

图 5-12　2020—2023 年营业总收入堆叠柱形图

5.2.3 | 直方图

直方图是用于呈现定量数据分布状况的图表，以连续排列的矩形为表现形式。在直方图中，x 轴用于界定数据区间，将定量数据进行合理分组；y 轴则依据数据的统计需求，展示频数或者频率密度。通过矩形的高度，能够直观且形象地揭示数据的集中趋势，即数据分布的中心位置；展现数据的离散程度，表明数据的分散状况；并呈现数据的分布形态，如是否呈现正态分布、偏态分布等特征。

在 Python 中，可以使用 plt.hist()函数来绘制直方图，其常用参数如表 5-7 所示。

表 5-7　　　　　　　　　　　　　plt.hist()函数常用参数

参数	说明
data	必选参数，一个包含数据的列表
bin	直方图的矩形数，即数据被划分的区间个数
alpha	矩形的透明度
color	矩形的颜色
edgecolor	矩形边缘的颜色

以【案例 5-1】为例，绘制变量"营业总收入（百万元）"的直方图，示例代码如下：

```
data=pd.read_excel('某企业季度营收表.xlsx')
plt.hist(data['营业总收入（百万元）'] ,bins=10, alpha=0.7, edgecolor='black')
plt.xlabel('营业总收入（百万元）')
plt.ylabel('频数')
plt.show()
```

代码运行结果如图 5-13 所示，可以看出季度营业总收入在 38000 百万元—39000 百万元的居多。

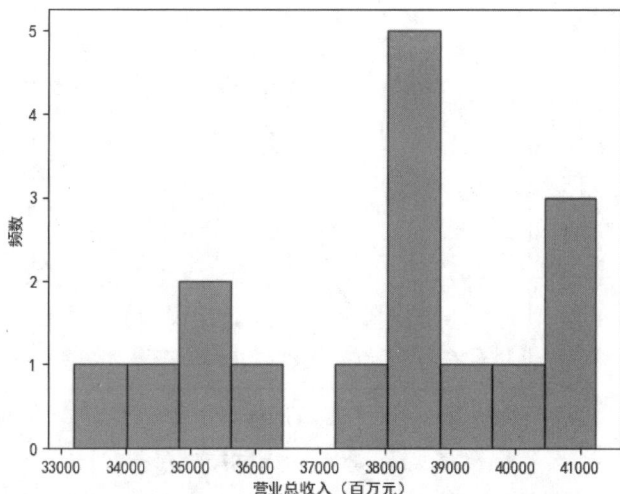

图 5-13　季度营业总收入直方图

5.2.4　散点图

散点图通过在二维坐标系中绘制点来展示两个定量变量之间的关系。每个点在坐标系中的位置对应一个数据样本的两个数值，通常 x 坐标代表一个变量，y 坐标代表另一个变量。通过观察点的分布模式，可以判断变量之间是否存在某种关联或趋势。散点图适用于观察变量之间是否存在线性或非线性关系。

在 Python 中，散点图可以通过 plt.scatter() 函数来绘制，其常用参数如表 5-8 所示。

表 5-8　　　　　　　　　　　　　　plt.scatter() 常用参数

参数	说明
x、y	必选参数，数组或序列，分别代表点在 x 轴和 y 轴上的坐标
s	点的大小，可以是一个数值，表示所有点的大小都相同，也可以是一个数组，用来指定每个点的大小
c	点的颜色，可以是单一的颜色名称字符串，也可以是一个数组，用来指定每个点的颜色
marker	点的形状，可以是字符串，也可以是 Marker 对象
cmap	颜色映射，只有当 c 参数指定为数组时才有效，它定义了颜色的渐变
alpha	点的透明度，取值范围为 0（完全透明）～1（完全不透明）
linewidths	点边缘的线条宽度
edgecolors	点边缘的颜色

以【案例 5-1】为例，绘制变量"营业总收入（百万元）"与"净利润（百万元）"的散点图，示例代码如下：

```
data=pd.read_excel('某企业季度营收表.xlsx')
plt.scatter(data['营业总收入（百万元）'],data['净利润（百万元）'])
plt.xlabel('营业总收入（百万元）')
plt.ylabel('净利润（百万元）')
plt.show()
```

代码运行结果如图 5-14 所示，"营业总收入（百万元）"与"净利润（百万元）"关系并不明显。

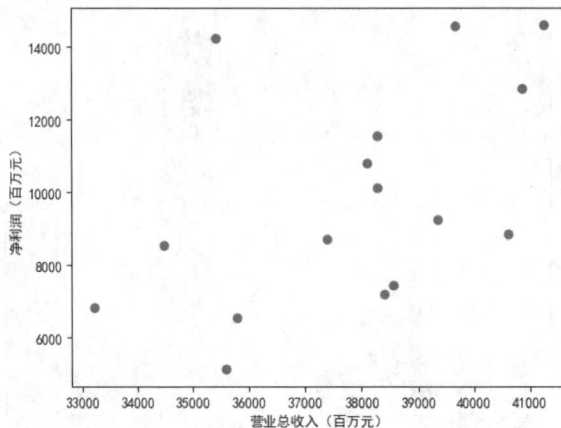

图 5-14　营业总收入与净利润散点图

5.2.5　饼图

饼图是一种常用的数据可视化工具，它通过将一个圆分成若干扇形来展示不同部分占整体的比例关系。

在 Python 中，使用 plt.pie() 来绘制饼图，该函数常用参数如表 5-9 所示。

表 5-9　　　　　　　　　　　　　　plt.pie()函数常用参数

参数	说明
x	绘图的数据，即饼图中各个部分的大小
labels	标签，通常是每个扇形部分的名称或描述
colors	饼图的填充色，可以是一个颜色名称字符串，也可以是一个颜色列表，与 x 参数中的数据相对应
autopct	自动添加百分比标签，可以采用格式化的方法显示，如 "%.1f%%"
pctdistance	百分比标签与圆心的距离
shadow	是否添加饼图的阴影效果

以【案例 5-1】为例，绘制 2023 年各季度的"营业总收入（百万元）"的饼图，示例代码如下：

```
data=pd.read_excel('某企业季度营收表.xlsx')
y2023=data[data['年份']==2023]
plt.pie(y2023['营业总收入（百万元）'],labels=y2023['报告期'],autopct='%1.1f%%')
plt.show()
```

代码运行结果如图 5-15 所示，从图中可以看出，第一季度的营业总收入占比最高，第四季度的营业总收入占比最低。

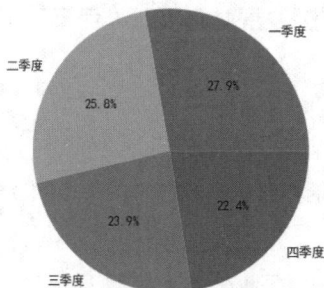

图 5-15　2023 年各季度营业总收入饼图

也可以进一步绘制 2020—2023 年各季度的"营业总收入（百万元）"饼图子图进行对比，示例代码如下：

```
# 创建一个包含 4 个子图的画布
data=pd.read_excel('某企业季度营收表.xlsx')
fig, axs = plt.subplots(2, 2, figsize=(6, 5))
# 定义年份
years = [2020, 2021, 2022, 2023]
# 遍历每个子图并绘制数据
for i, year in enumerate(years):
    ax = axs[i // 2, i % 2]
    ax.pie(data[data['年份'] == year]['营业总收入（百万元）'], labels=data[data['年份'] ==
year]['报告期'], autopct='%1.1f%%')
    ax.set_title(str(year)+'年营业总收入（百万元）',fontsize=9)
plt.show()
```

代码运行结果如图 5-16 所示，从图中可以看出每年各个季度的营业总收入占比情况。

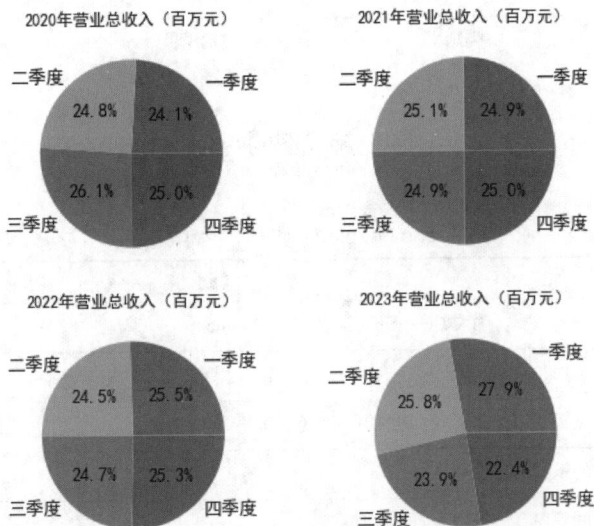

图 5-16　2020—2023 年各季度营业总收入饼图

5.3　seaborn 可视化进阶

　　seaborn 是一个基于 Matplotlib 的 Python 数据可视化库，它提供了一系列丰富的函数来创建吸引人且信息丰富的统计图形。下面主要介绍箱线图、热力图、组合图。

5.3.1　箱线图

　　箱线图由数据的上边缘、上四分位数、中位数、下四分位数、下边缘及异常值绘制而成，它主要展示数据分布的特征、分布是否对称、是否存在离群点等。可以通过分组箱线图比较多组数据的分布特征。图 5-17 所示为分组箱线图，类别 A、类别 B 分别为各组的箱线图。分析时，一般先看中位数，它代表了样本数据的平均水平。再看箱子厚度，箱子的上下边缘之间包含 50%

的数据，箱子的厚度在一定程度上反映了数据的波动程度。若箱子厚度太大，则表示数据分布离散，数据波动较大；若箱子厚度小，则表示数据分布集中。最后看箱子以外的"点"，一般认为这些"点"为异常值。分组箱线图判断异常值的标准是以四分位数和四分位距（Interquantile Range，IQR）为基础的，因为四分位数具有一定的抗干扰性，所以用分组箱线图识别异常值的结果比较客观。

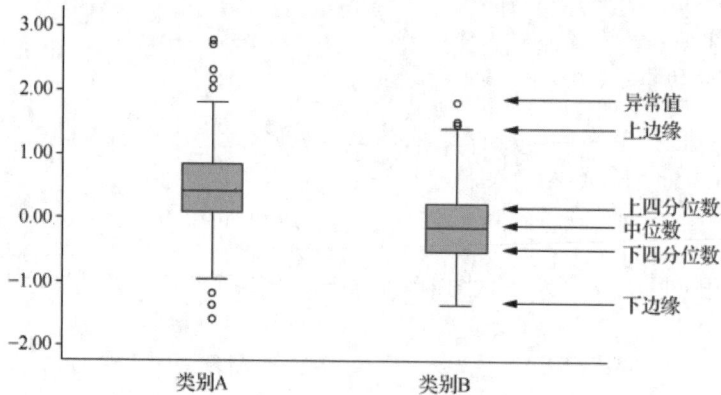

图 5-17　分组箱线图

sns.boxplot()是 seaborn 库中用于绘制箱线图的函数。sns.boxplot()函数常用参数如表 5-10 所示。

表 5-10　sns.boxplot()函数常用参数

参数	说明
data	绘制箱线图的数据，通常是一个 pandas 的 DataFrame
x、y	箱线图的 x 轴、y 轴变量
hue	用于将数据拆分为不同系列，通常用于颜色编码不同的组别
order	箱线图中的系列的显示顺序
hue_order	颜色编码的顺序，当使用 hue 参数时有效
orient	箱线图的布局方向，默认为'v'（垂直），也可为'h'（水平）
palette	颜色映射，用于不同组别的颜色
whis	异常值的界限，默认为 1.5 倍的四分数距

以【案例 5-1】为例，绘制 2020—2023 年的季度"营业总收入（百万元）"的分组箱线图，示例代码如下：

```
import seaborn as sns
data=pd.read_excel('某企业季度营收表.xlsx')
sns.boxplot(x=data['年份'],y=data['营业总收入（百万元）'],data=data)
plt.show()
```

代码运行结果如图 5-18 所示，从图中可以看出，不同年份的季度营业总收入有明显差异，其中 2022 年平均季度营业总收入最高，2020 年平均季度营业总收入最低；2023 年的季度营业总收入波动最大，2021 年的季度营业总收入波动最小。

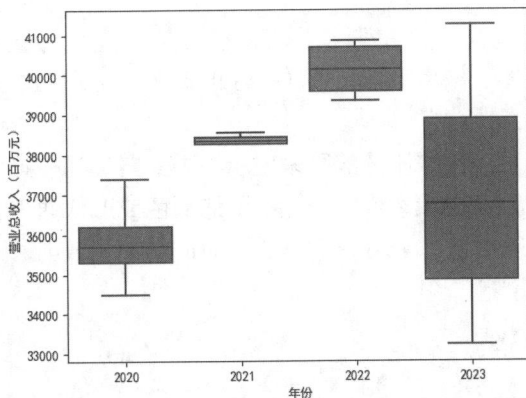

图 5-18   2020—2023 年季度营业总收入分组箱线图

5.3.2   热力图

seaborn 库提供了一个非常方便的函数 sns.heatmap() 来绘制热力图。热力图是一种数据可视化工具，通过颜色的深浅展示数据矩阵中数值的大小或密度。seaborn 的热力图功能非常强大，可以用于展示数据集中变量之间的相关性。

以【案例 5-1】为例，演示用 seaborn 绘制热力图的基本步骤。

步骤 1   计算相关系数。

使用 corr() 函数计算相关系数，并保留小数点后 4 位，示例代码如下：

```
data=pd.read_excel('某企业季度营收表.xlsx')
cor= data[['营业总收入（百万元）','净利润（百万元）']].corr().round(4)
```

步骤 2   绘制相关系数热力图。

使用绘图库 seaborn 中的热力图函数，传入数据矩阵和颜色映射，绘制出热力图，示例代码如下：

```
import seaborn as sns
sns.heatmap(cor,#相关系数
           cmap='YlGnBu',#用于指定颜色映射：数值越大，颜色越趋向深蓝色（从浅黄到深蓝）
           annot=True,fmt='.4f')#annot 表示热力图上是否显示数据；结果保留 4 位小数
plt.show()
```

代码运行结果如图 5-19 所示，颜色越深代表相关性越强。从图中可以看出，"营业总收入（百万元）"和"净利润（百万元）"的相关系数为 0.5028，这表示两个变量之间的线性相关程度是中等程度相关。

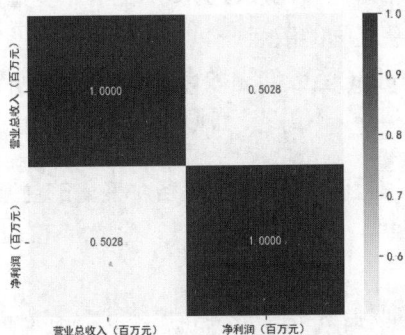

图 5-19   营业总收入与净利润的相关系数热力图

图 5-19（彩色）

5.3.3 | 组合图

本节将介绍分簇散点图、散点矩阵图和联合分布图这 3 种组合图。

（1）分簇散点图

分簇散点图通过将数据点分成不同的簇来展示不同变量之间的关系，适用于高维度数据的可视化。在分簇散点图中，不同的颜色或形状通常表示数据中的不同类别。在 Python 中通过 seaborn 的 sns.swarmplot()函数创建分簇散点图，示例代码如下：

5-2　组合图

```
plt.figure(figsize=(8, 6))
sns.swarmplot(y='营业总收入（百万元）', x='净利润（百万元）', data=data, hue='年份',
dodge=True,size=6)
plt.show()
```

代码运行结果如图 5-20 所示，不同颜色代表不同年份。

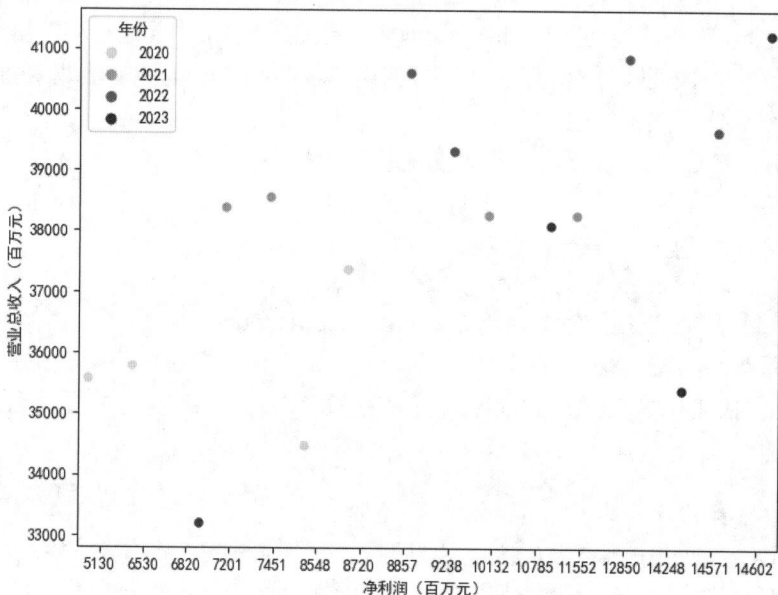

图 5-20（彩色）

图 5-20　分簇散点图

（2）散点矩阵图

散点矩阵图是一种显示多个变量之间关系的数据可视化工具，特别适用于数据集包含 3 个及以上变量时。在散点矩阵图中，每行和每列都代表数据集中的一个变量，而矩阵中的每个小图（除了对角线上的小图）都是两个变量之间的散点图。

在 Python 中通过 seaborn 的 sns.pairplot()函数创建散点矩阵图，示例代码如下：

```
sns.pairplot(data=data[['营业总收入（百万元）','净利润（百万元）']])
plt.show()
```

代码运行结果如图 5-21 所示，可以看到，对角线上是各个变量的直方图（分布图），而非对角线上是两个不同变量的散点图。

（3）联合分布图

联合分布图用于展示两个变量之间的联合分布情况。它可以通过 seaborn 的 sns.jointplot()函数创建，这个函数会同时显示散点图、密度图等多种图，帮助我们更好地理解两个变量之间的关系。

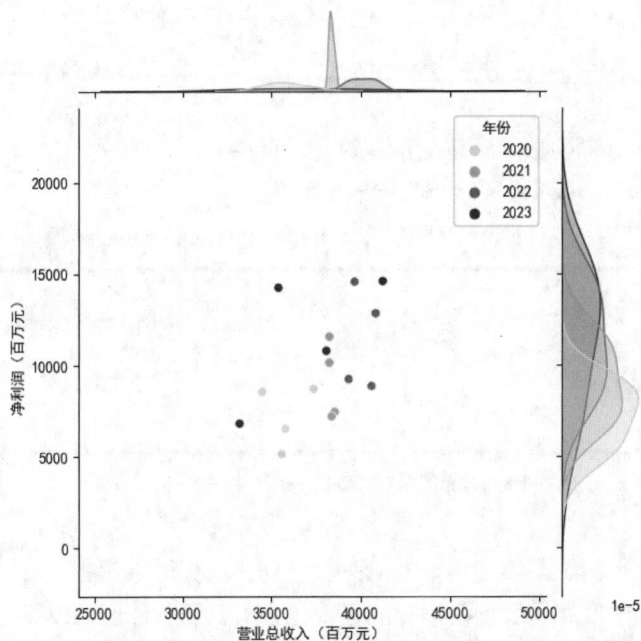

图 5-21　散点矩阵图

示例代码如下：

```
sns.jointplot(x='营业总收入（百万元）', y='净利润（百万元）', data=data, hue='年份')
plt.show()
```

代码运行结果如图 5-22 所示，中心的散点图通过颜色区分显示了不同年份的营业总收入和净利润之间的关系。在顶部和右侧边缘上，分别显示 x 轴和 y 轴变量的密度图，以展示每个变量的分布情况。

图 5-22（彩色）

图 5-22　联合分布图

课后习题

一、单项选择题

1. 在 Matplotlib 中，要显示中文字符，需要设置哪个参数？（　　）

　　A．font.size　　　　　　　　　　　　　B．matplotlib.rcParams

　　C．font.style　　　　　　　　　　　　　D．font.variant

2. 在坐标轴刻度标注中，设置 x 轴刻度位置的函数是？（　　）

　　A．plt.xticks()　　　B．plt.yticks()　　　C．plt.ticks()　　　D．plt.axis()

3. 在 Matplotlib 中，绘制柱形图的函数是？（　　）

　　A．plt.bar()　　　B．plt.barh()　　　C．plt.bar3d()　　　D．plt.bar_label()

4. 在 seaborn 库中，绘制箱线图的函数是？（　　）

　　A．sns.boxplot()　　　　　　　　　　　B．sns.violinplot()

　　C．sns.kdeplot()　　　　　　　　　　　D．sns.densityplot()

5. 绘制热力图时，通常使用 seaborn 的哪个函数？（　　）

　　A．sns.heatmap()　　　　　　　　　　　B．sns.clustermap()

　　C．sns.regplot()　　　　　　　　　　　D．sns.pairplot()

6. 如果想要绘制一个散点图，应该使用 Matplotlib 的哪个函数？（　　）

　　A．plt.hist()　　　B．plt.plot()　　　C．plt.bar()　　　D．plt.scatter()

二、判断题

1. sns.boxplot()是 seaborn 库中用于绘制箱线图的函数。（　　）

2. 在 Matplotlib 中，可以通过设置 matplotlib.rcParams 来显示中文字符。（　　）

3. Matplotlib 的 plt.hist()函数用于绘制直方图，它可以根据数据自动设置刻度范围。（　　）

4. Matplotlib 的 plt.savefig()函数用于将图形保存到文件中。（　　）

5. 在 Matplotlib 中，plt.plot()函数只能用于绘制折线图。（　　）

6. 在 Matplotlib 中，设置中文字符显示需要先导入 matplotlib.font_manager 模块。（　　）

本章实训

上市公司的利润指标可视化分析

一、案例介绍

利润表数据是评估企业经营质量和盈利能力的关键依据。本实训以知名上市公司为研究对象，聚焦 2021-2023 年季度利润表核心指标的可视化分析。随着注册制改革的深入推进，投资者对财务数据的解读能力要求日益提高。特别是在当前经济转型期，通过多维度利润指标分析，可以深入把握企业的盈利模式、成长性和财务健康度，为价值投资决策提供数据支撑。

二、实训目标

本项目采用 Python 数据可视化技术，实现从基础财务数据到专业分析图表的全流程呈现。

三、实训任务

（1）绘制"净利润""营业总收入""营业利润""利润总额"随时间变化的多线图，并显示图例。

（2）创建 1 行 3 列的子图，绘制一组反映该公司 2021—2023 年的季度净利润同比增长率和营业总收入同比增长率变化的图表。

（3）绘制"营业总收入""净利润""营业利润""利润总额"的散点矩阵图。

（4）绘制"营业总收入""净利润""营业利润""利润总额"的相关系数热力图。

四、实训步骤

（1）绘制"净利润""营业总收入""营业利润""利润总额"随时间变化的多线图，并显示图例。

示例代码如下：

```
data=pd.read_excel('贵州茅台2021—2023年季度利润表.xlsx')
plt.figure(figsize=(8, 4))
#绘制不同年份利润指标折线图
plt.plot(data['报告期'],data['净利润'],marker='p',linestyle='-')
plt.plot(data['报告期'],data['营业总收入'],marker='p',linestyle='--')
plt.plot(data['报告期'],data['营业利润'],marker='p',linestyle='-.')
plt.plot(data['报告期'],data['利润总额'],marker='p',linestyle=':')
plt.legend(['净利润','营业总收入','营业利润','利润总额'],loc='upper right')
plt.show()
```

代码运行结果如图 5-23 所示，从图中可以看出，4 个利润指标有明显的季度趋势。

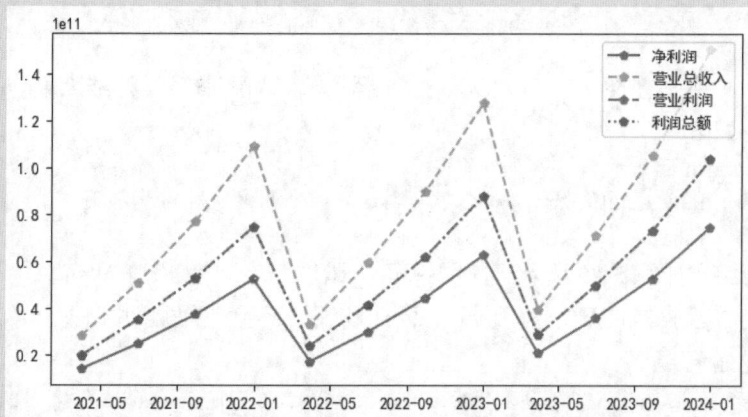

图 5-23　贵州茅台利润指标折线图

（2）创建 1 行 3 列的子图，绘制一组反映该公司 2021—2023 年的季度净利润同比增长率和营业总收入同比增长率变化的图表。

示例代码如下：

```
# 定义年份并遍历
years = [2021, 2022, 2023]
fig, axs = plt.subplots(1, 3, figsize=(10, 4))
for i, year in enumerate(years):
    # 筛选特定年份的数据
    year_data = data[data['年'] == year]
    axs[i].plot(year_data['季度'], year_data['净利润同比'],marker='p',linestyle='-')
    axs[i].plot(year_data['季度'], year_data['营业总收入同比'],marker='p',linestyle='--')
    axs[i].set_title(str(year) + '年')
    axs[i].set_xlabel('季度')
    axs[i].legend(['净利润同比(%)','营业总收入同比(%)'],loc='upper right')
plt.show()
```

代码运行结果如图 5-24 所示，从图中可以看出，2021—2023 年的季度净利润同比增长率和营业总收入同比增长率变化情况。

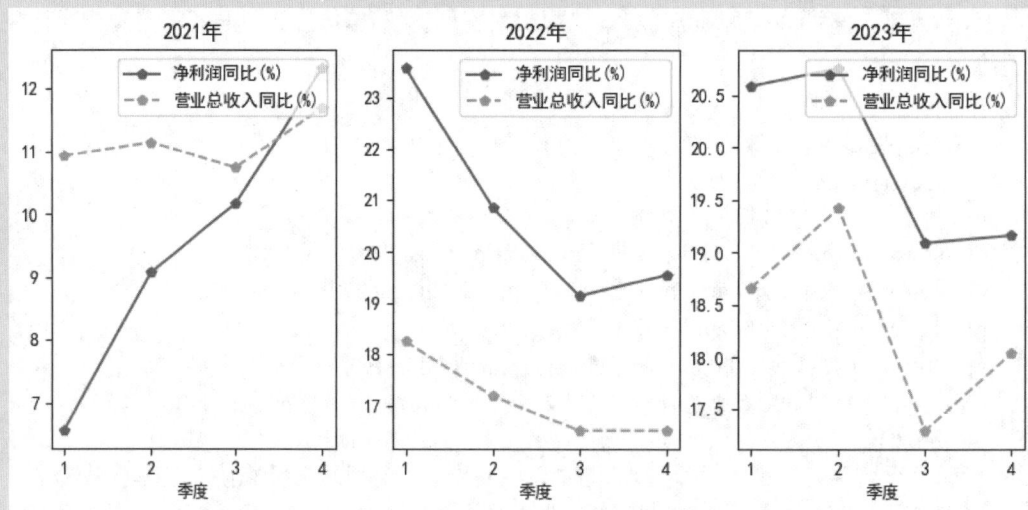

图 5-24　贵州茅台 2021—2023 年季度净利润、营业总收入同比增长率

（3）绘制"营业总收入""净利润""营业利润""利润总额"的散点矩阵图。

示例代码如下：

```
import seaborn as sns
sns.pairplot(data=data[['营业总收入','净利润','营业利润','利润总额']])
plt.show()
```

代码运行结果如图 5-25 所示，从图中可以看出，这 4 个利润指标有明显的线性趋势。

（4）绘制"营业总收入""净利润""营业利润""利润总额"的相关系数热力图。

示例代码如下：

```
cor= data[['营业总收入','净利润','营业利润','利润总额']].corr().round(4)
sns.heatmap(cor,#相关系数
            cmap='YlGnBu',#用于指定颜色映射
            annot=True,fmt='.4f')#annot 表示热力图上是否显示数据；结果保留 4 位小数
plt.show()
```

图 5-25　贵州茅台利润指标散点矩阵图

代码运行结果如图 5-26 所示，从图中可以看出，"营业总收入""净利润""营业利润""利润总额"的线性相关性较强。

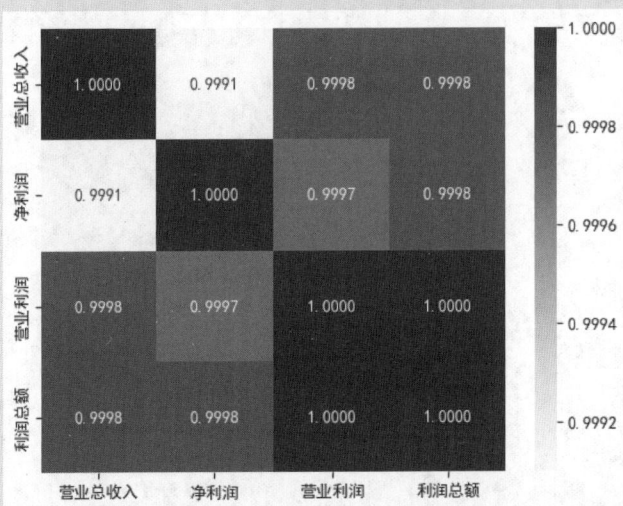

图 5-26　贵州茅台利润指标热力图

图 5-26（彩色）

实战演练

上市公司的资产负债可视化分析

一、案例介绍

贵州茅台作为行业龙头企业，其财务状况备受市场关注。本实战案例以贵州茅台 2021-2023 年季度资产负债表为研究对象，通过数据可视化与分析技术，深入解读企业财务结构特征与变化趋势。在当前消费升级与行业竞争加剧的双重影响下，准确分析茅台资产配置策略、负债结构特点，对投资者把握行业投资机会、评估企业财务稳健性具有重要参考价值。

二、实战目标

采用 Python 数据分析技术，实现从基础数据处理到资产负债表可视化的全流程操作。

三、实战任务

（1）读取文件"贵州茅台 2021—2023 年季度资产负债表.xlsx"。绘制"资产-总资产""负债-总负债"多线图，观察该公司在 2021—2023 年资产和负债的季度变化趋势。

（2）创建 1 行 3 列的子图，使用柱形图来展示不同季度的资产负债率，观察该公司在 2021—2023 年中每个季度的资产负债率变化情况。

（3）利用 Python 计算该公司资产中货币资金和存货所占的比例，并绘制多线图展示资产中货币资金和存货所占的比例随时间的变化情况。

（4）计算并可视化该公司负债中应付账款所占的比例随时间的变化情况。

第 6 章

财务数据挖掘

学习导读

本章将深入探索数据分析的核心算法（模型），包括线性回归、逻辑回归及 K 均值聚类。我们将从一元线性回归开始，逐步扩展到更为复杂的多元线性回归，并通过案例实践深化对这些模型原理的理解。随后，本章将讲解 K 均值聚类，并通过案例实践介绍如何应用这一模型。

学习目标

➤ 理解一元线性回归和多元线性回归的基本概念，包括模型的建立、参数估计和模型评估。

➤ 掌握线性回归在实际案例中的应用，包括模型训练和结果分析。

➤ 理解逻辑回归的基本概念，包括模型的建立、参数估计和模型评估。

➤ 掌握逻辑回归在实际案例中的应用，包括模型训练和结果分析。

➤ 理解 K 均值聚类的基本原理，包括聚类中心的初始化、迭代优化和聚类结果评估。

➤ 掌握 K 均值聚类在实际案例中的应用，包括数据预处理、选择合适的聚类数目和聚类分析。

思维导图

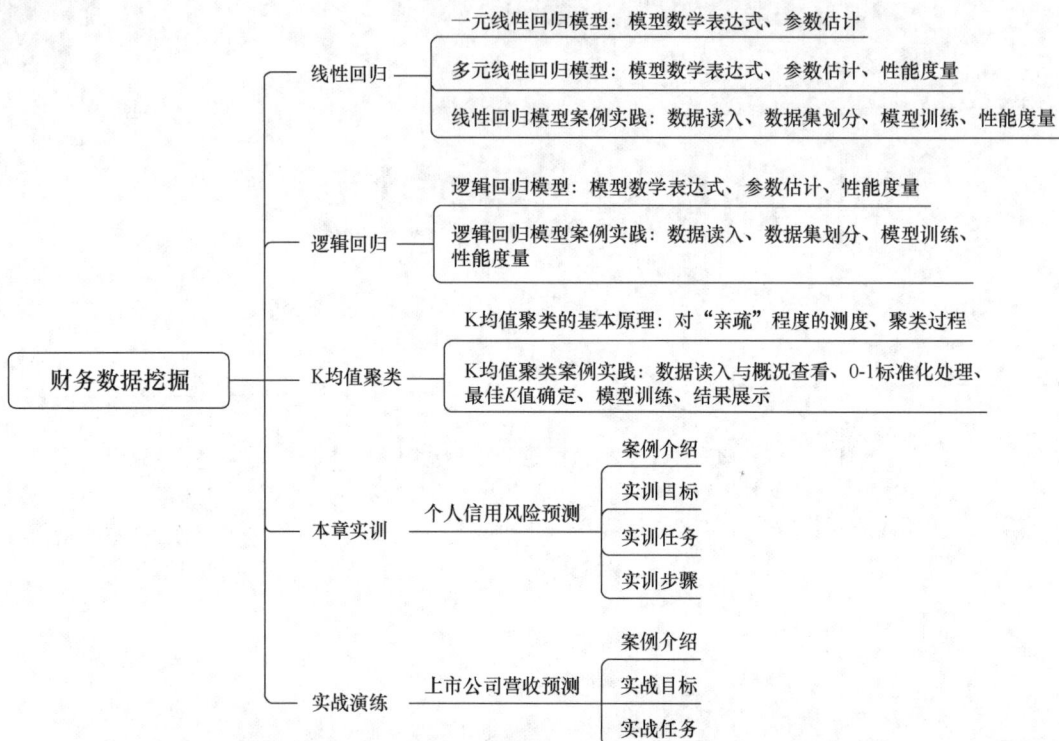

6.1 线性回归

  线性回归是统计学中最基础也是应用最广泛的预测模型之一。它通过建立自变量与因变量之间的线性关系，来实现对因变量的预测。本节首先介绍一元线性回归模型和多元线性回归模型的基本概念和原理，然后通过案例实践来展示线性回归模型在实际问题中的应用。

6.1.1 一元线性回归模型

  在实际问题中，如果想要根据一个关键因素来预测一个变量，就可以使用一元线性回归模型。这种模型是最基本的线性回归模型，它只包含一个自变量（x）和一个因变量（y），其基本形式如下：

$$y = \beta_0 + \beta_1 x + \varepsilon$$

其中，β_0 称作截距项或回归常数，β_1 称作回归系数（斜率），ε 为随机扰动项，一般假定 $E(\varepsilon) = 0$。对以上方程两边取期望，得到：

$$E(y) = \beta_0 + \beta_1 x$$

因而，回归系数 β_1 表示自变量 x 的单位变化引起的 y 的均值的变化。回归系数为正时，表明 x 对 y 产生正影响；回归系数为负时，表明 x 对 y 产生负影响。

  确定模型的形式需要估计参数 β_0 与 β_1，我们希望参数能使模型的性能达到最优，如果以 MSE（Mean Square Error，均方误差）为目标，参数估计问题将转化为如下最小值问题：

$$\min_{\beta_0,\beta_1} \sum_{i=1}^{n} \left(y_i - \beta_0 - \beta_1 x_i\right)^2$$

其中 $(x_i, y_i)(i=1,2,\cdots,n)$ 是输入变量与输出变量的 n 个样本。该问题的解为：

$$\begin{cases} \hat{\beta}_1 = \dfrac{\sum_{i=1}^{n}(x_i-\bar{x})(y_i-\bar{y})}{\sum_{i=1}^{n}(x_i-\bar{x})^2} \\ \hat{\beta}_0 = \bar{y} - \hat{\beta}_1 \bar{x} \end{cases}$$

这种参数估计方法称作最小二乘法。得到 β_0 与 β_1 的估计值 $\hat{\beta}_0$ 与 $\hat{\beta}_1$ 之后，可以基于观测值 x_i，依据

$$\hat{y}_i = \hat{\beta}_0 + \hat{\beta}_1 x_i$$

对 y_i 进行预测。

需要注意的是，一元线性回归模型既可以处理线性关系，也可以处理非线性关系，只是需要对数据进行转换。

6.1.2 多元线性回归模型

本节主要介绍多元线性回归模型的数学表达式及回归模型的性能度量。

（1）多元线性回归模型的数学表达式

多元线性回归扩展了一元线性回归的概念，它允许模型中有多个自变量，这样可以更准确地捕捉和描述多个因素对因变量的影响。通过学习这两个模型，我们能够更深入地理解自变量和因变量之间的复杂关系，并且能够为实际问题提供更为精确的预测工具。简而言之，多元线性回归使我们能够处理更复杂的数据集，并揭示多个自变量与一个因变量之间的线性关系，从而为决策提供科学依据。

当输出变量受到 p 个因素的影响，而我们不确定哪个因素起主导作用时，可以将 p 个因素同时纳入模型中建立多元线性回归模型来研究。多元线性回归模型如下：

$$y = \beta_0 + \beta_1 x_1 + \beta_2 x_2 + \cdots + \beta_p x_p + \varepsilon$$

与一元线性回归模型类似，我们称 β_0 为截距项或回归常数，$\beta_i(i=1,2,\cdots,p)$ 称作回归系数，ε 为随机扰动项，且 $E(\varepsilon)=0$。对于多元线性回归模型，有

$$E(y) = \beta_0 + \beta_1 x_1 + \beta_2 x_2 + \cdots + \beta_p x_p$$

以及

$$\frac{\partial E(y)}{\partial x_i} = \beta_i$$

根据偏导数的意义，β_i 表示其余自变量保持不变时，x_i 的单位变化引起的 y 的均值的变化。我们依然可以用最小二乘法来估计模型参数，即求解优化问题

$$\min_{\beta_0,\beta_1,\cdots,\beta_p} \sum_{i=1}^{n} \left(y_i - \beta_0 - \beta_1 x_{1i} - \beta_2 x_{2i} - \cdots - \beta_p x_{pi}\right)^2$$

其中，n 表示样本量以获取参数的估计值 $\hat{\beta}_0, \hat{\beta}_1, \cdots, \hat{\beta}_p$，并依据

$$\hat{y} = \hat{\beta}_0 + \hat{\beta}_1 x_1 + \hat{\beta}_2 x_2 + \cdots + \hat{\beta}_p x_p$$

来进行预测。

（2）回归模型的性能度量

对于回归模型，我们可以构建如下指标进行度量。

① R 方

R 方是衡量回归模型拟合优度的统计量，它表示回归模型对观测值的拟合程度，代表了模型中因变量可由自变量解释的百分比。R 方的取值范围为 0～1，R 方越大，说明回归模型对观测值的拟合程度越高。比如 R 方为 0.75，说明所有自变量可以解释因变量 75%的变化原因。

$$R^2 = 1 - \frac{\sum_{i=1}^{n}(y_i - \hat{y}_i)^2}{\sum_{i=1}^{n}(y_i - \bar{y})^2}$$

② MSE

R 方用于衡量模型可解释的因变量的百分比，但在某些情况下，我们可能更关注模型的拟合值与真实值的差异程度，需要计算模型平均残差的指标。因为假设残差服从正态分布，意味着残差的均值将始终为 0，所以可计算 MSE、RMSE（Root Mean Square Error，均方根误差）、MAE（Mean Absolute Error，平均绝对误差）、MAPE（Mean Absolute Percentage Error，平均绝对百分误差）。

MSE 即误差平方和的平均值，是衡量模型预测误差的一种常用指标。MSE 越接近 0，说明模型拟合越好。

MSE 计算公式：

$$MSE = \frac{1}{n}\sum_{i=1}^{n}(\hat{y}_i - y_i)^2$$

③ RMSE

RMSE 是 MSE 的算术平方根。相比于 MSE，RMSE 更常用。RMSE 越接近 0，说明模型拟合越好。

RMSE 计算公式：

$$RMSE = \sqrt{\frac{1}{n}\sum_{i=1}^{n}(\hat{y}_i - y_i)^2}$$

④ MAE

MSE 和 RMSE 受异常值残差影响较大，因此可使用 MAE，即误差绝对值的平均值。MAE 可以准确反映实际预测误差的大小。MAE 用于评价真实值与拟合值的差异程度，MAE 越接近 0，说明模型拟合越好，模型预测准确率越高。

MAE 计算公式：

$$MAE = \frac{1}{n}\sum_{i=1}^{n}|\hat{y}_i - y_i|$$

⑤ MAPE

MAPE 是 MAE 的变形，采用百分比的形式，不受异常值的影响。MAPE 不仅考虑了拟合值与真实值之间的误差，还考虑了误差与真实值之间的比例，MAPE 越小，说明模型拟合越好。

MAPE 计算公式:

$$\mathrm{MAPE} = \frac{1}{n}\sum_{i=1}^{n}\left|\frac{\hat{y}_i - y_i}{y_i}\right|$$

6.1.3 线性回归模型案例实践

本节将运用线性回归模型解决一个实际问题,以加深读者对线性回归模型的理解。

【案例 6-1】上市公司营业收入预测

现有上市公司的营业成本、资产总计、负债合计与营业收入等数据,请分析营业成本与营业收入之间的关系,并基于营业成本建立营业收入模型;分析其他变量与营业收入之间的关系,并建立营业收入的预测模型。

(1)基于营业成本的营业收入模型

以【案例 6-1】为例,演示一元线性回归的建模流程与 Python 实现方法,具体实现可以分为以下步骤。

步骤 1 数据读入与概况查看,示例代码如下:

```
data = pd.read_excel('上市公司营收数据.xlsx')
data.info()
```

代码运行结果如下:

```
<class 'pandas.core.frame.DataFrame'>
RangeIndex: 4996 entries, 0 to 4995
Data columns (total 11 columns):
 #   Column              Non-Null Count   Dtype
---  ------              --------------   -----
 0   公司编码              4996 non-null    object
 1   营业收入              4996 non-null    float64
 2   营业成本              4996 non-null    float64
 3   资产总计              4996 non-null    float64
 4   负债合计              4996 non-null    float64
 5   归属于母公司所有者权益合计   4996 non-null    float64
 6   所有者权益合计          4996 non-null    float64
 7   经营活动产生的现金流量净额   4996 non-null    float64
 8   投资活动产生的现金流量净额   4996 non-null    float64
dtypes: float64(10), object(1)
memory usage: 429.5+ KB
```

从代码运行结果可以看出,该数据集共有 4996 个样本,没有缺失值。

步骤 2 数据可视化。通过绘制散点图可以观察营业成本与营业收入的关系,示例代码如下:

```
plt.scatter(data['营业成本'], data['营业收入'])
plt.xlabel('营业成本(百万元)')
plt.ylabel('营业收入(百万元)')
plt.show()
```

代码运行结果如图 6-1 所示,营业成本与营业收入大致为线性关系,可以建立两者的一元线性回归模型。

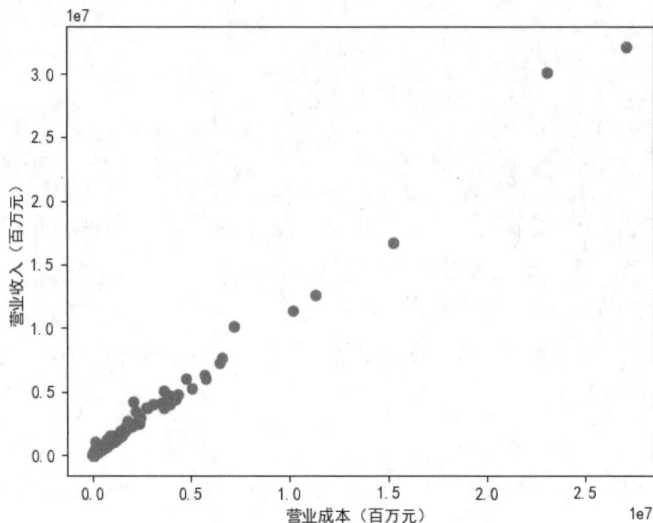

图 6-1　营业成本与营业收入的散点图

步骤 3　以 7:3 的比例将数据集划分为训练集和测试集，以便在训练集上进行模型训练，在测试集上进行模型性能评价，示例代码如下：

```
# 将数据分为特征和标签
X = data['营业成本'].values.reshape(-1, 1)
y = data['营业收入']
#数据集划分
from sklearn.model_selection import train_test_split
X_train, X_test, y_train, y_test = train_test_split(X, y, test_size=0.3, random_state=20)
```

步骤 4　创建线性回归模型，在训练集上进行模型训练，并输出模型参数，示例代码如下：

```
from sklearn.linear_model import LinearRegression
# 创建线性回归模型实例
lm = LinearRegression()
# 训练模型
lm.fit(X_train, y_train)
# 输出模型参数
print('截距：',lm.intercept_.round(4))
print('斜率：', lm.coef_.round(4))
```

代码运行结果如下：

截距：111.4256
斜率：[1.2248]

得到一元线性回归模型：

$$营业收入 = 111.4256 + 1.2248 \times 营业成本$$

步骤 5　将散点图与模型的拟合直线绘制在一张图中，示例代码如下：

```
plt.scatter(X_train, y_train)
plt.plot(X_train, lm.predict(X_train))
plt.xlabel('营业成本（百万元）')
plt.ylabel('营业收入（百万元）')
plt.show()
```

代码运行结果即散点图与拟合直线如图 6-2 所示。从图中可以看出，一元线性回归模型能很好地反映营业成本与营业收入的关系。

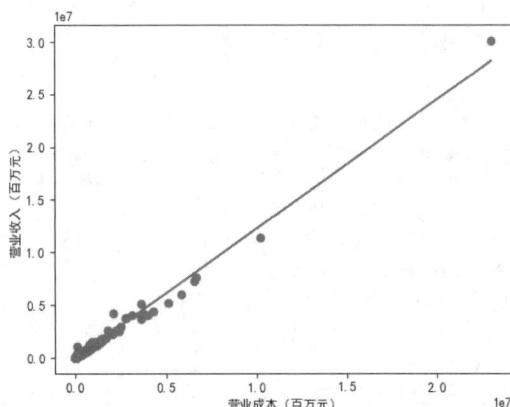

图 6-2　营业成本与营业收入在训练集上的散点图与拟合直线

进一步，我们可以计算该模型在训练集及测试集上的性能度量，示例代码如下：

```
from sklearn import metrics #导入 sklearn 库，首次使用需先通过"pip install - U scikit - learn"指令安装库
from sklearn.metrics import mean_absolute_percentage_error
print('训练集：\n')
print('R 方：',metrics.r2_score(y_train,lm.predict(X_train)).round(4))
print('MAPE：',mean_absolute_percentage_error(y_train,lm.predict(X_train)).round(4))
print('测试集：\n')
print('R 方：',metrics.r2_score(y_test,lm.predict(X_test)).round(4)) #计算 R 方
print('MAPE：',mean_absolute_percentage_error(y_test,lm.predict(X_test)).round(4))
```

结果如表 6-1 所示，模型在训练集、测试集上的 R 方接近 1，表明模型能很好地解释历史数据，同时也有比较理想的预测效果。

表 6-1　　　　　　　　　　一元线性回归模型的性能度量结果

评价指标	训练集	测试集
R 方	0.9885	0.9940
MAPE	0.2086	0.1853

步骤 6　模型预测。假设营业成本为 60000 百万元，则可通过得到的一元线性回归模型对营业收入进行预测，示例代码如下：

```
x_new = np.array([60000]).reshape(-1, 1)
y_pred = lm.predict(x_new)
print('当 X=60000 时，预测值为：',y_pred[0].round())
```

代码运行结果如下：

```
当 X=60000 时，预测值为：73601.0
```

代码运行结果表明营业成本为 60000 百万元时，营业收入的预测值为 73601.0 百万元。

（2）营业收入的多元线性回归模型

以【案例 6-1】为例，演示多元线性回归的建模流程与 Python 实现方法，即基于现有数据建立营业收入的预测模型，具体实现可以分为以下步骤。

步骤 1 数据读入与概况查看。由于数据集相同，故这一步骤与一元线性回归的相似，在此略去。

步骤 2 数据集划分。首先将数据分为特征和标签，并对特征进行标准化处理，然后以 7:3 的比例将数据集划分为训练集和测试集，示例代码如下：

```
# 将数据分为特征和标签
X = data[['营业成本','资产总计', '负债合计', '归属于母公司所有者权益合计', '所有者权益合计','经营活动产生的现金流量净额', '投资活动产生的现金流量净额']]
y = data['营业收入']
#数据标准化
from sklearn.preprocessing import StandardScaler
scaler = StandardScaler()
X_scaled = scaler.fit_transform(X)
#数据集划分
from sklearn.model_selection import train_test_split
X_train, X_test, y_train, y_test = train_test_split(X, y, test_size=0.3, random_state=20)
```

步骤 3 模型创建与训练。创建模型，在训练集上进行模型训练，并输出模型参数，示例代码如下：

```
from sklearn.linear_model import LinearRegression
#线性回归模型训练
lr = LinearRegression()
lr.fit(X_train, y_train)
print('回归系数：')
for i, coef in enumerate(lr.coef_):
    print(f'{X.columns[i]}: {coef:.3f}')
```

代码运行结果如下：

```
回归系数：
营业成本：1.076
资产总计：-9636.541
负债合计：9636.519
归属于母公司所有者权益合计：0.221
所有者权益合计：9636.504
经营活动产生的现金流量净额：0.476
投资活动产生的现金流量净额：-0.109
```

从模型参数可以看出资产总计、负债合计、所有者权益合计这 3 个变量对营业收入的影响较大。

步骤 4 模型性能度量。计算模型在训练集及测试集上的性能度量，示例代码如下：

```
from sklearn import metrics #导入 sklearn 的指标库
print('训练集 R 方：',metrics.r2_score(y_train,lr.predict(X_train)).round(4))
print('测试集 R 方：',metrics.r2_score(y_test,lr.predict(X_test)).round(4))
```

代码运行结果如下：

```
训练集 R 方：0.9976
测试集 R 方：0.9976
```

结果表明，模型在训练集、测试集上的 R 方均为 0.9976，表明模型能很好地解释历史数据，同时也有比较理想的预测效果。

步骤 5 模型预测。在测试集上进行模型预测，并存为 DataFrame，示例代码如下：

```
y_pred = lr.predict(X_test)
datnew=pd.DataFrame({'真实值':y_test,'预测值':y_pred})
datnew.head()
```

代码运行结果如图 6-3 所示。

	真实值	预测值
71	29454.722905	28108.028835
3567	6614.719213	4043.719789
2210	109789.602049	114264.477564
1826	1369.942924	1937.289681
2062	3317.736482	986.275464

图 6-3　运行结果

6.2　逻辑回归

在实际应用中，我们不仅需要预测如营业收入、成交量这样的连续数值变量，通常还需要预测目标变量的类别属性。例如，判断贷款客户是否违约、评估公司是否存在退市风险、判断客户是否购买等情形，逻辑回归模型就是解决这类问题的一个常用方法。本节首先介绍逻辑回归模型的数学表达式和性能度量，然后通过【案例 6-2】展示如何使用 Python 实现并应用逻辑回归模型。

6.2.1　逻辑回归模型

本节主要介绍逻辑回归模型的数学表达式和性能度量。

（1）逻辑回归模型的数学表达式

逻辑回归关注的输出变量 y 是一个二分类变量，对其进行 0-1 编码，用 $y=1$ 表示变量为某个类别（比如违约），用 $y=0$ 表示变量为另一个类别（比如非违约）。此时，若采用如下的多元线性回归的数学模型，则会产生矛盾。

$$P_{y=1} = \beta_0 + \beta_1 x_1 + \beta_2 x_2 + \cdots + \beta_p x_p$$

上述公式左边变量的值范围为 $[0,1]$，公式右边线性表达式的取值范围为 $(-\infty,+\infty)$，此时无法直接采用线性回归建模，但是可以对 P 进行变换来解决。

首先，对概率 p 进行 $\dfrac{p}{1-p}$ 的变换，$\dfrac{p}{1-p}$ 称为优势比，表示某事件发生的概率与其不发生的概率之比，取值范围为 $(0,+\infty)$。

然后，对 $\dfrac{p}{1-p}$ 进行对数变换，即转换为 $\log\left(\dfrac{p}{1-p}\right)$，其取值范围为 $(-\infty,+\infty)$，这种变换称为 Logit 变换。在经过 Logit 变换之后，得到的数学模型变为逻辑回归模型，其数学表达式如下：

$$\log\left(\frac{p}{1-p}\right) = \beta_0 + \beta_1 x_1 + \beta_2 x_2 + \ldots + \beta_p x_p$$

其中，$\log\left(\dfrac{p}{1-p}\right)$ 称作对数优势比，反映了输出变量 y 取 1 与取 0 的概率的差异程度，也就是逻辑回归模型建立的是输入变量与 p 个输出变量之间的对数优势比的线性回归模型。这也是逻辑回归用于解决分类问题，但名称中含有"回归"二字的原因。

逻辑回归模型也可写成如下形式：

$$p = \frac{1}{1+\exp\left(-X'\boldsymbol{\beta}\right)}$$

其中，$X' = \left(1, x_1, x_2, \cdots x_p\right)$，$\boldsymbol{\beta} = \left(\beta_0, \beta_1, \cdots, \beta_p\right)'$。

要估计逻辑回归模型的参数 $\beta_0, \beta_1, \cdots, \beta_p$，最小二乘法不再适用，因为对每一个样本 $x_{1i}, x_{2i}, \cdots, x_{pi}$，我们很难获取实际的概率 $P(y_i = 1)$。我们采用的是另一种具有广泛应用背景的方法：极大似然估计。极大似然估计的基本思想是使样本出现的"可能性"达到最大，这样，模型才能更好地解释样本。逻辑回归模型的参数估计在这一思想下变为如下优化问题。

$$\max_{\boldsymbol{\beta}} \prod_{i=1}^{n} \left[\frac{1}{1+\exp\left(-X_i'\boldsymbol{\beta}\right)}\right]^{y_i} \left[\frac{1}{1+\exp\left(X_i'\boldsymbol{\beta}\right)}\right]^{1-y_i}$$

其中，n 表示样本量，$X_i' = \left(1, x_{1i}, x_{2i}, \cdots, x_{pi}\right)$，表示输入变量的第 i 个样本。实际运用中，我们通常对以上问题的目标函数取对数以方便求解，该函数称作对数似然函数，记作 $L(\boldsymbol{\beta})$，即

$$L(\boldsymbol{\beta}) = \sum_{i=1}^{n} \left\{ y_i \log\left[\frac{1}{1+\exp\left(-X_i'\boldsymbol{\beta}\right)}\right] + (1-y_i)\log\left[\frac{1}{1+\exp\left(X_i'\boldsymbol{\beta}\right)}\right] \right\}$$

（2）逻辑回归模型的性能度量

逻辑回归模型的性能可以使用以下关键指标来度量。

① 准确率（Accuracy）：分类正确的样本数占总样本数的比例，是最常用的度量指标之一。计算公式为：

$$\text{Accurary} = \frac{\text{TP} + \text{TN}}{\text{TP} + \text{TN} + \text{FP} + \text{FN}}$$

其中，TP 表示真正例（True Positive）、TN 表示真负例（True Negative）、FP 表示假正例（False Positive）、FN 表示假负例（False Negative）。

② 精确率（Precision）：预测为正例的样本中的真正例的比例，用于衡量模型的预测准确性。计算公式为：

$$\text{Precision} = \frac{\text{TP}}{\text{TP} + \text{FP}}$$

③ 召回率（Recall）：真正例中被预测为正例的比例，用于衡量模型捕获正例的能力。计算公式为：

$$\text{Recall} = \frac{\text{TP}}{\text{TP} + \text{FN}}$$

④ F1 分数（F1 Score）：精确率和召回率的调和平均值，综合考虑了模型的准确性和全面性。计算公式为：

$$\text{F1 Score} = 2 \times \frac{\text{Precision} \times \text{Recall}}{\text{Precision} + \text{Recall}}$$

⑤ ROC（Receiver Operating Characteristic，接受者操作特征）曲线和 AUC（Area Under the Curve，曲线下面积）值：ROC 曲线是以假阳性率（False Positive Rate，FPR）为 x 轴、真阳性率（True Positive Rate，TPR）为 y 轴的曲线，如图 6-4 所示。AUC 值是 ROC 曲线下的面积，用于衡量模型的整体性能，AUC 值越接近 1 表示模型性能越好。

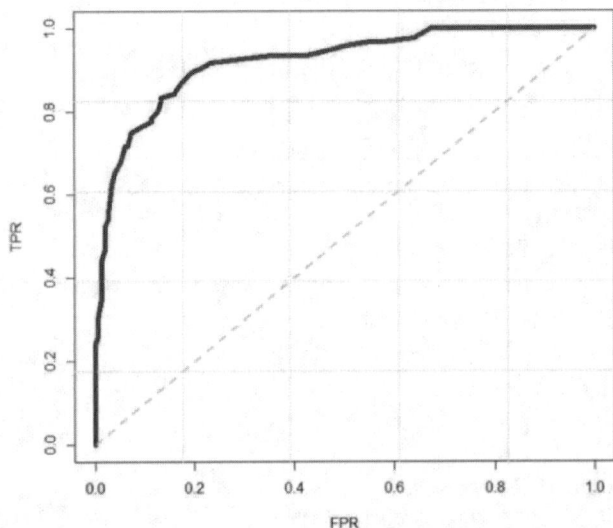

图 6-4　ROC 曲线示例

ROC 曲线中，x 轴表示 FPR，定义为在所有真实的负样本中，被模型错误地判断为正例的比例，计算公式如下：

$$FPR = \frac{FP}{FP + TN}$$

y 轴表示 TPR，定义为在所有真实的正样本中，被模型正确地判断为正例的比例，其实就是召回率，计算公式如下：

$$TPR = \frac{TP}{TP + FN}$$

FPR 表示模型对负样本误判的程度，而 TPR 表示模型对正样本召回的程度。我们希望：负样本误判得越少越好，正样本召回得越多越好。也就是 TPR 越高、FPR 越低，即 ROC 曲线越陡，则模型的性能就越好。

6.2.2　逻辑回归模型案例实践

本节将运用逻辑回归模型解决一个实际问题，以加深读者对逻辑回归模型的理解。

【案例 6-2】客户流失

在当今竞争激烈的市场环境中，企业之间的竞争已经从产品和服务的竞争转向了客户资源的争夺。客户是企业持续发展的基石，因此，理解和把握客户的需求，以及预防和减少客户流失尤其重要。本案例通过收集和分析客户的个人信息、交易记录、使用习惯等关键数据，运用机器学习技术构建客户流失预测模型。这一模型可以帮助企业准确识别出那些流失风险较高的客户。

6-1　客户流失案例分析

为达成以上目标，我们首先读入数据，对数据集进行标准化与划分处理，随后进行模型训练并评价模型性能。下面是具体步骤、相应的 Python 代码及必要的输出结果。

步骤 1 数据读入与概况查看，示例代码如下：

```
data = pd.read_excel('客户数据.xlsx')
data.info()
```

步骤 2 数据编码与标准化，示例代码如下：

```
data['性别']=pd.get_dummies(data[["性别"]],drop_first=True)
```

步骤 3 数据集划分。首先将数据分为特征和标签，并对特征进行标准化处理，然后以 7:3 的比例将数据集划分为训练集和测试集，示例代码如下：

```
from sklearn.model_selection import train_test_split
X_data = data.iloc[:,1:10]
y_data = data["客户是否已流失"]
X_train,X_test,y_train,y_test = train_test_split(X_data,y_data,test_size = 0.3, random_state=3)
```

步骤 4 模型创建、训练与回归系数输出，示例代码如下：

```
from sklearn import linear_model
LR = linear_model.LogisticRegression()
LR.fit(X_train, y_train)
print('回归系数：')
for i, coef in enumerate(LR.coef_[0]):
    print(f"{X_train.columns[i]}：{coef:.3f}")
```

代码运行结果如下：

```
回归系数：
信用评分：-0.005
性别：-0.001
年龄：0.045
与银行合作的年限：-0.001
账户余额：0.000
购买的产品数量：-0.001
是否拥有信用卡：-0.000
是否为活跃会员：-0.001
工资：-0.000
```

步骤 5 模型性能度量，示例代码如下：

```
from sklearn import metrics
LR_pred = LR.predict(X_test)#对测试集进行预测
report_LR = metrics.classification_report(y_test, LR_pred,digits=3)
cfmatrix_LR = metrics.confusion_matrix(y_test, LR_pred)
print('预测效果报告：\n',report_LR)#输出预测效果报告
print('混淆矩阵：\n',cfmatrix_LR)#输出混淆矩阵
```

通过 predict()可以得到模型对测试集数据的预测结果，需要注意的是，Python 默认的阈值是 0.5（即若客户流失概率大于 0.5 则认为客户流失，否则未流失）。以上代码输出的预测效果报告与混淆矩阵如图 6-5 所示，其中，分别给出了负类 0 与正类 1 的查准率（precision）、查全率（recall）、F1 分数（f1-score）与样本数量（support）。此外，还给出了模型的预测正确率（accuracy）、各个指标的平均值（macro avg）与加权平均值（weighted avg）。例如，模型在测试集上的预测正确率为 0.785。

```
预测效果报告：
              precision    recall    f1-score    support

         0      0.801      0.971       0.878       2381
         1      0.387      0.069       0.118        619

  accuracy                             0.785       3000
 macro avg      0.594      0.520       0.498       3000
weighted avg    0.715      0.785       0.721       3000

混淆矩阵：
[[2313   68]
 [ 576   43]]
```

图 6-5　预测效果报告与混淆矩阵

进一步查看模型的 ROC 曲线及 AUC 值，示例代码如下：

```
#测试集的预测概率
LR_predprop = LR.predict_proba(X_test)[:,1]
# 计算 ROC 曲线的参数
fpr, tpr, thresholds = metrics.roc_curve(y_test, LR_predprop)
roc_auc = metrics.auc(fpr, tpr)
# 绘制 ROC 曲线
plt.figure(figsize=(5, 5))
plt.plot(fpr, tpr, label='ROC 曲线（AUC 值：%0.3f)' % roc_auc)
plt.plot([0, 1], [0, 1], linestyle='--')
plt.xlim([0.0, 1.0])
plt.ylim([0.0, 1.05])
plt.xlabel('FPR')
plt.ylabel('TPR')
plt.legend(loc='lower right')
plt.show()
```

其中，与 LR.predict() 不同的是，LR.predict_proba() 得到的是基于逻辑回归模型的预测概率，根据该概率绘制 ROC 曲线，如图 6-6 所示，AUC 值为 0.672。

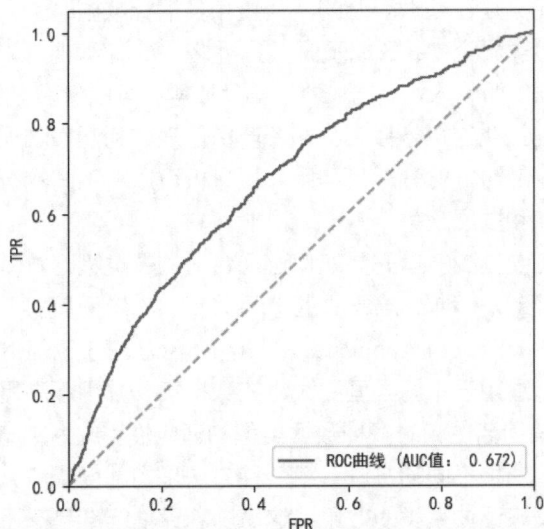

图 6-6　客户流失逻辑回归模型的 ROC 曲线

步骤 6 变量重要性度量。基于回归系数的绝对值，我们给出变量重要性的度量，并将结果可视化。示例代码如下：

```
df=pd.DataFrame({'feature':X_train.columns,'weight':LR.coef_[0]})
df=df.sort_values('weight',ascending=False)
plt.barh(df['feature'],df['weight'])
plt.show()
```

代码运行结果如图 6-7 所示，基于当前建立的逻辑回归模型，就客户流失问题而言，变量中最重要的是年龄，其次是信用评分、与银行合作的年限，其他变量再次之。

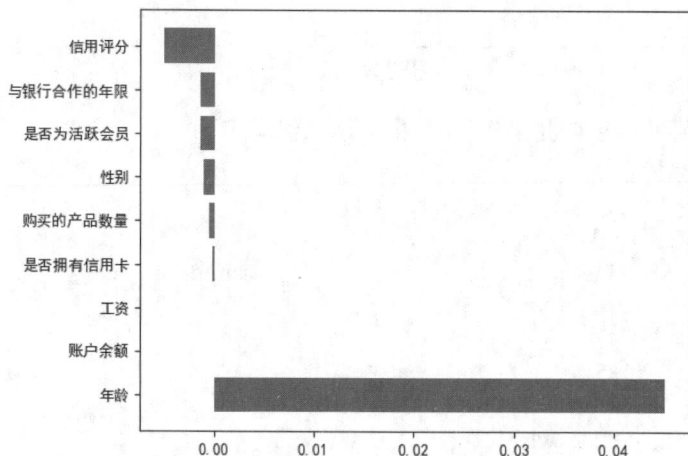

图 6-7　变量重要性的度量

6.3　K 均值聚类

在社会学和自然科学的各个领域，聚类分析是一种常用的研究方法，它可以帮助我们从数据中识别出有意义的模式和结构。以往，分类工作依赖于专家经验和主观判断，这种方法往往缺乏客观性和一致性，尤其是在处理复杂的多变量和多指标数据时。为了克服这些局限性，多元统计分析技术被引入分类研究中，形成了聚类分析这一专门领域。例如，针对客户群体划分，通过分析客户的财务数据，如收入、支出、资产和负债等，可以将客户分为不同的群体。又如，针对企业风险评估，根据企业的财务报表，如资产负债表、利润表和现金流量表等，可以对企业进行风险评估。又如，针对行业分析，利用聚类分析可以将不同的行业分为不同的群体，从而更好地理解行业的特点和发展趋势。

聚类分析面临两个主要挑战：首先是如何选择合适的聚类策略，其次是如何评估聚类结果的有效性。第一个挑战涉及多种聚类算法的选择，如 K 均值聚类、系统聚类和 DBSCAN（Density-Based Spatial Clustering of Applications with Noise，基于密度的带噪声应用空间聚类）等。这些算法各有利弊，适用于不同类型和大小的数据集，并用于满足不同的聚类目标。特别是 K 均值聚类算法，因其简洁性和对多种数据类型的适应性，成为本节介绍的重点。针对第二个挑战，研究者通常采用两种不同的方法。第一种方法是内部度量法，这种方法通过分析聚类结果内部的一致性和质量来评估聚类的效果。这意味着评估标准是基于聚类结果内部结构和特征的。第二种方法是外部度量法，这种方法通过比较聚类结果与某些已知的外部标准或指标的一致性来评估聚类的效果。这种方法较少使用，通常仅在需要评估新开发的聚类算法时才会采用。内部度量法有多种评估指标，限于篇幅，本书仅介绍轮廓系数（Silhouette Coefficient），该指标综合考虑类内差异与类间差异，且结果易于解释，是最常用的聚类效果评估指标之一。对于每一个样本点 X_i，假设聚类算法将其归为类 C_j，则样本点 X_i 的轮廓系数定义为：

$$s(X_i) = \frac{b(X_i) - a(X_i)}{\max\{a(X_i), b(X_i)\}}$$

其中，$a(X_i)$ 为 X_i 与类 C_j 中其余样本点的距离的平均值，该值越小说明类 C_j 的类内差异越小；$b(X_i)$ 为 X_i 与类 $C_k(k \neq j, k = 1, 2, \cdots, K)$ 中样本点的距离的平均值的最小值，该值越大说明类间差异越大。显然，$s(X_i) \in [-1, 1]$，其值越接近 1，说明将 X_i 归为类 C_j 的效果越好；其值越接近 -1，说明将 X_i 归为类 C_j 的效果越差。整体的轮廓系数定义为：

$$\bar{s}(X) = \frac{1}{n} \sum_{i=1}^{n} s(X_i)$$

即各个样本点轮廓系数的平均值。同样地，$\bar{s}(X) \in [-1, 1]$，该值越接近 1 说明聚类效果越好，该值越接近 -1 说明聚类效果越差。

6.3.1 K 均值聚类的基本原理

K 均值聚类又称为快速聚类，由它得到的聚类结果中，每个样本点都唯一属于一个类，聚类变量均为数值型变量，并采用分割原理进行聚类。K 均值聚类涉及两个主要问题：第一，如何测度样本的"亲疏"程度；第二，如何进行聚类。

（1）K 均值聚类对"亲疏"程度的测度

在评估样本点之间的"亲疏"程度时，可以考虑两个主要因素：数据的相似性和数据的差异性。相似性可以通过相关系数等指标来衡量，而差异性则通常通过距离指标来量化。K 均值聚类侧重于使用距离指标来评估样本点之间的差异性。为了准确地衡量样本点之间的差异，K 均值聚类将每个样本数据视为一个在 p 维空间中的点。基于这个点，K 均值聚类定义了一个距离度量，用来判断点与点之间的"亲疏"程度。当两个点的距离较近时，表明它们在特征空间中的相似度较高，差异性较低，因此它们更有可能被聚到同一个类别中。当两个点的距离较远时，说明它们在特征空间中的差异性较大，因此它们很可能被划分到不同的类别中。

K 均值聚类所处理的变量均为数值型变量。对于两个观测点 x 和 y，设 x_i 是观测点 x 的第 i 个变量值，y_i 是观测点 y 的第 i 个变量值，则两个观测点 x 和 y 之间的距离有如下几种定义。

① 欧氏距离（Euclidean Distance）。两个观测点 x 和 y 之间的欧氏距离是两个观测点的 p 个变量值之差的平方和的平方根，数学定义如下：

$$\text{Euclidean}(x, y) = \sqrt{\sum_{i=1}^{p} (x_i - y_i)^2}$$

② 切比雪夫距离（Chebyshev Distance）。两个观测点 x 和 y 之间的切比雪夫距离是两个观测点的 p 个变量值绝对差的最大值，数学定义如下：

$$\text{Chebyshev}(x, y) = \max(|x_i - y_i|)(i = 1, 2, \cdots, p)$$

③ 绝对距离（Absolute Distance）。两个观测点 x 和 y 之间的绝对距离是两个观测点的 p 个变量值绝对差的总和，数学定义如下：

$$Absolute(x, y) = \sum_{i=1}^{p} |x_i - y_i|$$

④ 闵可夫斯基距离（Minkowski Distance）。两个观测点 x 和 y 之间的闵可夫斯基距离是两个观测点的 p 个变量值绝对差 k 次方总和的 k 次方根（k 可以任意指定），数学定义如下：

$$Minkowski(x, y) = \sqrt[k]{\sum_{i=1}^{p} |x_i - y_i|^k}$$

⑤ 余弦距离（Cosine Distance）。两个观测点 x 和 y 之间的余弦距离的数学定义如下：

$$Cosine(x, y) = \frac{\sum_{i=1}^{p} (x_i, y_i)^2}{\sqrt{\left(\sum_{i=1}^{p} x_i^2\right)\left(\sum_{i=1}^{p} y_i^2\right)}}$$

余弦距离是从两个观测点的整体结构相似性角度测度其距离，余弦距离越大，两个观测点的结构相似性越强。

（2）K 均值聚类过程

在 K 均值聚类算法中，分割是实现聚类的一种方法。这个方法首先在样本空间中随意创建多个区域（即簇），然后根据定义的距离度量，将每个样本点分配到与其最接近的簇中，从而形成最初的聚类结果。理想情况下，一个好的聚类应该具有内部样本之间的相似性，同时不同簇之间的样本应该有明显的结构差异。然而，由于初始簇的形成是基于随机的空间分割的，这并不能保证生成的聚类结果满足上述理想条件。因此，为了获得更令人满意的聚类结果，通常需要通过多次迭代和调整来优化聚类结果。

在这样的设计思路下，K 均值聚类算法的具体实现过程如下。

步骤 1　指定聚类数目 K。聚类数目的确定并不简单，既要考虑最终的聚类结果，又要满足研究问题的实际需要。聚类数目太大或太小都将失去聚类的意义。通常做法是测试多个 K 值，通过评估指标（如轮廓系数）确定最终聚类数目。

步骤 2　确定 K 个类的初始类中心。类中心是各类特征的典型代表。初始类中心的合理性将直接影响聚类算法收敛的速度。最常用的初始类中心确定方法是随机指定若干样本点作为初始类中心。

步骤 3　根据最近原则进行聚类。依次计算每个观测点到 K 个初始类中心的距离，并按照距离 K 个初始类中心最近的原则，将所有样本分派到最近的类中，形成 K 个类。

步骤 4　重新确定 K 个类的中心。中心的确定原则是依次计算各类中所有观测点变量的均值，并以均值所在点作为 K 个类的中心。

步骤 5　判断是否已经满足终止聚类算法的条件，如果未满足，则返回步骤 3，不断重复上述过程，直到满足终止条件。

K 均值聚类算法是一个迭代执行的过程，在这个过程中，每个样本点所属的类会不断更新，直到达到一个稳定的状态。可以通过图 6-8 来观察聚类过程。初始时，算法随机选择两个点作为初始类中心。随着迭代的进行，可以看到最下面的点改变了它所属的类，这是因为新的类中心发生了变动。

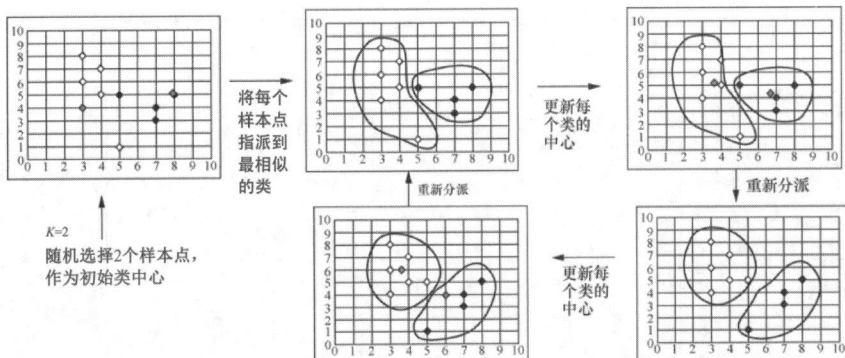

图 6-8　K 均值聚类过程

6.3.2　K 均值聚类案例实践

【案例 6-3】城市发展指标聚类分析

随着我国城市化进程的不断推进，城市发展呈现出多样化和复杂化的特点。在这一背景下，对主要城市进行综合评估和比较分析变得越来越重要。本案例对我国主要城市的多项指标数据进行聚类分析，以便我们更好地了解城市发展的现状和趋势，发现城市间的关联性和差异性，为政府和企业提供科学决策依据，推动城市的可持续发展。

6-2　K 均值聚类
案例实践

为达成以上目标，我们首先读入数据，对数据进行标准化处理，随后进行聚类，可以通过如下步骤来完成。

步骤 1　数据读入与概况查看，示例代码如下：

```
data = pd.read_excel('城市发展指标.xlsx')
data.info()
```

步骤 2　对数据进行 0-1 标准化处理，示例代码如下：

```
from sklearn.preprocessing import StandardScaler
scaler = StandardScaler()
data_scaled = scaler.fit_transform(data.drop('城市',axis=1))
```

步骤 3　最佳 K 值确定。计算不同聚类数目下的轮廓系数，并绘制图表来帮助我们确定数据集的最佳聚类数目 K，从而进行有效的聚类分析。考虑到城市分类过多或过少都不合适，我们设置 K 在 3 和 10 之间取值，示例代码如下：

```
from sklearn.cluster import KMeans
from sklearn import metrics
silhouette_scores = []
for n_clusters in range(3, 11):
    kmeans = KMeans(n_clusters=n_clusters,n_init=10)
    cluster_labels = kmeans.fit_predict(data_scaled)
    silhouette_avg = metrics.silhouette_score(data_scaled, cluster_labels)
    silhouette_scores.append(silhouette_avg)
plt.plot(range(3, 11), silhouette_scores, marker='o')
plt.xlabel('K')
plt.ylabel('轮廓系数')
plt.show()
```

运行以上代码，得到轮廓系数随聚类数目变化的折线图，如图 6-9 所示。可以看到，当 K 取 3 时，轮廓系数达到最大，由此确定聚类数目为 3。

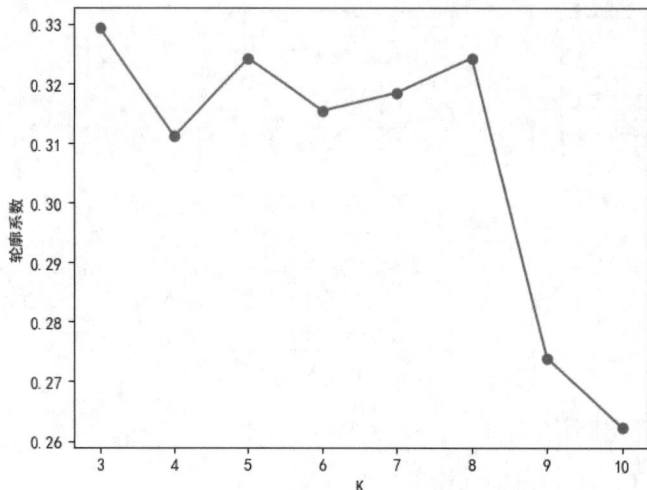

图 6-9　轮廓系数随聚类数目变化的折线图

步骤 4　通过 KMeans 类创建了一个聚类模型，指定聚类数目为 3、随机状态为 12、初始化方式为'k-means++'，并且设置了 n_init 参数为 10，这意味着算法会使用不同的初始类中心进行 10 次迭代来寻找最优的聚类中心。使用这个模型对经过缩放处理的数据集进行拟合和预测，得到每个样本点的聚类标签，并计算出各个聚类中心的坐标，示例代码如下：

```
# 进行 K 均值聚类
from collections import Counter
kmeans = KMeans(n_clusters=3,random_state=12, n_init=10,init='k-means++')
cluster_labels = kmeans.fit_predict(data_scaled)
cluster_centers = kmeans.cluster_centers_
```

步骤 5　聚类结果展示。将聚类中心转化为 DataFrame，示例代码如下：

```
cluster_centers_df = pd.DataFrame(cluster_centers, columns=data.columns[1:])
cluster_centers_df.index = ['类别 0', '类别 1', '类别 2']
cluster_centers_df.round(4)
```

代码运行结果如图 6-10 所示，可以看出，类别 2 是城市发展指标最高的一类，类别 0 次之，类别 1 再次之。

	地区生产总值（亿元）	教育投入占GDP比例	铁路旅客周转量	交通拥堵指数	工业增加值（亿元）	固定资产投资（亿元）	居民消费价格指数	消费价格指数	金融机构人数	邮政业务总量（亿件）	外商直接投资（亿美元）	城市建成区绿地率	住宿餐饮服务人数（万人次）	医疗卫生机构数	年末常住人口（千万人）	人均GDP（万元）
类别0	0.2391	0.1407	0.4853	0.3406	0.2149	0.2767	0.1337	0.0428	0.2633	-0.1006	0.1717	0.3000	0.0629	0.2362	0.2240	0.2545
类别1	-0.8104	-0.4947	-0.7723	-0.6055	-0.8103	-0.8512	-0.6683	-0.6260	-0.8321	-0.5404	-0.5158	-0.7139	-0.6459	-0.7462	-0.6215	-0.7877
类别2	2.2256	1.3810	1.0269	0.9744	2.3278	2.2287	2.1049	2.3218	2.2094	2.5891	1.3333	1.5803	2.3166	1.9806	1.5338	2.0691

图 6-10　运行结果

对 K 均值聚类算法的结果进行统计，以了解每个聚类标签出现的次数。同时，将类别返回到 DataFrame 中，示例代码如下：

```
from collections import Counter
print(Counter(kmeans.labels_))
```

```
datanew=data.copy()
datanew['类别']=cluster_labels
datanew
```

代码运行结果表明，类别 0 有 17 个样本点，类别 1 有 16 个样本点，类别 2 有 4 个样本点。同时，通过类别结果可以知道每个城市属于哪一类别，如表 6-2 所示。

表 6-2　　　　　　　　　　　　　　城市发展水平分类

类别	样本数	包括城市
类别 0	17	成都、大连、福州、杭州、合肥、南京、宁波、青岛、厦门、沈阳、苏州、天津、武汉、西安、长沙、郑州、重庆
类别 1	16	贵阳、哈尔滨、海口、呼和浩特、济南、昆明、拉萨、兰州、南昌、南宁、石家庄、太原、乌鲁木齐、西宁、银川、长春
类别 2	4	北京、广州、上海、深圳

课后习题

一、单项选择题

1. 一元线性回归模型用于处理哪种数据分析问题？（　　　）

    A. 单变量预测　　　　　　　　　　B. 多变量预测

    C. 非线性关系　　　　　　　　　　D. 分类问题

2. 线性回归模型案例实践通常不包括（　　　）。

    A. 数据预处理　　B. 模型训练　　　　C. 模型评估　　　　D. 数据分类

3. 逻辑回归模型主要用于解决（　　　）。

    A. 分类问题　　　　　　　　　　　B. 回归问题

    C. 聚类问题　　　　　　　　　　　D. 关联规则挖掘

4. 在逻辑回归中，目标变量是（　　　）。

    A. 连续变量　　　B. 分类变量　　　　C. 离散变量　　　　D. 有序变量

5. K 均值聚类的基本原理不涉及（　　　）。

    A. 距离度量　　　　　　　　　　　B. 聚类中心的选择

    C. 线性模型　　　　　　　　　　　D. 迭代优化

6. 在进行 K 均值聚类时，聚类结果的好坏很大程度上取决于（　　　）。

    A. 数据量　　　　B. 数据维度　　　　C. 选择的 *K* 值　　　D. 迭代次数

二、判断题

1. 一元线性回归模型只能处理线性关系。（　　　）

2. 线性回归模型可以通过最小二乘法来估计参数。（　　　）

3. 一元线性回归的回归系数参数表示自变量每单位变化时因变量的变化量。（　　　）

4. 在逻辑回归中，目标变量必须是二分类的。（　　　）

5. K 均值聚类不需要预先指定聚类数目。（　　　）

6. 在 K 均值聚类中，每个簇的中心是簇内所有点的平均值。（　　　）

本章实训

个人信用风险预测

一、案例介绍

对于金融机构来说，构建一个高效的个人信用风险评价系统是至关重要的，该系统可以有效识别潜在的信贷风险，减少违约事件，保护资产安全。该系统通过逻辑回归模型的应用，并结合大数据分析，可以更精确地评估借款人的信用状况。逻辑回归模型因其模型简单、易于理解和实施，在信用评分模型中被广泛应用。它通过学习借款人的历史信用行为、个人信息等特征，预测其违约概率，帮助金融机构做出贷款决策。

二、实训目标

掌握逻辑回归模型的数据处理、模型训练及评估。

三、实训任务

（1）利用 Python 读取数据，观察数据基本概况，对数据进行标准化处理，并拆分成训练集和测试集。

（2）建立信用卡违约预测模型，并评价模型性能。

（3）利用信用卡违约预测模型，探索影响违约的相关因素。

四、实训步骤

（1）利用 Python 读取数据，观察数据基本概况，对数据进行标准化处理，并拆分成训练集和测试集。

步骤 1 读取数据，观察数据基本概况，示例代码如下：

```
data = pd.read_excel('信用卡数据.xlsx')
data.info()
```

步骤 2 数据标准化，拆分训练集和测试集，示例代码如下：

```
from sklearn.model_selection import train_test_split
X = data.iloc[:,1:13]
y= data["isDefault"]
#数据标准化
from sklearn.preprocessing import StandardScaler
scaler = StandardScaler()
X_scaled = scaler.fit_transform(X)
#拆分数据集
X_train,X_test,y_train,y_test = train_test_split(X_scaled,y,test_size = 0.3, random_state=1)
```

（2）建立信用卡违约预测模型，并评价模型性能。

步骤 1 建立信用卡违约预测模型，并输出回归系数，示例代码如下：

```
from sklearn import linear_model
# 创建并训练逻辑回归模型
LR = linear_model.LogisticRegression()
LR.fit(X_train, y_train)
print('回归系数：')
for i, coef in enumerate(LR.coef_[0]):
    print(f"{X.columns[i]}：{coef:.3f}")
```

步骤 2 模型预测，输出文本报告，包括每个类别的精确率、召回率等，示例代码如下：

```
from sklearn import metrics
LR_pred = LR.predict(X_test)
report_LR = metrics.classification_report(y_test, LR_pred,digits=3)
cfmatrix_LR = metrics.confusion_matrix(y_test, LR_pred)
print('预测效果报告：\n',report_LR)
print('混淆矩阵：\n',cfmatrix_LR)
```

步骤 3 计算 AUC 值，并绘制 ROC 曲线，示例代码如下：

```
#测试集的预测概率
LR_predprop = LR.predict_proba(X_test)[:,1]
# 计算 ROC 曲线的参数
fpr, tpr, thresholds = metrics.roc_curve(y_test, LR_predprop)
roc_auc = metrics.auc(fpr, tpr)
# 绘制 ROC 曲线
plt.figure(figsize=(5, 5))
plt.plot(fpr, tpr, label='AUC 值： %0.3f' % roc_auc)
plt.plot([0, 1], [0, 1], linestyle='--')
plt.xlim([0.0, 1.0])
plt.ylim([0.0, 1.05])
plt.xlabel('FPR')
plt.ylabel('TPR')
plt.legend(loc='lower right')
plt.show()
```

（3）利用信用卡违约预测模型，探索影响违约的相关因素。

输出模型回归系数，展示影响违约的相关因素，示例代码如下：

```
df=pd.DataFrame({'feature':X.columns,'weight':LR.coef_[0]})
df=df.sort_values('weight',ascending=False)
plt.barh(df['feature'],df['weight'])
plt.show()
```

🏆 实战演练

上市公司营收预测

一、案例介绍

在财务领域，上市公司对营收进行预测是非常重要的，因为它直接反映了公司的运营情况和未来发展趋势。投资者和分析师通常会关注上市公司的营收预测，以评估上市公司的业绩表现和投资潜力。

二、实战目标

建立上市公司的营收预测模型，评价模型的性能，探索影响上市公司营收的关键因素。

三、实战任务

（1）根据上市公司公开数据，设计营收相关指标，并获取相关数据。

（2）建立模型，预测上市公司营收，评价模型性能。

（3）利用预测模型，探索影响上市公司营收的关键因素。

第 7 章

会计文本分析与词云图绘制

学习导读

在当今"大数据"时代，文本数据无处不在，从社交媒体到企业报告，从客户评论到财务分析，文本数据的价值日益凸显。会计领域专业人士需利用文本数据进行分析，这不仅能够提高决策效率，还能够为深入洞察提供支持。本章将引导读者学习如何从大量的文本数据中提取有价值的信息，并通过词云图这一直观的方式呈现分析结果。

学习目标

➢ 了解文本分析的概念。

➢ 掌握文本分析的基本方法，包括数据收集、数据预处理、关键词提取和词频统计、词云图绘制。

➢ 掌握关键词提取和词频统计的方法，以挖掘文本数据中的重要信息。

➢ 掌握词云图的绘制方法，包括基础词云图和自定义词云图的绘制方法。

➢ 掌握相关工具和库的使用方法，能够进行文本分析和词云图绘制。

思维导图

文本分析的概念

文本分析基础 ── 文本分析的基本步骤：数据收集、数据预处理、关键词提取和词频统计、词云图绘制

会计文本分析与词云图绘制

会计文本预处理 ── 中文分词：精确模式、全模式、搜索引擎模式、paddle模式、HMM

建立词典：创建自定义词典文件、加载自定义词典并分词、动态添加词语并分词

去除停用词：准备停用词列表、加载停用词列表、分词并过滤停用词、临时添加额外的停用词

关键词提取与词频统计 ── 关键词提取：TF-IDF算法、TextRank算法、SnowNLP

词频统计

词云图绘制 ── 基础词云图绘制：WordCloud()

自定义词云图绘制

本章实训 ── 基于《中国注册会计师职业道德守则（2020）》的文本分析 ── 案例介绍 / 实训目标 / 实训任务 / 实训步骤

实战演练 ── 基于监管规则适用指引文件的文本分析 ── 案例介绍 / 实战目标 / 实战任务

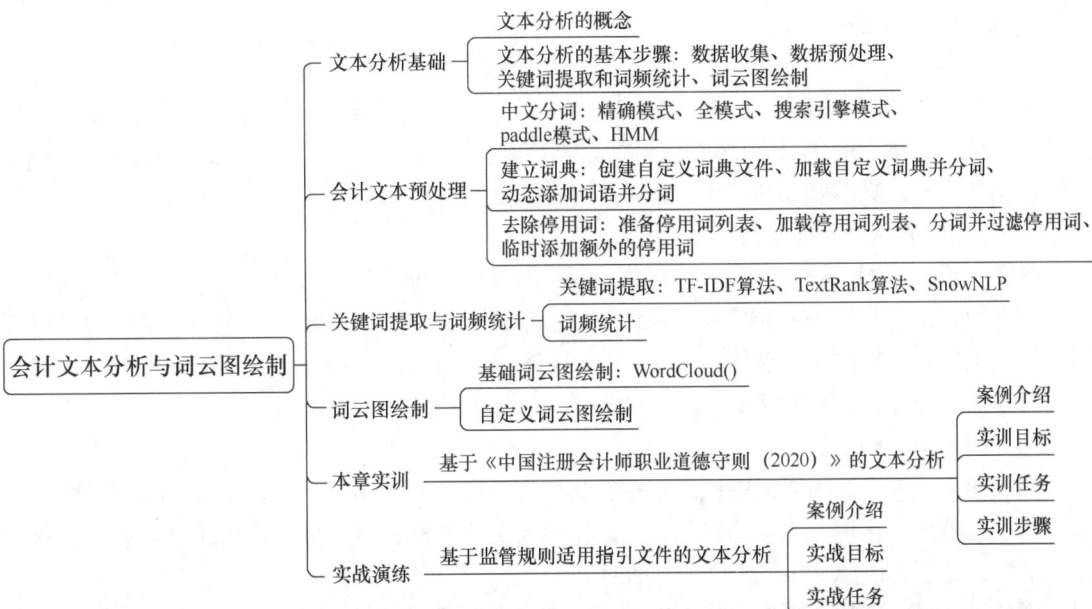

7.1 文本分析基础

文本分析是一种从文本数据中提取有价值的信息的技术。本节将介绍文本分析的概念及文本分析的基本方法。

7.1.1 文本分析的概念

文本分析是一个跨学科的技术领域，它结合了计算机科学、自然语言处理（Natural Language Processing，NLP）、信息检索和数据分析等学科的知识。该领域的核心目标是从文本数据中提取有价值的信息，以辅助决策制定和研究工作。

在文本分析的实施过程中，原始文本的预处理是一个关键步骤，它包括数据清洗、分词、去除停用词等操作。这些操作旨在将文本转换成适合分析的格式，确保数据的质量和一致性。随后，通过特征提取，如关键词提取和词频统计，可以识别出文本中的关键词语和主题。这些特征提取技术不仅能帮助我们理解文本的主要内容，还能揭示潜在的模式和趋势。

文本分析的应用范围极为广泛，它在社交媒体分析、舆情监测、推荐系统、信息检索和自然语言处理等领域都发挥着重要作用。在会计和财务领域，文本分析尤其有价值，它能够分析财务报告、审计意见和公司公告等文本资料，提取关键信息，识别风险和趋势，从而为会计决策和监管提供支持。

7.1.2 文本分析的基本步骤

下面介绍文本分析的基本步骤。

（1）数据收集

文本分析的起点是收集数据。研究者需明确分析目标并确定所需文本数据的类型。数据来

源可能包括公司的年报或季报、新闻稿、社交媒体帖子等。数据收集可能涉及手动检索或使用自动化工具如网络爬虫，这些工具可以在互联网上爬取和下载大量数据。这一步骤是基础，决定了后续分析的质量和深度。

（2）数据预处理

数据预处理是文本分析中至关重要的一个步骤，它涉及清洗和准备文本数据等，以供进一步分析，具体包括标准化文本格式、分词、去除停用词及进行词干提取或词形还原等。这一步骤的目的是将原始文本转换成适合分析的干净的、结构化的数据集。

（3）关键词提取和词频统计

关键词提取和词频统计是文本分析中的基础，它们有助于识别和量化文档中的重要词语。关键词提取是识别文档中最能代表文档内容的词语或短语。这些关键词可以揭示文档的主旨和重点，对于理解文档的核心议题至关重要。词频统计是计算文档中每个词语出现次数，通常作为特征提取的一部分，有助于识别文本中的常见主题和模式。

（4）词云图绘制

词云图是一种将文本数据中出现频率较高的词语以不同大小显示的视觉化工具，词频越高，显示的字号越大。这种视觉化工具不仅直观展示了文本中的关键词语，而且通过美观的布局和色彩搭配，增强了信息的吸引力和易读性。

通过这些基本步骤，文本分析能够揭示文本数据的深层含义，为研究者、分析师和决策者提供有价值的见解。这些步骤的应用可以根据特定的分析目标和数据特性进行调整和优化，以提高分析的准确性和有效性。

7.2 会计文本预处理

在进行文本分析之前，需要对收集到的文本数据进行预处理，以提高分析的准确性和效率。本节将介绍会计文本预处理的主要步骤，包括中文分词、建立词典和去除停用词。

7.2.1 中文分词

中文分词是中文自然语言处理中的一个基础步骤，它将连续的文本字符串切分成一个个独立的、有意义的词语。由于中文词语之间没有明显的分隔符（如空格），因此中文分词对于后续的文本处理非常重要。

jieba 是一款流行的中文分词工具，它包括精确模式、全模式、搜索引擎模式、paddle 模式和 HMM。

（1）精确模式：默认的分词模式，这种模式会尽可能准确地将句子切分成合理的词语，适用于对分词准确性要求较高的场景。当 jieba.lcut()的参数 cut_all=False 时，使用精确模式分词，示例代码如下：

```
import jieba
text='''会计是一门涉及财务信息记录、分类、分析和报告的学科，它对于确保企业的财务透明度和合规性至关重要。会计工作的核心是准确记录所有财务交易，并将这些数据分类到适当的会计科目中，如资产、负债、收入和费用。通过编制财务报表，如资产负债表、利润表和现金流量表，会计人员能够提供组织的财务状况快照，帮助管理层、投资者和监管机构做出明智的决策。此外，会计还包括税务规划、预算编制和内部控制的实施，以优化资源分配并降低财务风险。随着技术的
```

发展，会计领域也在不断进步，自动化和数据分析工具的应用提高了会计工作的效率和准确性。"'"

```
seg_list=jieba.lcut(text,cut_all=False)#精确模式分词
print(len(seg_list))
print("分词结果：", seg_list)
```

代码运行结果如图 7-1 所示。

```
138
分词结果：['会计', '是', '一门', '涉及', '财务', '信息', '记录', '、', '分类', '、', '分析', '和', '报告', '的', '学科', '，', '，', '它', '对于',
'确保', '企业', '的', '财务', '和', '合规性', '至关重要', '。', '会计工作', '的', '核心', '是', '准确', '记录', '所有', '财务',
'交易', '，', '并', '将', '这些', '数据', '分类', '到', '适当', '的', '会计科目', '中', '如', '资产', '负债', '收入', '和',
'费用', '。', '通过', '编制', '财务报表', '如', '资产', '负债表', '、', '利润表', '和', '现金流量', '表', '，', '会计人员', '能够', '提',
'供', '组织', '的', '财务状况', '快照', '，', '帮助', '管理层', '、', '投资者', '和', '监管', '做出', '明智', '的', '决策', '。', '此',
'外', '，', '会计', '还', '包括', '税务', '规划', '、', '预算编制', '和', '内部', '控制', '的', '实施', '，', '以', '优化', '资源分配', '并',
'降低', '财务', '风险', '。', '随着', '技术', '的', '发展', '会计', '领域', '也', '在', '不断进步', '，', '自动化', '和', '数据分析',
'工具', '的', '应用', '提高', '了', '会计工作', '的', '效率', '和', '准确性', '。']
```
图 7-1　运行结果

（2）全模式：将句子中所有可能的词语都扫描出来，可能会有冗余。当 jieba.lcut()的参数 cut_all=True 时，使用全模式分词，示例代码如下：

```
seg_list=jieba.lcut(text,cut_all=True)#全模式分词
print(len(seg_list))
print("分词结果：", seg_list)
```

代码运行结果如图 7-2 所示。

```
177
分词结果：['会计', '是', '一门', '涉及', '财务', '信息', '记录', '、', '分类', '、', '分析', '和', '报告', '的', '学科', '，', '，',
'它', '对于', '确保', '企业', '的', '财务', '透明', '透明度', '明度', '和', '合规', '合规性', '至关', '至关重要', '重要', '。', '会计',
'，', '会计工作', '计工', '工作', '的', '核心', '是', '准确', '记录', '所有', '财务', '交易', '并', '将', '这些', '数据', '分类',
'，', '到', '适当', '的', '会计', '会计科目', '科目', '中', '如', '资产', '资产负债', '负债', '负债表', '、', '利润', '利润表', '和', '现金', '现金流',
'现金流量', '金流', '流量', '流量表', '量表', '会计', '会计人员', '人员', '能够', '提供', '组织', '的', '财务', '财务状况',
'状况', '快照', '帮助', '管理', '管理层', '、', '投资', '投资者', '和', '监管', '机构', '做出', '明智', '的', '决策', '。', '此',
'外', '，', '，', '会计', '还', '包括', '税务', '规划', '、', '预算', '预算编制', '编制', '和', '内部', '控制', '的', '实施', '，', '以',
'优化', '资源', '资源分配', '分配', '并', '降低', '财务', '风险', '。', '随着', '技术', '的', '发展', '，', '会计', '领域', '也', '在',
'不断', '不断进步', '进步', '，', '自动', '自动化', '和', '数据', '数据分析', '分析', '工具', '的', '应用', '提高', '了', '会计',
'会计工作', '计工', '工作', '的', '效率', '和', '准确', '准确性', '。']
```
图 7-2　运行结果

（3）搜索引擎模式：在精确模式的基础上，对长词再次切分，提高召回率，适合用于搜索引擎分词。在 jieba 分词库中，使用搜索引擎模式进行分词可以通过 jieba.lcut_for_search()函数来实现。示例代码如下：

```
seg_list=words = jieba.lcut_for_search(text)#搜索引擎模式
print(len(seg_list))
print("分词结果：", seg_list)
```

代码运行结果如图 7-3 所示。

```
175
分词结果：['会计', '是', '一门', '涉及', '财务', '信息', '记录', '、', '分类', '、', '分析', '和', '报告', '的', '学科', '，', '它', '对于',
'确保', '企业', '的', '财务', '透明', '明度', '透明度', '和', '合规', '合规性', '至关', '重要', '至关重要', '。', '会计', '计工', '工作',
'会计工作', '的', '核心', '是', '准确', '记录', '所有', '财务', '交易', '，', '并', '将', '这些', '数据', '分类', '到', '适当', '的', '会',
'计', '科目', '会计科目', '中', '如', '资产', '负债', '收入', '和', '费用', '。', '通过', '编制', '财务', '报表', '财务报',
'表', '如', '资产', '负债', '负债表', '、', '利润', '利润表', '和', '现金', '金流', '流量', '现金流量', '表', '，', '会计',
'人员', '会计人员', '能够', '提供', '组织', '的', '财务', '状况', '财务状况', '快照', '，', '帮助', '管理', '管理层', '、', '投资', '投资',
'者', '和', '监管', '机构', '做出', '明智', '的', '决策', '。', '此外', '，', '会计', '还', '包括', '税务', '规划', '、', '预算', '编制', '预',
'算编制', '和', '内部', '控制', '的', '实施', '，', '以', '优化', '资源', '分配', '资源分配', '并', '降低', '财务', '风险', '。', '随着', '技',
'术', '的', '发展', '，', '会计', '领域', '也', '在', '不断', '不断进步', '进步', '，', '自动', '自动化', '和', '数据', '分析', '数据分析',
'工具', '的', '应用', '提高', '了', '会计', '计工', '工作', '会计工作', '的', '效率', '和', '准确', '准确性', '。']
```
图 7-3　运行结果

（4）paddle 模式：jieba 提供的一种基于深度学习的分词模式，它利用了百度飞桨（PaddlePaddle）深度学习框架来加速分词过程，飞桨模型在大规模数据上进行了训练，能够提供更精准的分词效果，尤其在处理复杂的文本结构和大规模文本数据时表现出色。当 jieba.lcut() 的参数 use_paddle=True 时，表示使用 paddle 模式分词，示例代码如下：

```
seg_list=jieba.lcut(text,use_paddle=True)#paddle 模式
print(len(seg_list))
print("分词结果：", seg_list)
```

代码运行结果如图 7-4 所示。

图 7-4　运行结果

（5）HMM：HMM（Hidden Markov Model）即隐马尔可夫模型，它利用统计方法对词语出现的概率进行建模，用于识别新词或歧义词。当 jieba.lcut() 的参数 HMM=True 时，启用基于 HMM 的分词模式，示例代码如下：

```
seg_list=jieba.lcut(text,HMM=True)#HMM
print(len(seg_list))
print("分词结果：", seg_list)
```

代码运行结果如图 7-5 所示。

图 7-5　运行结果

7.2.2　建立词典

在 jieba 中建立自定义词典是一种常见的做法，尤其是在处理特定领域的文档时，可以显著提高分词的准确度。下面是如何在 jieba 中建立和使用自定义词典的步骤。

步骤 1　创建自定义词典文件：自定义词典文件通常是一个词语占一行，每一行分为词语、词频、词性，其中词频和词性可以省略。例如，创建一个名为"我的词典.txt"的文件，内容如图 7-6 所示。

图 7-6　"我的词典.txt"文件内容

步骤 2 加载自定义词典并分词：使用 jieba.load_userdict() 函数加载自定义词典并分词。示例代码如下：

```
jieba.load_userdict("我的词典.txt")# 加载自定义词典
seg_list = jieba.lcut(text)
print(len(seg_list))
print("分词结果：", seg_list)
```

代码运行结果如图 7-7 所示。

```
137
分词结果:['会计', '是', '一门', '涉及', '财务', '信息', '记录', '、', '分类', '、', '分析', '和', '报告', '的', '学科', '。', '它', '对于',
'确保', '企业', '的', '财务', '透明度', '和', '合规性', '至关重要', '。', '会计工作', '的', '核心', '是', '准确', '记录', '所有', '财务',
'交易', '，', '并', '将', '这些', '数据', '分类', '到', '适当', '的', '会计科目', '中', '，', '如', '资产', '、', '负债', '、', '收入',
'和', '费用', '。', '通过', '编制', '财务报表', '，', '如', '资产负债表', '、', '利润表', '和', '现金流量', '表', '，', '会计人员', '能够',
'提供', '组织', '的', '财务状况', '快照', '，', '帮助', '管理层', '、', '投资者', '和', '监管', '机构', '做出', '明智', '的', '决策', '。',
'此外', '，', '会计', '还', '包括', '税务', '规划', '、', '预算编制', '和', '内部', '控制', '的', '实施', '，', '以', '优化', '资源分配',
'并', '降低', '财务', '风险', '。', '随着', '技术', '的', '发展', '，', '会计', '领域', '也', '在', '不断进步', '，', '自动化', '和', '数据
分析', '工具', '的', '应用', '提高', '了', '会计工作', '的', '效率', '和', '准确性', '。']
```

图 7-7　运行结果

从分词结果可以看出，"资产负债表"已经被当成一个完整的词语重新进行了分词。

步骤 3 动态添加词语并分词：在程序运行时，如果发现新的词语，可以修改自定义词典，也可以使用 jieba.add_word() 来添加新词，如将"监管机构"作为一个新词重新分词，示例代码如下：

```
jieba.add_word("监管机构")# 动态添加词语
new_seg_list = jieba.lcut(text)
print(len(seg_list))
print("分词结果：", new_seg_list)
```

代码运行结果如图 7-8 所示。

```
137
分词结果:['会计', '是', '一门', '涉及', '财务', '信息', '记录', '、', '分类', '、', '分析', '和', '报告', '的', '学科',
'。', '它', '对于', '确保', '企业', '的', '财务', '透明度', '和', '合规性', '至关重要', '。', '会计工作', '的', '核心',
'是', '准确', '记录', '所有', '财务', '交易', '，', '并', '将', '这些', '数据', '分类', '到', '适当', '的', '会计科目
', '中', '，', '如', '资产', '、', '负债', '、', '收入', '和', '费用', '。', '通过', '编制', '财务报表', '，', '如',
'资产负债表', '、', '利润表', '和', '现金流量', '表', '，', '会计人员', '能够', '提供', '组织', '的', '财务状况', '快照',
'，', '帮助', '管理层', '、', '投资者', '和', '监管机构', '做出', '明智', '的', '决策', '。', '此外', '，', '会计',
'还', '包括', '税务', '规划', '、', '预算编制', '和', '内部', '控制', '的', '实施', '，', '以', '优化', '资源分配', '并',
'降低', '财务', '风险', '。', '随着', '技术', '的', '发展', '，', '会计', '领域', '也', '在', '不断进步', '，', '自动
化', '和', '数据分析', '工具', '的', '应用', '提高', '了', '会计工作', '的', '效率', '和', '准确性', '。']
```

图 7-8　运行结果

通过以上步骤，可以在 jieba 中建立和使用自定义词典，以适应特定的分词需求。在创建自定义词典文件时，文件应该使用 UTF-8 编码格式，以避免编码问题。

7.2.3 去除停用词

在使用 jieba 进行中文分词时，去除停用词可以帮助过滤掉一些无关紧要的词语，如"的""是""在"等，这些词语在文本中出现频率高，但对于文本分析往往没有太大实际意义。下面是如何在使用 jieba 分词时去除停用词的步骤。

步骤 1 准备停用词列表：首先，需要准备一个停用词列表。这个列表可以是自己根据需求定制的，也可以来自现成的停用词库。停用词库通常是一个文本文件，每行一个停用词。例如，创建一个名为"停用词.txt"的文件，内容如图 7-9 所示。

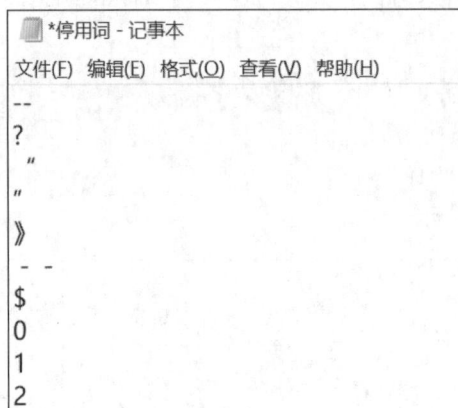

图 7-9　"停用词.txt"文件内容

步骤 2　加载停用词列表，示例代码如下：

```
with open('停用词.txt', 'r', encoding='utf - 8') as f:
    stopwords = {line.strip() for line in f.readlines()}
```

步骤 3　分词并过滤停用词：进行分词后，可以使用列表推导式或循环结构来过滤停用词，示例代码如下。

```
text_list = jieba.lcut(text, cut_all=False)
seg_list = [word for word in text_list if word not in stopwords]
print(len(seg_list))
print("分词结果：", seg_list)
```

代码运行结果如图 7-10 所示。

图 7-10　运行结果

步骤 4　想要临时添加额外的停用词时，可以使用 stopwords.update()方法。这个方法可以接收一个迭代对象（如列表、元组、集合等）作为参数。如在分词结果中增加停用词"一门"，示例代码如下：

```
stopwords.update(["一门"])
text_list = jieba.lcut(text, cut_all=False)
seg_list = [word for word in text_list if word not in stopwords]# 过滤停用词
print(len(seg_list))
print("分词结果：", seg_list)
```

代码运行结果如图 7-11 所示。

图 7-11　运行结果

去除停用词可以提高文本分析的质量，减少后续处理的数据量，并且有助于突出文本中的关键信息。在实际应用中，根据具体的分析目标和文本内容，合理选择和维护停用词列表是非常重要的。

7.3 关键词提取与词频统计

关键词提取与词频统计是文本分析中的重要技术，可以帮助我们发现文本数据中的关键信息和趋势。本节将介绍如何进行关键词提取和词频统计，以挖掘会计文本中的重要信息。

7.3.1 关键词提取

在使用 jieba 进行中文分词时，关键词提取是一个常见的需求，尤其是在文本分析和信息检索中。对于关键词的提取，可以使用 TF-IDF 算法、TextRank 算法和 SnowNLP。

（1）TF-IDF 算法

TF-IDF（Term Frequency-Inverse Document Frequency，词频-反文档频率）是一种用于信息检索和文本挖掘的常用加权技术。它反映了一个词语对于一个文档或一个语料库中的一份文件的重要程度。TF-IDF 值随词语在文档中出现频率的增加而增大，但随其在语料库中出现频率的增加而减小。这意味着，TF-IDF 倾向于过滤掉常见的词语，保留重要的词语。

TF-IDF 由两部分组成：TF（词频）和 IDF（反文档频率）。

TF 是一个词语在文档中出现的次数。这个数字通常会被标准化（通常是某个词在文档中出现的次数除以文档中的总词数）。其公式如下：

$$TF = \frac{某个词在文档中出现的次数}{文档中的总词数}$$

IDF 是对一个词语在语料库中的罕见程度的度量。如果一个词语在很多文档中都出现，那么它的 IDF 会很低，反之，如果一个词语在少数文档中出现，它的 IDF 会很高。其公式如下：

$$IDF = \log \frac{文档总数}{包含该词语的文档数 + 1}$$

TF-IDF 是将 TF 和 IDF 相乘，得到一个词语在特定文档中的重要性得分。其公式如下：

$$TF\text{-}IDF = TF \times IDF$$

jieba 分词库提供了基于 TF-IDF 算法的关键词提取功能。jieba.analyse.extract_tags()函数可以提取文本中的关键词，示例代码如下：

```
#TF-IDF
import jieba.analyse
keywords = jieba.analyse.extract_tags(text, topK=5, withWeight=False)
print(keywords)
```

代码运行结果如下：

```
['财务', '会计', '会计工作', '分类', '记录']
```

在这个例子中，topK=5 表示提取文本中 TF-IDF 最高的 5 个关键词。

（2）TextRank 算法

TextRank 是一种基于图的排序算法，后来应用于自然语言处理中的关键词提取和文本摘要任务。TextRank 算法将文本中的词语或句子视为图中的节点，节点之间的共现关系（词语在同一句子或段落中出现，或者句子有相同主题）被视为边。算法通过迭代计算每个节点的权重（重要性得分），最终得到每个节点的稳定排名。示例代码如下：

```
#TextRank
import jieba.analyse
keywords = jieba.analyse.textrank(text, topK=5, withWeight=False, allowPOS=('v','n'))
print(keywords)
```

代码运行结果如下：

```
['财务', '会计', '记录', '分类', '会计工作']
```

（3）SnowNLP

SnowNLP 是一个专门为处理中文文本而设计的 Python 库，它提供了多种自然语言处理功能，包括但不限于分词、词性标注、情感分析、文本分类、简繁体转换、关键词提取、摘要生成、拼音转换等。SnowNLP 关键词提取的示例代码如下：

```
#!pip install snownlp -i https://mirrors.aliyun.com/pypi/simple/
from snownlp import SnowNLP
s = SnowNLP(text)
s.keywords(5)
```

代码运行结果如下：

```
['财务', '会计', '记录', '分析', '分类']
```

7.3.2 词频统计

词频统计是一种基本的文本分析技术，用于确定文本中各个单词或词语出现的频率。这种统计可以揭示文本中最重要的词语，通常用于关键词提取、文本摘要、情感分析等领域。

使用 Python 进行词频统计的步骤包括：去除停用词、文本分词、统计词频、分析词频结果。有时为了特定分析也会自定义词典，示例代码如下：

```
from collections import Counter
jieba.load_userdict('我的词典.txt')
with open('停用词.txt', 'r', encoding='utf-8') as f:
    stopwords = set([line.strip() for line in f])
stopwords.update(["一门"])
words = [word for word in jieba.lcut(text) if word not in stopwords]
word_counts = Counter(words)#  统计词频
keywords = word_counts.most_common()
keywords[:15]
```

代码运行结果如下：

```
[('财务', 4), ('会计', 3), ('记录', 2), ('分类', 2), ('会计工作', 2)]
```

7.4 词云图绘制

词云图是一种直观展示文本数据中关键词频率和重要性的可视化工具。本节将介绍如何绘制基础词云图和自定义词云图，以便用户更好地展示会计文本分析的结果。

7-1 词云图绘制

7.4.1 基础词云图绘制

绘制基础词云图，可以使用 Python 的 wordcloud 库的 WordCloud()函数实现。

WordCloud() 函数的基本参数如表 7-1 所示。

表 7-1 WordCloud() 函数的基本参数

参数	含义
font_path	字体文件的路径，用于显示文本。对于中文等非 ASCII 字符，需要指定支持这些字符的字体
width	生成词云图的宽度
height	生成词云图的高度
background_color	词云图的背景颜色，默认为 "black"

利用 WordCloud() 函数绘制基础词云图可以分为以下 3 个步骤。

步骤 1 准备文本数据，分词并统计分词示例代码如下：

```
jieba.load_userdict('我的词典.txt')
with open('停用词.txt', 'r', encoding='utf-8') as f:
    stopwords = set([line.strip() for line in f])
stopwords.update(["一门"])
#过滤停用词
words = [word for word in jieba.lcut(text) if word not in stopwords]
word_counts = Counter(words)# 统计词频
keywords = word_counts.most_common()
```

步骤 2 创建 WordCloud 对象：使用 wordcloud 库创建一个 WordCloud 对象，并设置相关参数。示例代码如下：

```
wordcloud = WordCloud(font_path='simhei.ttf',width=800,height=600,background_color='white')
```

步骤 3 生成并显示词云图：根据词频数据生成并显示词云图。示例代码如下：

```
# 生成词云图
wordcloud.generate_from_frequencies(dict(keywords))
# 显示词云图
plt.figure(figsize=(6, 5))
plt.imshow(wordcloud, interpolation='bilinear')
plt.axis('off')  # 不显示坐标轴
plt.show()
```

代码运行结果如图 7-12 所示。

图 7-12 基础词云图

7.4.2 自定义词云图绘制

还可以对词云图进行多种调整，包括颜色、形状、字体、布局等的调整，或者生成一张具有特定背景和文字频率分布的词云图。自定义词云图绘制的步骤如下。

步骤1 加载图片作为背景，在此加载的图片名为"心形.png"，示例代码如下：

```
bg_image = np.array(Image.open('心形.png'))
```

步骤2 创建 WordCloud 对象，指定中文字体路径、图像尺寸、背景、轮廓宽度及轮廓颜色等参数，示例代码如下：

```
wordcloud = WordCloud(
    font_path='simhei.ttf',      # 指定中文字体路径
    width=800,
    height=600,
    background_color='white',
    mask=bg_image,               # 使用背景图片的形状
    contour_width=3,             # 轮廓宽度
    contour_color='red'          # 轮廓颜色
)
```

步骤3 根据7.3.2节提供的词频统计字典生成词云图，并尝试使用背景图片的颜色来重新着色词云图，示例代码如下：

```
wordcloud.generate_from_frequencies(dict(keywords))
```

步骤4 使用 Matplotlib 库将生成的词云图显示在屏幕上，并将其保存为"词云图.png"文件，示例代码如下：

```
# 显示词云图
plt.figure(figsize=(6, 5))
plt.imshow(wordcloud, interpolation='bilinear')
plt.axis('off')   # 不显示坐标轴
plt.show()
# 保存词云图
wordcloud.to_file('词云图.png')
```

代码运行结果如图 7-13 所示。

图 7-13（彩色）

图 7-13　心形词云图

🏆 课后习题

一、单项选择题

1. 文本分析的主要目的是从文本数据中提取什么？（　　）
   - A. 图片
   - B. 音频
   - C. 视频
   - D. 有价值的信息

2. 在财务文本分析中，去除停用词的主要作用是什么？（　　）
   - A. 增加文本长度
   - B. 减少噪声数据
   - C. 提高文本的可读性
   - D. 增加关键词的数量

3. 关键词提取的主要目的是什么？（　　）
   - A. 增加文本的长度
   - B. 确定文本的主要内容
   - C. 替换文本中的词语
   - D. 减少文本中的词语

4. 词频统计通常用于什么？（　　）
   - A. 计算文本中的词语总数
   - B. 确定文本中最重要的词语
   - C. 替换文本中的词语
   - D. 删除文本中的重复词

5. 词云图绘制通常用于什么？（　　）
   - A. 显示文本中的图像
   - B. 显示文本中的关键词
   - C. 统计文本中的词频
   - D. 翻译文本

6. 在文本分析中，基础词云图绘制与自定义词云图绘制的主要区别是什么？（　　）
   - A. 颜色的使用
   - B. 特定背景
   - C. 布局的安排
   - D. 所有上述选项

二、判断题

1. 文本分析只能用于处理结构化数据。（　　）
2. 中文分词是文本分析中的一个必要步骤。（　　）
3. 停用词在文本分析中通常被认为是重要的信息。（　　）
4. 关键词提取可以帮助确定文本的主要内容。（　　）
5. 词云图绘制是一种数据可视化技术，用于展示文本数据。（　　）
6. 会计文本预处理不包括去除停用词的步骤。（　　）

🏆 本章实训

基于《中国注册会计师职业道德守则（2020）》的文本分析

一、案例介绍

文本分析是一种自然语言处理技术，它使计算机能够阅读和理解人类编写的文本，从而从非结构化数据中提取有价值的信息。这对于从大量文本数据中获取业务洞察至关重要。

本案例以《中国注册会计师职业道德守则（2020）》文本为例，执行中文分词、去除停用词、关键词提取、绘制词云图等操作。

二、实训目标

利用 Python 进行中文分词、去除停用词、提取关键词和绘制词云图。

三、实训任务

（1）利用 Python 读取文件"中国注册会计师职业道德守则.pdf"，并将该文件转换为.txt 文件，命名为"中国注册会计师职业道德守则.txt"。

（2）利用 Python 读取"中国注册会计师职业道德守则.txt"文件，观察该数据有什么问题，并对该数据进行清洗。

（3）对该文本进行初步分词，统计词频，观察高频词，构建词典。

（4）调用停用词文件，重新进行分词，并进行词频统计，将词频保存为文件"词频.xlsx"。

（5）读取词云图背景图片"蝴蝶.png"，绘制词云图。

四、实训步骤

（1）利用 Python 读取文件"中国注册会计师职业道德守则.pdf"，并将该文件转换为.txt 文件，命名为"中国注册会计师职业道德守则.txt"，示例代码如下：

```
import pdfplumber
filename='中国注册会计师职业道德守则.pdf'
with pdfplumber.open(filename) as pdf:
    for i, page in enumerate(pdf.pages):
        text=page.extract_text()
        txt_file=open("中国注册会计师职业道德守则.txt",mode="a",encoding="utf-8")
        txt_file.write(text)
```

（2）利用 Python 读取"中国注册会计师职业道德守则.txt"文件，观察该数据有什么问题，并对该数据进行清洗。

步骤 1 读取"中国注册会计师职业道德守则.txt"文件，并展示文件内容的前 2000 个字符，示例代码如下：

```
content = open("中国注册会计师职业道德守则.txt", "r", encoding="utf-8").read()
content[:2000]
```

步骤 2 观察数据，发现数据中有较多的换行符"\n"、空格及数字，在此利用 re.sub() 函数进行字符串替换，示例代码如下：

```
# re.sub()替换字符串
content = re.sub('\n', '',content)
content = re.sub(' ', '',content)
content = re.sub('\d+', '',content)
```

（3）对该文本进行初步分词，统计词频，观察高频词，优化"我的词典"。

步骤 1 分词并统计词频，示例代码如下：

```
from collections import Counter
words=jieba.lcut(content)
word_counts = Counter(words)# 统计词频
word_counts
```

步骤 2 构建词典，命名为"我的词典 V2.txt"，内容如图 7-14 所示。

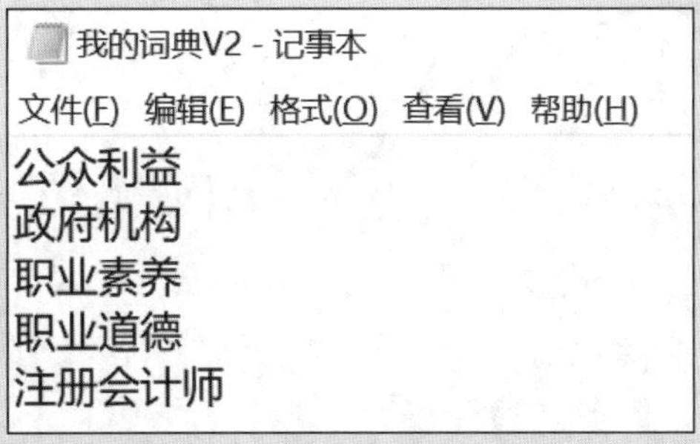
我的词典V2 - 记事本
文件(F) 编辑(E) 格式(O) 查看(V) 帮助(H)
公众利益
政府机构
职业素养
职业道德
注册会计师

图 7-14 “我的词典 V2.txt”内容

（4）调用停用词文件，重新进行分词，并进行词频统计，将词频保存为文件“词频.xlsx”。

步骤 1 调用停用词文件，重新进行分词，并进行词频统计，示例代码如下：

```
jieba.load_userdict('我的词典 V2.txt')
with open('停用词.txt', 'r', encoding='utf-8') as f:
    stopwords = set([line.strip() for line in f])
stopwords.update(['—','时','\x0c','二','三','四','中','号'])
words = [word for word in jieba.lcut(content) if word not in stopwords]
word_counts = Counter(words)# 统计词频
keywords = word_counts.most_common()
```

步骤 2 将词频保存为文件“词频.xlsx”，示例代码如下：

```
df = pd.DataFrame(keywords,columns=['词','次数'])
df.to_excel("词频.xlsx",index = False) #存为 Excel 文件时去掉 index（索引列）
```

（5）读取词云图背景图片“蝴蝶.png”，绘制词云图，示例代码如下：

```
bg_image = np.array(Image.open('蝴蝶.png'))   # 背景图片
# 创建 WordCloud 对象
wordcloud = WordCloud(
     font_path='simhei.ttf ',      # 指定中文字体路径
     width=800,
     height=600,
     background_color='white',
     mask=bg_image,                # 使用背景图片的形状
     contour_width=5,              # 轮廓宽度
     contour_color='green'         # 轮廓颜色
)
# 根据词频生成词云图
wordcloud.generate_from_frequencies(dict(keywords))
# 显示词云图
plt.figure(figsize=(6, 5))
plt.imshow(wordcloud, interpolation='bilinear')
plt.axis('off')                    # 不显示坐标轴
plt.show()
# 保存词云图
wordcloud.to_file('词云图.png')
```

运行结果如图 7-15 所示。

图 7-15　蝴蝶形词云图

实战演练

基于监管规则适用指引文件的文本分析

一、案例介绍

2024 年 2 月 8 日，为进一步完善资本市场监管规则体系，提高监管透明度，促进资本市场各类经营主体提升会计信息披露质量，中国证券监督管理委员会研究起草了《监管规则适用指引——会计类第 4 号》文件。

二、实战目标

请利用 Python 对该文件进行中文分词、去除停用词、提取关键词和绘制词云图。

三、实战任务

（1）利用 Python 读取文件"监管规则适用指引_会计类第 4 号.pdf"，并将该文件转换为.txt 文件，命名为"监管规则适用指引_会计类第 4 号.txt"。

（2）利用 Python 读取"监管规则适用指引_会计类第 4 号.txt"文件，观察该数据有什么问题，并对该数据进行清洗。

（3）对该文本进行初步分词，统计词频，观察高频词，构建词典。

（4）调用停用词文件，重新进行分词，并进行词频统计，将词频保存为文件"词频.xlsx"。

（5）读取词云图背景图片"大树.png"，绘制词云图。

第三篇

综合应用篇

【篇引言】

随着 Python 基础篇和财务数据分析篇的学习圆满结束，我们迎来了综合应用篇。本篇将开启一段令人振奋的实践之旅，它将之前所介绍的知识和技能融会贯通，以解决实际的财务问题。本篇通过精心设计的案例和对复杂场景的模拟，帮助读者提升在财务数据分析领域的实战技能。

本篇包含第 8 章～第 10 章，聚焦于上市公司财务数据的获取、预处理、分析、可视化，以及 K 均值聚类在财务数据分析中的应用。读者将学习如何从公开渠道高效获取财务数据，进行数据预处理，并深入分析企业的财务状况，包括但不限于盈利能力、营运能力、成长能力和偿债能力。

本篇通过实际案例与深入分析，展示 Python 在财务数据分析领域的强大应用。我们期待读者在掌握这些知识与技能后，能够将其灵活运用于实际工作中，为企业的财务决策与风险管理提供强有力的数据支持。通过对本篇的学习，读者应能够将理论与实践相结合，提升自身在财务数据分析领域的专业能力，为未来的职业发展提供新的可能性。

第8章

上市公司财务数据获取与财务状况分析

学习导读

在金融市场日益复杂多变的今天，准确获取并分析上市公司的财务数据对于投资者、分析师、企业管理者等各方都至关重要。本章将引领读者深入探索上市公司财务数据的奥秘，从基本概念出发，帮助读者逐步掌握数据获取、预处理及从多维度进行财务状况分析的方法与技巧。通过理论知识与实战案例相结合的方式，读者将学会如何利用 Python 这一强大工具，高效地完成财务数据的收集、整理与分析，为制定科学合理的投资与经营决策提供有力支持。

学习目标

➢ 理解财务数据的基本概念及分类，为后续分析奠定理论基础。

➢ 掌握数据获取与预处理方法，能够使用 Python 从公开渠道获取上市公司财务数据，并进行数据整合、转换等预处理工作，确保数据质量满足分析需求。

➢ 掌握财务状况分析方法，包括盈利能力、营运能力、成长能力和偿债能力四大主要财务指标的分析方法，理解这些指标背后的经济含义和财务状况的评估标准。

➢ 掌握案例分析方法，能够通过综合案例，将所学知识应用于实际场景，完成从数据获取到财务状况分析的完整流程，提升解决实际问题的能力。

思维导图

上市公司财务数据获取与财务状况分析
- 财务数据概述
  - 财务数据的基本概念：财务数据的定义、财务数据的重要性
  - 财务数据的分类：按报表类型分类、按经济性质分类、按时间维度分类
- 数据获取与预处理：使用BaoStock获取德邦物流四大主要财务指标数据、数据整理、数据类型转换、指标单位转换、描述性统计等
- 财务状况分析
  - 盈利能力分析：盈利能力分析的意义、盈利能力指标、指标分析
  - 营运能力分析：营运能力分析的意义、营运能力指标、指标分析
  - 成长能力分析：成长能力分析的意义、成长能力指标、指标分析
  - 偿债能力分析：偿债能力分析的意义、偿债能力指标、指标分析
- 案例报告——上市公司财务数据获取与财务状况分析
  - 背景介绍：物流行业整体情况、德邦物流介绍
  - 数据说明：数据来源、指标名称及详细说明等
  - 财务状况分析：从盈利能力、营运能力、成长能力、偿债能力4个方面对德邦物流2019—2023年的发展、变化情况进行分析
  - 总结与建议：总结分析内容，提出建议

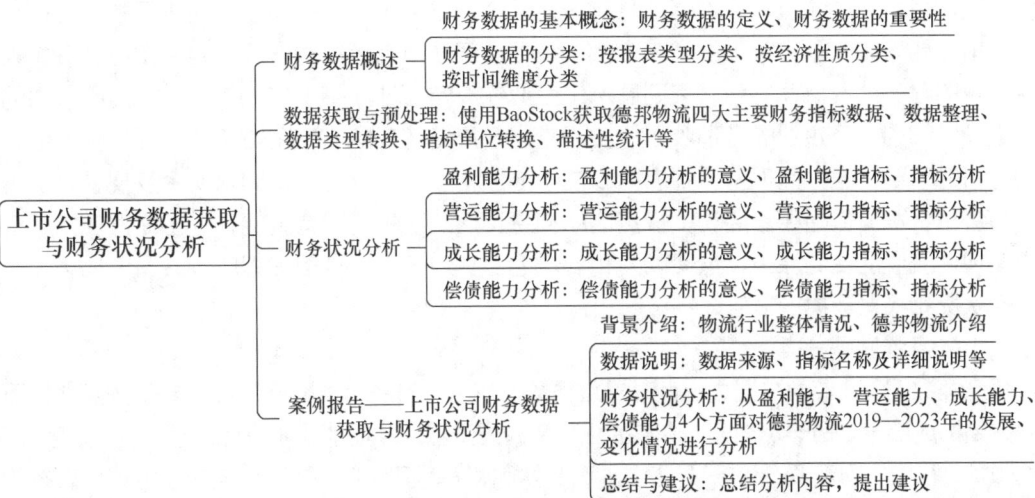

8.1 财务数据概述

作为企业价值创造的数字化镜像，财务数据通过严谨的会计准则与计量规则，将复杂商业行为转化为可量化、可验证、可比较的信息体系。本节解析其基本概念与分类，为后续决策分析与建模建立底层数据共识。

8.1.1 财务数据的基本概念

财务数据，作为企业经营活动的量化表现，是评估企业经济状况、预测未来发展趋势的重要依据。它涵盖了企业在一定时期（如年度、季度、月度等）内的财务活动信息，包括但不限于收入、支出、利润、资产、负债等关键指标。这些数据通过财务报表（如资产负债表、利润表、现金流量表等）的形式呈现，为内外部利益相关方提供了关于企业财务状况、经营成果和现金流量的全面视角。

财务数据作为企业运营的核心脉络，其重要性贯穿于企业内外管理的方方面面。它不仅是企业内部战略规划与经营决策的智慧基石，而且能精准描绘企业盈利能力、营运能力、成长能力及偿债能力的全景图，助力管理者洞悉市场趋势，灵活调整策略，优化资源配置，实现高效增长；同时，它也是外部投资者洞察企业状况、评估投资风险与回报的关键窗口，能为制定明智投资决策提供坚实依据。金融机构在信贷审批中，财务数据如同信用标尺，被用来衡量企业偿债能力，保障资金安全流动；而政府机构则依托对财务数据的监管，确保企业合规运营，维护市场秩序，守护公共利益。总之，财务数据以其独特的信息价值，构建起连接企业内外、促进市场健康发展的桥梁。

8.1.2 财务数据的分类

财务数据可以根据不同的维度进行分类，以便人们更好地理解和分析。常见的财务数据分类方式包括以下 3 种。

（1）按报表类型分类

财务数据体系由资产与负债、收入与费用、现金流量三大核心要素构成，分别通过资产负债表、利润表及现金流量表三类基础财务报表完整记录。资产负债表主要用于反映企业在某一特定日期（如年末、季末等）的资产总额、负债总额及所有者权益状况，为投资者、债权人等提供企业的财务状况概览。利润表则展示了企业在一定会计期间（如一年、一季度等）内的经营成果，详细列示了企业的各项收入、费用支出及最终实现的净利润或亏损情况，是评估企业盈利能力的重要依据。而现金流量表则专注于描述企业在同一会计期间内现金及现金等价物的流入与流出状况，包括经营活动、投资活动和筹资活动产生的现金流量，以帮助报表使用者了解企业现金流量的变动原因、偿债能力和支付能力。这三类报表相辅相成，共同构成了企业全面财务状况和经营成果的报告体系。

（2）按经济性质分类

资产类数据、负债类数据、所有者权益类数据及收入与费用类数据是会计要素按经济性质分类的主要构成部分。资产类数据反映了企业所掌握的资源或预期能够带来的经济利益，涵盖现金、应收账款、存货、固定资产等各项资产。负债类数据表明了企业对外所承担的债务或应履行的义务，如应付账款、短期借款、长期负债等。所有者权益类数据体现了企业所有者对净资产的所有权份额，具体包含实收资本、资本公积、盈余公积和未分配利润等。而收入与费用类数据，则分别描绘了企业在一定会计期间内，通过正常经营活动，如销售商品、提供劳务等，所获得的经济利益流入（即收入）和为了这些活动所发生的经济利益流出（即费用）。这4类数据共同构成了企业经济活动的财务全貌，为企业的财务状况、经营成果和现金流量分析提供了基础。

（3）按时间维度分类

财务数据按时间维度可分为两大类：历史数据与预测数据。历史数据主要反映企业过去某一特定时期或时点的财务状况和经营成果，为企业提供了过往运营情况的详细记录；而预测数据则是基于这些历史数据及当前市场趋势的分析，对企业未来财务状况和经营成果进行合理预测，旨在为企业战略规划与决策制定提供前瞻性指导的数据。

本章将以德邦物流为例，从获取该上市公司四大主要财务指标数据开始，到对数据进行预处理，分析该上市公司2019—2023年在盈利能力、营运能力、成长能力和偿债能力方面的发展、变化情况。

8.2 数据获取与预处理

在进行财务数据分析之前，首要任务是获取高质量的数据，并进行必要的预处理以确保数据的准确性和可用性。本节将详细讲解如何使用Python获取德邦物流2019—2023年的四大主要财务指标数据，并介绍数据整合、转换等预处理步骤。

8-1 数据获取与预处理

步骤1 使用BaoStock获取德邦物流2019—2023年的盈利能力、营运能力、成长能力和偿债能力的相关指标数据，并整合到一张表单中。

核心代码如下：

```
import baostock as bs
import pandas as pd
```

```
#定义数据获取函数
def financial_index(stock_code,year):
    # 盈利能力
    profit_list = []
    rs_profit = bs.query_profit_data(code=stock_code,year=year,quarter=4)
    while (rs_profit.error_code=='0') & rs_profit.next():
        profit_list.append(rs_profit.get_row_data())
    result_profit=pd.DataFrame(profit_list,columns=rs_profit.fields)
    # 营运能力
    operation_list=[]
    rs_operation=bs.query_operation_data(code=stock_code,year=year,quarter=4)
    while (rs_operation.error_code=='0') & rs_operation.next():
        operation_list.append(rs_operation.get_row_data())
    result_operation = pd.DataFrame(operation_list,columns=rs_operation.fields)
    # 成长能力
    growth_list=[]
    rs_growth=bs.query_growth_data(code=stock_code,year=year,quarter=4)
    while (rs_growth.error_code=='0') & rs_growth.next():
        growth_list.append(rs_growth.get_row_data())
    result_growth=pd.DataFrame(growth_list, columns=rs_growth.fields)
    # 偿债能力
    balance_list=[]
    rs_balance=bs.query_balance_data(code=stock_code,year=year,quarter=4)
    while (rs_balance.error_code=='0') & rs_balance.next():
        balance_list.append(rs_balance.get_row_data())
    result_balance = pd.DataFrame(balance_list,columns=rs_balance.fields)
    # 数据整合
    dat1=pd.merge(result_profit,result_operation)
    dat2=pd.merge(result_growth,result_balance)
    dat=pd.merge(dat1,dat2)
    return dat


# 登录系统
lg=bs.login()
# 显示登录返回信息
print('login respond error_code:'+lg.error_code)
print('login respond  error_msg:'+lg.error_msg)
data=pd.DataFrame()
#获取德邦物流 2019—2023 年的四大主要财务指标数据
for yea in range(2019,2024):
        dat=financial_index(stock_code='sh.603056',year=yea)
        data=pd.concat([data,dat],axis=0)

data.to_excel('2019—2023 年德邦物流四大主要财务指标数据.xlsx',index=False)
```

代码运行结果（部分）如图 8-1 所示。

上述获取到的德邦物流 2019—2023 年的四大主要财务指标数据，包含股票代码、财报发布日期、财报统计的最后一天和 25 个财务指标，其中盈利能力指标 8 个、营运能力指标 6 个、成长能力指标 5 个、偿债能力指标 6 个。

	code	pubDate	statDate	roeAvg	npMargin	gpMargin	netProfit	epsTTM	MBRevenue	totalShare	...	YOYAsset	YOYNI	YO
0	sh.603056	2020-04-30	2019-12-31	0.080078	0.012485	0.099274	323632050.210000	0.337117	25922101314.820000	960000000.00	...	0.099484	-0.538244	
0	sh.603056	2021-04-27	2020-12-31	0.130043	0.020548	0.116620	565137241.720000	0.587895	27503446500.000000	960000000.00	...	0.122635	0.746234	
0	sh.603056	2022-04-27	2021-12-31	0.026401	0.004539	0.106235	142352731.360000	0.139102	31359068083.260000	1026957470.00	...	0.537708	-0.748109	
0	sh.603056	2023-04-21	2022-12-31	0.096704	0.020682	0.101921	649229060.990000	0.631735	31391543663.300000	1026957470.00	...	-0.054891	3.408844	
0	sh.603056	2024-04-27	2023-12-31	0.102086	0.020633	0.085652	748525578.510000	0.726142	36278925072.960000	1026955265.00	...	0.169121	0.136687	

5 rows × 28 columns

图 8-1　运行结果（部分）

步骤 2　将"code"（股票代码）、"pubDate"（财报发布日期）列删除，通过"statDate"（财报统计的最后一天）列生成"Year"（年份）列，然后将"Year"列设为 DataFrame 的索引，查看数据基本信息。

核心代码如下：

```
# 删除列'code'和'pubDate'
data= data.drop(['code', 'pubDate'], axis=1)
#只取原来'statDate'列中的年份信息，变量名暂时保持不变
data["statDate"]=data["statDate"].str.split("-").str.get(0)
# 重命名列'statDate'为'Year'
data= data.rename(columns={'statDate': 'Year'})
#将'Year'列设为 DataFrame 的索引
data.set_index('Year', inplace=True)
#查看数据基本信息
data.info()
```

代码运行结果如图 8-2 所示。

```
<class 'pandas.core.frame.DataFrame'>
Index: 5 entries, 2019 to 2023
Data columns (total 25 columns):
 #   Column           Non-Null Count  Dtype
---  ------           --------------  -----
 0   roeAvg           5 non-null      object
 1   npMargin         5 non-null      object
 2   gpMargin         5 non-null      object
 3   netProfit        5 non-null      object
 4   epsTTM           5 non-null      object
 5   MBRevenue        5 non-null      object
 6   totalShare       5 non-null      object
 7   liqaShare        5 non-null      object
 8   NRTurnRatio      5 non-null      object
 9   NRTurnDays       5 non-null      object
 10  INVTurnRatio     5 non-null      object
 11  INVTurnDays      5 non-null      object
 12  CATurnRatio      5 non-null      object
 13  AssetTurnRatio   5 non-null      object
 14  YOYEquity        5 non-null      object
 15  YOYAsset         5 non-null      object
 16  YOYNI            5 non-null      object
 17  YOYEPSBasic      5 non-null      object
 18  YOYPNI           5 non-null      object
 19  currentRatio     5 non-null      object
 20  quickRatio       5 non-null      object
 21  cashRatio        5 non-null      object
 22  YOYLiability     5 non-null      object
 23  liabilityToAsset 5 non-null      object
 24  assetToEquity    5 non-null      object
dtypes: object(25)
memory usage: 1.0+ KB
```

图 8-2　运行结果

上述结果删除了多余的变量，通过"statDate"列生成了新的"Year"列，并以其为 DataFrame 索引，以方便后续分析。从上述结果可以发现，所有指标的数据类型均为"object"，需要将其转换为浮点数或整数。

步骤3 将各指标的数据类型转换为浮点数。

核心代码如下：

```
#将所有指标的数据类型都先转换为浮点数
data= data.astype(float)
```

代码运行结果（部分）如图 8-3 所示。

	roeAvg	npMargin	gpMargin	netProfit	epsTTM	MBRevenue	totalShare	liqaShare	NRTurnRatio	NRTurnDays	...	YOYAsset	YOYNI
Year													
2019	0.080078	0.012485	0.099274	3.236321e+08	0.337117	2.592210e+10	9.600000e+08	217658855.0	17.082884	21.073726	...	0.099484	-0.538244
2020	0.130043	0.020548	0.116620	5.651372e+08	0.587895	2.750345e+10	9.600000e+08	217658855.0	15.172874	23.726552	...	0.122635	0.746234
2021	0.026401	0.004539	0.106235	1.423527e+08	0.139102	3.135907e+10	1.026957e+09	960000000.0	15.090463	23.856127	...	0.537708	-0.748109
2022	0.096704	0.020682	0.101921	6.492291e+08	0.631735	3.139154e+10	1.026957e+09	960000000.0	13.808106	26.071643	...	-0.054891	3.408844
2023	0.102086	0.020633	0.085652	7.485256e+08	0.726142	3.627893e+10	1.026955e+09	959997795.0	11.653051	30.893197	...	0.169121	0.136687

5 rows × 25 columns

图 8-3　运行结果（部分）

上述结果中，"netProfit""MBRevenue"和"totalShare"3 个指标由于数值较大，自动以科学记数法形式显示。

步骤4 将百分比类指标以百分比数值显示，再将"netProfit""MBRevenue""totalShare""liqaShare"这 4 个指标的单位转换为"亿元"，然后数值统一保留到小数点后两位。

核心代码如下：

```
#将百分比类指标以百分比数值显示
data.iloc[:,[0,1,2,14,15,16,17,18,22]]=data.iloc[:,[0,1,2,14,15,16,17,18,22]]*100
#使 netProfit、MBRevenue、totalShare 和 liqaShare 以"亿元"为单位
data.iloc[:,[3,5,6,7]]=data.iloc[:,[3,5,6,7]]/100000000
#统一四舍五入保留小数点后两位
data=round(data,2)
```

代码运行结果（部分）如图 8-4 所示。

	roeAvg	npMargin	gpMargin	netProfit	epsTTM	MBRevenue	totalShare	liqaShare	NRTurnRatio	NRTurnDays	...	YOYAsset	YOYNI	YOYEPSBasic
Year														
2019	8.01	1.25	9.93	3.24	0.34	259.22	9.60	2.18	17.08	21.07	...	9.95	-53.82	-54.05
2020	13.00	2.05	11.66	5.65	0.59	275.03	9.60	2.18	15.17	23.73	...	12.26	74.62	73.53
2021	2.64	0.45	10.62	1.42	0.14	313.59	10.27	9.60	15.09	23.86	...	53.77	-74.81	-77.97
2022	9.67	2.07	10.19	6.49	0.63	313.92	10.27	9.60	13.81	26.07	...	-5.49	340.88	326.67
2023	10.21	2.06	8.57	7.49	0.73	362.79	10.27	9.60	11.65	30.89	...	16.91	13.67	13.85

5 rows × 25 columns

图 8-4　运行结果（部分）

至此，数据预处理完毕。

步骤5 对各指标进行描述性统计。

核心代码如下：

```
round(data.describe(),2)
```

代码运行结果（部分）如图 8-5 所示。

	roeAvg	npMargin	gpMargin	netProfit	epsTTM	MBRevenue	totalShare	liqaShare	NRTurnRatio	NRTurnDays	...	YOYAsset	YOYNI	YOYEPSBasic
count	5.00	5.00	5.00	5.00	5.00	5.00	5.00	5.00	5.00	5.00	...	5.00	5.00	5.00
mean	8.71	1.58	10.19	4.86	0.49	304.91	10.00	6.63	14.56	25.12	...	17.48	60.11	56.41
std	3.84	0.72	1.12	2.48	0.24	40.27	0.37	4.06	2.00	3.68	...	21.96	167.62	162.33
min	2.64	0.45	8.57	1.42	0.14	259.22	9.60	2.18	11.65	21.07	...	-5.49	-74.81	-77.97
25%	8.01	1.25	9.93	3.24	0.34	275.03	9.60	2.18	13.81	23.73	...	9.95	-53.82	-54.05
50%	9.67	2.05	10.19	5.65	0.59	313.59	10.27	9.60	15.09	23.86	...	12.26	13.67	13.85
75%	10.21	2.06	10.62	6.49	0.63	313.92	10.27	9.60	15.17	26.07	...	16.91	74.62	73.53
max	13.00	2.07	11.66	7.49	0.73	362.79	10.27	9.60	17.08	30.89	...	53.77	340.88	326.67

8 rows × 25 columns

图 8-5　运行结果（部分）

从上述结果可以看到各指标的均值、标准差、最大值、最小值等。

8.3　财务状况分析

本节将从盈利能力、营运能力、成长能力、偿债能力 4 个维度，对企业的财务状况进行分析，穿透财务数据表象，评估企业资源效率与风险边界，为企业的战略调整提供决策支点。

8-2　财务状况分析

8.3.1　盈利能力分析

对上市公司进行盈利能力分析是评估企业在一定时期内获取利润的能力的重要财务分析手段。它不仅反映了企业的经营业绩情况和资本运用效率，而且对预测公司未来发展前景、指导投资者决策、增强股东信心，以及评估企业偿债能力和整体价值都具有重要意义。盈利能力分析涉及多个财务指标，如净资产收益率、销售净利率、主营营业收入、净利润等，这些指标综合反映了企业在市场中的竞争力和持续发展的能力。

此外，盈利能力分析还能揭示企业经营管理中存在的问题，促使企业改进管理，提高资源利用效率，从而提高企业的盈利水平。对于债权人而言，企业的盈利能力是其偿债能力的重要保障，而对股东来说，盈利能力的强弱直接关系到股息分配和股票价值。因此，上市公司的盈利能力分析是企业各利益相关方关注的焦点，对保障企业的健康运营和良好市场表现具有深远的影响。

本章直接采用 BaoStock 中用来评估企业盈利能力的 8 个指标，详细的指标名称、指标含义及指标算法如表 8-1 所示。

表 8-1　　　　　　　　　　　　　　　盈利能力指标

名称	含义	说明
roeAvg	净资产收益率（%）	算法：归属母公司股东净利润/[(期初归属母公司股东的权益+期末归属母公司股东的权益)/2]×100%
npMargin	销售净利率（%）	算法：净利润/营业收入×100%
gpMargin	销售毛利率（%）	算法：毛利/营业收入×100%=(营业收入-营业成本)/营业收入×100%
netProfit	净利润	原始数据单位为"元"，本章处理为"亿元"
epsTTM	每股收益	算法：归属母公司股东的净利润/最新总股本，单位为"元"
MBRevenue	主营营业收入	原始数据单位为"元"，本章处理为"亿元"
totalShare	总股本	原始数据单位为"元"，本章处理为"亿元"
liqaShare	流通股本	原始数据单位为"元"，本章处理为"亿元"

为方便对德邦物流 2019—2023 年的盈利能力进行分析,这里将数据中关于盈利能力的指标单独提取出来,同时为了便于分析及展示,对指标进行了重命名和转置处理。

核心代码如下:

```
#提取盈利能力指标
profit=data.iloc[:,:8]
#对指标进行重命名
profit_newnames=["净资产收益率(%)","销售净利率(%)","销售毛利率(%)","净利润(亿元)",
"每股收益(元)","主营营业收入（亿元）","总股本（亿元）","流通股本（亿元）"]
profit.columns=profit_newnames
#将数据进行转置
profit=profit.T
```

代码运行结果如图 8-6 所示。

Year	2019	2020	2021	2022	2023
净资产收益率(%)	8.01	13.00	2.64	9.67	10.21
销售净利率(%)	1.25	2.05	0.45	2.07	2.06
销售毛利率(%)	9.93	11.66	10.62	10.19	8.57
净利润(亿元)	3.24	5.65	1.42	6.49	7.49
每股收益(元)	0.34	0.59	0.14	0.63	0.73
主营营业收入(亿元)	259.22	275.03	313.59	313.92	362.79
总股本(亿元)	9.60	9.60	10.27	10.27	10.27
流通股本(亿元)	2.18	2.18	9.60	9.60	9.60

图 8-6　运行结果

从上述结果可以看出,德邦物流的盈利能力虽然整体有波动但呈增长趋势。净利润从 2019 年的 3.24 亿元增至 2023 年的 7.49 亿元,年复合增长率约 18.25%。净资产收益率（Return On Equity,ROE）波动较大,但整体呈上升趋势,从 2019 年的 8.01% 升至 2023 年的 10.21%。销售净利率,从 2019 年的 1.25% 升至 2023 年的 2.06%,表明成本控制和费用管理有提升空间。销售毛利率整体呈下降趋势,从 9.93% 下降至 8.57%,可能与市场竞争、价格或成本有关,需关注并采取措施,详细分析见 8.4.3 节的“盈利能力分析”部分。

8.3.2　营运能力分析

营运能力分析是评估企业在营运过程中资产使用效率的重要手段,它通过企业资金周转的有关指标,分析其资产使用的效率,评价企业的营运能力,为企业提高经济效益指明方向。营运能力分析主要包括流动资产周转情况分析、全部资产产值率分析、全部资产收入率分析等,涉及的财务指标包括应收账款周转率、存货周转率、流动资产周转率、总资产周转率等。这些指标揭示了企业资金运营周转的情况,反映了企业对经济资源管理、运用的效率。

营运能力分析在企业管理中至关重要,它不仅能够帮助企业管理者衡量企业资产投入的合理性和有效性,即通过识别与整体经营水平不相适应的资产使用状况,进一步加强资产管理,调节资产结构,促进资产合理配置,从而改善财务状况并提升资金周转速度;还能够评价企业的盈利能力,企业存量资产周转速度越快,实现收益的能力越强,进而可准确评估企业价值;

同时，营运能力分析还能评估企业的偿债能力和支付能力，当资金周转能创造更高收益并产生更多现金流量净额时，企业的偿债能力和支付能力随之增强，经营风险与财务风险相应降低，这能充分展现企业财务状况的安全性。

本章直接采用 BaoStock 中用来评估企业营运能力的 6 个指标，详细的指标名称、指标含义及指标算法如表 8-2 所示。

表 8-2　　　　　　　　　　　　营运能力指标

指标名称	指标含义	指标算法
NRTurnRatio	应收账款周转率（次）	营业收入/[（年初应收票据及应收账款净额+年末应收票据及应收账款净额）/2]
NRTurnDays	应收账款周转天数（天）	年报天数（360 天）/应收账款周转率
INVTurnRatio	存货周转率（次）	营业成本/[（年初存货净额+年末存货净额）/2]
INVTurnDays	存货周转天数（天）	年报天数（360 天）/存货周转率
CATurnRatio	流动资产周转率（次）	营业总收入/[（年初流动资产+年末流动资产）/2]
AssetTurnRatio	总资产周转率（次）	营业总收入/[（年初资产总额+年末资产总额）/2]

为方便对德邦物流 2019—2023 年的营运能力进行分析，这里将数据中关于营运能力的指标单独提取出来，同时为了便于分析及展示，对指标进行了重命名和转置处理。

核心代码如下：

```
#提取营运能力指标
operation=data.iloc[:,8:14]
#对指标进行重命名
operation_newnames=["应收账款周转率（次）","应收账款周转天数（天）","存货周转率（次）","存货周转天数（天）","流动资产周转率（次）","总资产周转率（次）"]
operation.columns=operation_newnames
#将数据进行转置
operation=operation.T
```

代码运行结果如图 8-7 所示。

Year	2019	2020	2021	2022	2023
应收账款周转率(次)	17.08	15.17	15.09	13.81	11.65
应收账款周转天数(天)	21.07	23.73	23.86	26.07	30.89
存货周转率(次)	1149.90	1198.41	1376.16	1067.23	1219.75
存货周转天数(天)	0.31	0.30	0.26	0.34	0.30
流动资产周转率(次)	5.01	5.31	5.85	5.48	4.71
总资产周转率(次)	3.00	2.85	2.43	2.03	2.23

图 8-7　运行结果

从上述结果可以看出，德邦物流在 2019—2023 年的营运能力表现出一定趋势：虽然存货周转率整体保持高效，存货能快速转化为销售收入，但应收账款周转率逐年下降，从 2019 年的 17.08 次降至 2023 年的 11.65 次，回收速度放缓；同时，流动资产周转率先升后降，而总资产周转率也几乎是逐年下降，从 2019 年的 3.00 次降至 2023 年的 2.23 次，显示出德邦物流在应收账款管理、流动资产及总资产使用效率上存在问题，详细分析见 8.4.3 节的"营运能力分析"部分。

8.3.3 成长能力分析

企业成长能力分析是对企业扩展经营能力的考察，包括企业规模的扩大、利润和所有者权益的增加。企业成长能力反映了企业未来的发展趋势和发展速度，它表现为随着市场环境变化，企业资产规模、盈利能力、市场占有率可持续增长的能力。

上市公司成长能力分析的核心在于评估公司的扩展经营能力，聚焦于公司未来的发展趋势、速度及规模扩张、利润增长等关键方面。通过深入分析公司的扩展经营能力、市场竞争优势、研发投入与创新力、战略规划及财务表现等多个方面，投资者可以洞察公司的成长潜力和市场前景，从而做出更为明智的投资决策。同时，上市公司成长能力分析也有助于公司管理层更清晰地认识公司的竞争态势和成长瓶颈，为制定合理的发展战略和资源配置方案提供有力支持。此外，上市公司成长能力分析还能促进资本市场的健康发展，优化资源配置，提高资本市场的运行效率。

本章直接采用 BaoStock 中用来评估企业成长能力的 5 个指标，详细的指标名称、指标含义及指标算法如表 8-3 所示。

表 8-3 成长能力指标

指标名称	指标含义	指标算法
YOYEquity	净资产同比增长率（%）	（本期净资产−上年同期净资产）/上年同期净资产的绝对值×100%
YOYAsset	总资产同比增长率（%）	（本期总资产−上年同期总资产）/上年同期总资产的绝对值×100%
YOYNI	净利润同比增长率（%）	（本期净利润−上年同期净利润）/上年同期净利润的绝对值×100%
YOYEPSBasic	基本每股收益同比增长率（%）	（本期基本每股收益−上年同期基本每股收益）/上年同期基本每股收益的绝对值×100%
YOYPNI	归属母公司股东净利润同比增长率（%）	（本期归属母公司股东净利润−上年同期归属母公司股东净利润）/上年同期归属母公司股东净利润的绝对值×100%

为方便对德邦物流 2019—2023 年的成长能力进行分析，这里将数据中关于成长能力的指标单独提取出来，同时为了便于分析及展示，对指标进行了重命名和转置处理。

核心代码如下：

```
#提取成长能力指标
growth=data.iloc[:,14:19]
#对指标进行重命名
growth_newnames=["净资产同比增长率（%）","总资产同比增长率（%）","净利润同比增长率（%）","基本每股收益同比增长率（%）","归属母公司股东净利润同比增长率（%）"]
growth.columns=growth_newnames
#将数据进行转置
growth=growth.T
```

代码运行结果如图 8-8 所示。

Year	2019	2020	2021	2022	2023
净资产同比增长率(%)	-0.17	14.02	34.02	6.68	10.80
总资产同比增长率(%)	9.95	12.26	53.77	-5.49	16.91
净利润同比增长率(%)	-53.82	74.62	-74.81	340.88	13.67
基本每股收益同比增长率(%)	-54.05	73.53	-77.97	326.67	13.85
归属母公司股东净利润同比增长率(%)	-53.82	74.39	-74.69	339.08	13.32

图 8-8 运行结果

从上述结果可以看出，德邦物流 2019—2023 年来展现出显著的成长能力波动性。2019—2023 年，其净资产同比增长率出现了剧烈波动，经历轻微下滑—快速增长—稳健增长的动态变化，总资产在 2019—2021 年持续增加，2022 年小幅下降后，2023 年恢复正增长。净利润同比增长率和基本每股收益同比增长率在 2020 年大幅反弹后，于 2021 年大幅下滑，但在 2022 年实现惊人增长，2023 年虽增速放缓但仍保持正增长。归属母公司股东净利润同比增长率的变化趋势与净利润同比增长率相似，显示出公司业绩的波动性。总体而言，德邦物流在经历大规模扩张和业绩波动后，展现出较强的恢复能力和市场适应能力，但投资者需关注其运营策略、市场环境和成本控制等因素，以评估其未来成长潜力和风险，详细分析见 8.4.3 节的"成长能力分析"部分。

8.3.4 偿债能力分析

偿债能力分析是企业财务分析的重要组成部分，它反映了企业用其资产偿还长期债务与短期债务的能力。企业有无支付现金的能力和偿还债务的能力，是企业能否健康生存和发展的关键。

偿债能力主要包括短期偿债能力和长期偿债能力两个方面。短期偿债能力是指企业以流动资产对流动负债及时足额偿还的保证程度，主要指标包括流动比率、速动比率和现金比率。长期偿债能力则是指企业偿还长期负债的能力，主要指标有总负债同比增长率、资产负债率、权益乘数等。

本章直接采用 BaoStock 中用来评估企业偿债能力的 6 个指标，详细的指标名称、指标含义及指标算法如表 8-4 所示。

表 8-4　　　　　　　　　　　　　　　偿债能力指标

指标名称	指标含义	指标算法
currentRatio	流动比率	流动资产/流动负债
quickRatio	速动比率	（流动资产-存货净额）/流动负债
cashRatio	现金比率	（货币资金+交易性金融资产）/流动负债
YOYLiability	总负债同比增长率（%）	（本期总负债-上年同期总负债）/上年同期总负债的绝对值×100%
liabilityToAsset	资产负债率	负债总额/资产总额
assetToEquity	权益乘数	资产总额/股东权益总额=1/（1-资产负债率）

为方便对德邦物流 2019—2023 年的偿债能力进行分析，这里将数据中关于偿债能力的指标单独提取出来，同时为了便于分析及展示，对指标进行了重命名和转置处理。

核心代码如下：

```
#提取偿债能力指标
balance=data.iloc[:,19:25]
#对指标进行重命名
balance_newnames=["流动比率","速动比率","现金比率","总负债同比增长率（%）","资产负债率","权益乘数"]
balance.columns=balance_newnames
#将数据进行转置
balance=balance.T
```

代码运行结果如图 8-9 所示。

Year	2019	2020	2021	2022	2023
流动比率	1.08	1.03	0.69	0.97	1.15
速动比率	1.08	1.03	0.69	0.96	1.15
现金比率	0.28	0.27	0.16	0.24	0.35
总负债同比增长率(%)	19.75	10.85	70.19	-13.89	21.93
资产负债率	0.55	0.55	0.60	0.54	0.56
权益乘数	2.24	2.20	2.53	2.17	2.28

图 8-9　运行结果

从上述结果可以看出,德邦物流 2019—2023 年短期偿债能力经历波动后显著增强,流动比率、速动比率和现金比率均先降后升,特别是在 2023 年,这些比率均有明显提升,表明企业短期偿债能力和现金管理能力得到加强。长期偿债能力方面,总负债同比增长率波动较大,但整体控制得当,资产负债率保持在稳定水平,权益乘数呈现出了一定的波动性,反映了公司在不同年份对财务杠杆的运用和调整。德邦物流应继续关注财务风险的控制,并根据市场环境的变化和公司的业务需求来合理调整其财务结构。详细分析见 8.4.3 节的"偿债能力分析"部分。

8.4　案例报告——上市公司财务数据获取与财务状况分析

本节以上市公司真实财务数据为分析对象,从背景介绍、数据说明、财务状况分析到总结及建议,帮助读者掌握"用数据还原企业真相"的实战技能,打通财务分析到报告撰写的最后一步。

8.4.1　背景介绍

物流,作为国民经济循环的动脉,不仅是基础性、战略性、先导性产业,更是与宏观经济紧密协同的关键力量。据中国物流与采购联合会数据,我国物流市场规模自 2016 年起跃居全球首位,费用持续增长,彰显了社会经济活动对物流服务的巨大需求。2023 年,我国经济在波动中稳健复苏,物流行业亦随之焕发新生,全年社会物流总额突破 352.4 万亿元,同比增长 5.2%,增速较上年提升 1.8 个百分点,季度间呈现"前低中高后稳"的积极态势,预示着行业整体的向好趋势。

从需求结构细观,农产品物流稳健增长,工业品物流需求稳步回升,而民生消费物流更是亮点频现,单位与居民物品物流总额同比增长 8.2%,餐饮、零售等领域物流总额显著回升,特别是餐饮物流总额激增 20%,百货店零售物流总额增长 8.8%,便利店零售物流总额亦保持稳健增速。进口物流方面,总额达 18.0 万亿元,同比增长 13.0%,能源及金属矿砂进口物流量显著增长,彰显我国国际贸易的活力与韧性。

在全球视野下,我国物流绩效亦稳步提升,世界银行《2023 年全球物流绩效指数报告》中显示,我国排名跃升至第 20 位,物流基础设施与国际货运时效均达国际先进水平,基础设施评分更是超越美、法等发达国家,硬件环境建设成就斐然。

德邦物流,作为公路运输领域的佼佼者,其业务聚焦于"3kg 以上大件货物",精准对接制造业转型升级的需求。凭借全流程竞争优势,德邦物流在提升服务品质与运输时效上不断突破。我国公路运输占据物流体系的主导地位,其货运量受电商大促、节假日等多重因素影响,展现出鲜明的季节性特征,而德邦物流正是这一趋势下的佼佼者,引领大件物流的新风尚。

下面将使用德邦物流 2019—2023 年的主要财务指标，对其财务状况进行分析，旨在为投资者评估德邦物流的投资价值和发展前景提供决策依据，同时也为德邦物流管理层指明改进和优化运营策略的方向。

8.4.2 数据说明

从 BaoStock 中获取了德邦物流 2019—2023 年的相关指标数据，其中盈利能力指标 8 个、营运能力指标 6 个、成长能力指标 5 个、偿债能力指标 6 个，共计 25 个指标，并对数据进行了整合、转换等预处理，处理后的数据详细情况如表 8-5 所示。

表 8-5   德邦物流财务分析数据说明

一级指标	二级指标	指标含义	指标数值	备注
盈利能力	roeAvg	净资产收益率	2.64～13.00	单位：%
	npMargin	销售净利率	0.45～2.07	单位：%
	gpMargin	销售毛利率	8.57～11.66	单位：%
	netProfit	净利润	1.42～7.49	单位：亿元
	epsTTM	每股收益	0.14～0.73	单位：元
	MBRevenue	主营营业收入	259.22～362.79	单位：亿元
	totalShare	总股本	9.60～10.27	单位：亿元
	liqaShare	流通股本	2.18～9.60	单位：亿元
营运能力	NRTurnRatio	应收账款周转率	11.65～17.08	单位：次
	NRTurnDays	应收账款周转天数	21.07～30.89	单位：天
	INVTurnRatio	存货周转率	1067.23～1376.16	单位：次
	INVTurnDays	存货周转天数	0.26～0.34	单位：天
	CATurnRatio	流动资产周转率	4.71～5.85	单位：次
	AssetTurnRatio	总资产周转率	2.03～3.00	单位：次
成长能力	YOYEquity	净资产同比增长率	-0.17～34.02	单位：%
	YOYAsset	总资产同比增长率	-5.49～53.77	单位：%
	YOYNI	净利润同比增长率	-74.81～340.88	单位：%
	YOYEPSBasic	基本每股收益同比增长率	-77.97～326.67	单位：%
	YOYPNI	归属母公司股东净利润同比增长率	-74.69～339.08	单位：%
偿债能力	currentRatio	流动比率	0.69～1.15	
	quickRatio	速动比率	0.69～1.15	
	cashRatio	现金比率	0.16～0.35	
	YOYLiability	总负债同比增长率	-13.89～70.19	单位：%
	liabilityToAsset	资产负债率	0.54～0.60	
	assetToEquity	权益乘数	2.17～2.53	

8.4.3 财务状况分析

下面将从盈利能力、营运能力、成长能力和偿债能力 4 个方面，对德邦物流 2019—2023 年的发展、变化情况进行分析。

1. 盈利能力分析

德邦物流 2019—2023 年盈利能力指标数据如表 8-6 所示。

表 8-6　　　　　　　　　　　　　　德邦物流 2019—2023 年盈利能力指标数据

年份	净资产收益率（%）	销售净利率（%）	销售毛利率（%）	净利润（亿元）	每股收益（元）	主营营业收入（亿元）	总股本（亿元）	流通股本（亿元）
2019	8.01	1.25	9.93	3.24	0.34	259.22	9.60	2.18
2020	13.00	2.05	11.66	5.65	0.59	275.03	9.60	2.18
2021	2.64	0.45	10.62	1.42	0.14	313.59	10.27	9.60
2022	9.67	2.07	10.19	6.49	0.63	313.92	10.27	9.60
2023	10.21	2.06	8.57	7.49	0.73	362.79	10.27	9.60

从表 8-6 可以看出，整体而言，德邦物流在 2019—2023 年的盈利能力表现出一定的波动，但整体呈增长趋势。详细分析如下。

（1）总体盈利能力与趋势

德邦物流的净利润从 2019 年的 3.24 亿元增长至 2023 年的 7.49 亿元，年复合增长率约为 18.25%，显示出公司盈利能力的显著提升。这一增长趋势表明德邦物流在优化运营、扩大市场份额方面取得了成效。

净资产收益率是衡量企业利用自有资本创造利润能力的关键指标。德邦物流的净资产收益率在 2019—2023 年波动较大，从 8.01% 升至 2020 年的 13.00%，随后在 2021 年大幅下滑至 2.64%，但自 2022 年起开始回升，至 2023 年达到 10.21%。这种波动性可能与市场环境、公司战略调整及成本控制等因素有关，但整体呈上升趋势，反映出公司逐步增强利用股东权益创造利润的能力。

（2）盈利质量分析

销售净利率是衡量企业盈利质量的重要指标之一。德邦物流的销售净利率在 2019—2023 年中波动较大，从 2019 年的 1.25% 升至 2020 年的 2.05%，随后在 2021 年下降至 0.45%，但在 2022 年和 2023 年分别回升至 2.07% 和 2.06%。这表明公司在成本控制和费用管理方面仍有提升空间，尤其是在市场竞争激烈的环境下，需进一步优化成本结构，以提高企业的盈利质量和稳定性。

销售毛利率反映了企业销售商品或提供服务所获取的毛利率水平。德邦物流的销售毛利率从 2019 年的 9.93% 下降至 2023 年的 8.57%，尽管其间有所波动（如 2020 年达到 11.66%），但整体呈下降趋势。这可能与市场竞争加剧、产品价格下降或成本上升等影响德邦物流盈利质量的关键因素有关，需引起公司关注并采取相应措施。

（3）盈利能力驱动因素

德邦物流的主营营业收入从 2019 年的 259.22 亿元增长至 2023 年的 362.79 亿元，年复合增长率约为 6.95%。这一增长主要得益于公司业务规模的扩大和市场份额的提升，表明公司在市场拓展、客户服务及产品创新等方面取得了积极成果。

尽管销售净利率和销售毛利率存在波动，但德邦物流在成本控制和费用管理方面仍取得了一定成效。未来，公司需继续优化业务流程、提高运营效率、降低人工成本等，以进一步提升盈利能力。

自 2022 年京东物流收购德邦股份以来，双方之间的关联交易显著增加，为德邦物流带来了业绩增长的新动力。未来，随着双方合作的深入和资源整合的推进，德邦物流有望获得更多业务增量和盈利机会。

（4）股本结构与股东回报

德邦物流的总股本和流通股本在过去几年中保持稳定，这有助于维护公司的股本结构和治理结构的稳定性。稳定的股本结构有助于增强投资者的信心，促进公司的长期发展。

每股收益是衡量企业每股股票所能获得的净利润的指标。德邦物流的每股收益从 2019 年的 0.34 元增长至 2023 年的 0.73 元，年复合增长率约为 16.51%。这一增长反映了公司盈利能力的增强和股东回报的提升。未来，随着公司盈利能力的进一步提升和股东回报政策的优化，德邦物流有望为股东创造更多的价值。

综合来看，德邦物流在 2019—2023 年，尽管面临盈利能力波动挑战，但整体呈现增长趋势，净利润年复合增长率约 18.25%，净资产收益率波动较大，但整体呈上升趋势。销售净利率虽波动上升，但销售毛利率整体下降，需持续关注并采取有效措施控制成本和优化费用。主营营业收入稳健增长，京东物流的收购为德邦物流业绩增长带来新动力，股本结构稳定，每股收益年复合增长率约 16.51%，显示公司盈利能力和股东回报不断提升，未来发展需持续优化运营和成本控制策略。

2. 营运能力分析

德邦物流 2019—2023 年营运能力指标数据如表 8-7 所示。

表 8-7　　　　　　　　　德邦物流 2019—2023 年营运能力指标数据

年份	应收账款周转率（次）	应收账款周转天数（天）	存货周转率（次）	存货周转天数（天）	流动资产周转率（次）	总资产周转率（次）
2019	17.08	21.07	1149.90	0.31	5.01	3.00
2020	15.17	23.73	1198.41	0.30	5.31	2.85
2021	15.09	23.86	1376.16	0.26	5.85	2.43
2022	13.81	26.07	1067.23	0.34	5.48	2.03
2023	11.65	30.89	1219.75	0.30	4.71	2.23

从表 8-7 可以看出，德邦物流在 2019—2023 年的营运能力表现出一些显著的趋势和特点，具体如下。

（1）应收账款周转率和应收账款周转天数

2019—2023 年，德邦物流的应收账款周转率呈现出逐年下降的趋势。该周转率从 2019 年的 17.08 次下降至 2023 年的 11.65 次，这意味着公司应收账款的回收速度在逐渐放缓。同时，应收账款周转天数从 2019 年的 21.07 天增加至 2023 年的 30.89 天，验证了应收账款回收周期在延长。这可能表明公司在客户信用管理、账款催收等方面存在一定的挑战，或者市场环境的变化导致客户回款速度减慢。长期来看，应收账款周转率的下降可能会影响公司的现金流状况，增加坏账风险。

（2）存货周转率和存货周转天数

德邦物流的存货周转率在 2019—2023 年呈现出波动趋势。该周转率从 2019 年的 1149.90 次增加至 2021 年的 1376.16 次，达到峰值后，又下降至 2022 年的 1067.23 次，2023 年稍有回升，至 1219.75 次。存货周转天数的变化则相对平稳，保持在 0.30 天左右，2022 年略有增加，至 0.34 天。整体来看，德邦物流的存货管理效率较高，能够快速地将存货转化为销售收入。然而，存货周转率的波动可能受到市场需求、库存管理策略及供应链协同效率等多种因素的影响。

（3）流动资产周转率

德邦物流的流动资产周转率在 2019—2023 年呈现先上升后下降的趋势。该周转率从 2019 年的 5.01 次增加至 2021 年的 5.85 次，达到峰值后，又下降至 2023 年的 4.71 次。这表明公司在流动资产的管理上存在一定的波动性。流动资产周转率的下降可能意味着公司在流动资产的使用效率上有所下降，或者公司为了应对市场变化而增加了流动资产规模。公司需要关注流动资产的结构和使用效率，以优化资源配置，提高盈利能力。

（4）总资产周转率

德邦物流的总资产周转率在 2019—2023 年总体呈现出下降的趋势。该周转率从 2019 年的 3.00 次下降至 2023 年的 2.23 次，这表明公司总资产的使用效率在逐渐降低。总资产周转率的下降可能受到多种因素的影响，如市场竞争加剧、固定资产投资增加、运营效率下降等。公司需要深入分析总资产周转率下降的原因，并采取相应的措施来提高资产使用效率，以增强市场竞争力。

综合来看，德邦物流在营运能力方面表现出了一些积极的方面，尤其是在存货周转率方面表现突出。然而，应收账款周转率的下降和流动资产周转率、总资产周转率的降低需要公司关注并采取措施以提高资产的使用效率。

3. 成长能力分析

德邦物流 2019—2023 年成长能力指标数据如表 8-8 所示。

表 8-8　　　　　　　　　　德邦物流 2019—2023 年成长能力指标数据

年份	净资产同比增长率（%）	总资产同比增长率（%）	净利润同比增长率（%）	基本每股收益同比增长率（%）	归属母公司股东净利润同比增长率（%）
2019	−0.17	9.95	−53.82	−54.05	−53.82
2020	14.02	12.26	74.62	73.53	74.39
2021	34.02	53.77	−74.81	−77.97	−74.69
2022	6.68	−5.49	340.88	326.67	339.08
2023	10.80	16.91	13.67	13.85	13.32

从表 8-8 可以看出，德邦物流的成长能力在 2019—2023 年有一定的波动，详细分析如下。

（1）净资产同比增长率分析

德邦物流的净资产同比增长率在 2019 年出现了轻微的负增长（−0.17%），这可能是市场环境的变化或公司内部运营策略的调整导致的。然而，从 2020 年开始，净资产同比增长率显著回升，达到了 14.02%，并在接下来的两年中继续保持增长态势，尽管 2022 年的增长率（6.68%）有所放缓，但 2023 年再次提升至 10.80%。这表明德邦物流在经历了一段时间的调整后，其净资产规模在不断扩大，公司的资本实力在增强。

（2）总资产同比增长率分析

总资产同比增长率的变化趋势与净资产同比增长率相似。2019—2020 年，总资产同比增长率保持稳步增长，从 9.95% 提升至 12.26%。随后，2021 年总资产同比增长率出现了大幅跃升，达到了 53.77%，这可能是由于公司进行了大规模的资产投资或并购活动。尽管 2022 年总资产同比增长率出现了负增长（-5.49%），但 2023 年又迅速回升至 16.91%。这种波动表明德邦物流在资产扩张方面采取了较为灵活的策略，能够根据实际情况进行调整。

（3）净利润同比增长率分析

净利润同比增长率的变化较为剧烈。2019 年，净利润同比增长率出现了大幅下降（-53.82%），这主要是外部环境导致的。然而，2020 年，净利润同比增长率（74.62%）迅速回升并实现了大幅增长，但 2021 年又再次大幅下降（-74.81%）。这种剧烈的波动表明德邦物流在成长能力方面存在较大的不确定性。不过，值得注意的是，2022 年净利润同比增长率（340.88%）实现了惊人的增长，这可能是由于公司采取了有效的成本控制措施，提高了运营效率或抓住了市场机遇。尽管 2023 年的增长率（13.67%）有所回落，但仍然保持了正增长。

（4）基本每股收益同比增长率和归属母公司股东净利润同比增长率分析

基本每股收益同比增长率和归属母公司股东净利润同比增长率的变化趋势与净利润同比增长率相似，都经历了较大的波动。2019 年和 2021 年，这两个指标都出现了大幅的负增长，但 2022 年又实现了大幅增长。这表明德邦物流在基本每股收益和归属母公司股东净利润方面也存在较大的不确定性。然而，从整体来看，这两个指标在 2023 年都保持了正增长，表明公司的成长能力在逐步恢复。

综合来看，德邦物流在资产扩张和资本实力增强方面表现出了一定的灵活性，但在盈利方面存在较大的不确定性。这种不确定性可能是市场环境的变化、行业竞争的加剧或公司内部运营策略的调整导致的。然而，从整体来看，德邦物流在经历了一段时间的调整后，其成长能力正在逐步恢复并呈现出稳定增长的趋势。

4. 偿债能力分析

德邦物流 2019—2023 年偿债能力指标数据如表 8-9 所示。

表 8-9 　　　　　　　　德邦物流 2019—2023 年偿债能力指标数据

年份	流动比率	速动比率	现金比率	总负债同比增长率（%）	资产负债率	权益乘数
2019	1.08	1.08	0.28	19.75	0.55	2.24
2020	1.03	1.03	0.27	10.85	0.55	2.20
2021	0.69	0.69	0.16	70.19	0.60	2.53
2022	0.97	0.96	0.24	-13.89	0.54	2.17
2023	1.15	1.15	0.35	21.93	0.56	2.28

从表 8-9 可以看出，德邦物流的偿债能力在 2019—2023 年有一定的波动，详细分析如下。

（1）短期偿债能力分析

流动比率是衡量企业流动资产对流动负债覆盖能力的指标。德邦物流的流动比率在 2019 年为 1.08，意味着其流动资产略高于流动负债，短期偿债能力相对稳健。然而，到了 2020 年，该比率略微下降至 1.03，表明短期偿债能力略有减弱。2021 年，流动比率显著下降至 0.69，这可能是企业运营中遇到的现金流压力或资产变现能力下降所致，显示出短期偿债能力的明显下滑。幸运的是，2022 年该比率回升至 0.97，显示出企业采取了一定的措施来改善短期偿债能力。到了 2023 年，流动比率进一步提升至 1.15，这表明德邦物流的短期偿债能力得到了显著增强。

速动比率排除了存货等变现能力较弱的流动资产，更准确地反映了企业短期内可动用的现金及现金等价物对流动负债的保障程度。德邦物流的速动比率在 2019—2023 年与流动比率呈现相似的波动趋势。从 2019 年的 1.08 下降到 2021 年的 0.69，显示出企业短期内可动用的现金及现金等价物对流动负债的保障程度在下降。然而，2022 年该比率回升至 0.96，2023 年更是达到 1.15，这表明德邦物流在改善短期偿债能力方面取得了显著成效。

现金比率是衡量企业现金及现金等价物对流动负债覆盖能力的最保守指标。德邦物流的现金比率在 2019—2023 年整体呈上升趋势，波动较小。该比率从 2019 年的 0.28 下降到 2021 年的 0.16，表明企业现金及现金等价物对流动负债的保障程度在下降。然而，2022 年该比率回升至 0.24，2023 年更是达到 0.35，显示出企业现金偿债能力的提升。这可能是由于企业加强了现金流管理，提高了现金及现金等价物的使用效率。

（2）长期偿债能力分析

总负债同比增长率反映了企业负债规模的增长速度。德邦物流的总负债同比增长率在 2019—2023 年波动较大。2019—2020 年，总负债同比增长率有所下降，表明企业在此期间对负债规模进行了控制。然而，2021 年总负债同比增长率大幅上升，这可能是由于企业为了扩大业务规模或进行其他投资活动而增加了负债。到了 2022 年，总负债同比增长率出现负增长，这可能是由于企业减少了部分负债或进行了债务重组。2023 年，总负债同比增长率再次恢复正增长，但增速相对较慢，表明企业在负债规模控制方面取得了一定的成效。

资产负债率反映了企业总资产中负债所占的比重。德邦物流的资产负债率在 2019—2023 年整体保持在 0.55 左右，波动较小。虽然 2021 年资产负债率有所上升，但随后又有所下降，这表明企业资产结构相对稳定，负债水平适中。然而，值得注意的是，资产负债率的高低还取决于企业所在行业的行业特点和经营策略。对于物流行业来说，资产负债率适中可以保持企业的灵活性和竞争力。

权益乘数反映了企业总资产与所有者权益之间的关系，是衡量企业财务风险的重要指标。德邦物流的权益乘数在 2019—2023 年存在波动。从 2019 年的 2.24 下降到 2020 年的 2.20，但随后又上升至 2021 年的 2.53，这可能是企业在此期间增加了负债或减少了所有者权益所致。然而，到了 2022 年，权益乘数又下降到 2.17，这可能是企业减少了负债或增加了所有者权益所致。2023 年，权益乘数回升至 2.28，但仍然低于 2021 年的水平。这表明德邦物流在财务风险控制方面取得了一定的成效，但仍然需要保持警惕。

综合来看，德邦物流的偿债能力在 2019—2023 年存在一定的波动。虽然短期偿债能力在 2021 年有所下降，但随后在 2022 年得到恢复并在 2023 年有所提升。同时，企业负债规模一直在调整中，资产结构相对稳定，负债水平适中。然而，企业财务风险在 2019—2023 年有所波动，需要引起关注。

8.4.4 | 总结与建议

1. 总结

通过近 10 年的发展，我国物流行业已形成了各家都有其一亩三分田的态势，德邦物流在其专注的"3kg 以上大件货物"细分领域持续耕耘。在 2019—2023 年，德邦物流财务状况整体呈现出增长趋势，尽管各指标间存在波动。盈利能力方面，净利润显著增加，净资产收益率逐步上升，但销售净利率和销售毛利率的波动反映出成本控制和费用管理仍有优化空间。营运能力方面，存货周转率表现突出，但应收账款周转率的下降和流动资产周转率、总资产周转率的降低需关注。成长能力方面，资产扩张灵活，资本实力增强，但盈利方面存在不确定性。偿债能力方面，短期偿债能力在经历波动后有所提升，长期偿债能力相对稳定，但财务风险需持续关注。整体来看，德邦物流当前市场占有率较高，但发展瓶颈已现，未来需找到新的盈利增长点。

2. 建议

德邦物流在成本控制与费用管理方面，面临着销售净利率和销售毛利率波动带来的挑战。为了提升盈利能力，公司需进一步优化成本结构，积极寻找降低成本的有效途径，特别是在当前市场竞争激烈的环境下，加强成本控制显得尤为重要。同时，应收账款管理也是公司需要关注的一个重点，针对应收账款周转率的下降，加强客户信用管理、优化账款催收流程、缩短回收周期，不仅能改善现金流状况，还能有效降低坏账风险。

在资产运营效率方面，德邦物流应关注流动资产的结构和效率，通过优化资源配置，提高资产使用效率。特别是在存货管理方面，公司应保持高效运作，避免库存积压，以提升整体运营效率。此外，公司还需在保持现有市场份额的基础上，积极探索新的市场机遇和业务拓展方向，通过产品创新和服务升级，增强市场竞争力，为公司的长期发展注入新的活力。

财务风险控制同样是德邦物流不可忽视的一环。公司应持续关注财务风险，合理调整负债结构，保持适度的资产负债率，以确保企业的稳健发展。同时，公司应加强与金融机构的合作，拓宽融资渠道，为公司的长期发展提供坚实的资金保障。

第9章

某行业财务数据可视化与对比分析

学习导读

本章将深入探讨某行业的财务数据可视化与对比分析，旨在通过案例和详细的步骤，使读者掌握从数据获取、预处理到对比分析的全过程。首先，概述行业财务分析的基础知识，为后续分析打下理论基础。接着，通过具体的数据获取与预处理步骤，展示如何准备用于分析的高质量数据集。在此基础上，分4个维度（盈利能力、营运能力、成长能力、偿债能力）进行财务状况的可视化及对比分析，每个维度都涵盖关键指标的解释和对比。最后，通过一个完整的案例报告，将理论知识应用于实践，详细展示白酒行业财务数据的可视化与对比分析过程，并给出总结与建议。

学习目标

➢ 理解行业财务分析的基础知识，为后续的数据分析奠定理论基础。

➢ 掌握数据获取与预处理方法，能够获取行业内不同企业的财务数据，并对数据进行清洗、转换和整合，以确保分析所用数据的质量。

➢ 掌握财务状况对比分析方法，包括盈利能力对比分析、营运能力对比分析、成长能力对比分析和偿债能力对比分析。

➢ 掌握使用 Python 对数据进行可视化的方法，能够绘制各种可视化图表，直观展示和对比不同企业各指标变化趋势。

➢ 掌握案例分析方法，能够通过综合案例将理论知识应用于实践，综合运用数据可视化工具和对比分析方法，对行业财务数据进行深入分析，并基于分析结果提出有针对性的建议。

思维导图

行业财务分析概述：行业财务分析的定义、意义、分析的维度

数据获取与预处理：使用BaoStock获取3家白酒企业2014—2023年四大主要财务指标数据，处理缺失值、转换数据类型，对各指标进行描述性统计

某行业财务数据可视化与对比分析

财务状况对比分析

- 盈利能力对比分析：净资产收益率、净利润、销售净利率和销售毛利率
- 营运能力对比分析：存货周转天数、存货周转率、流动资产周转率、总资产周转率
- 成长能力对比分析：净资产同比增长率、总资产同比增长率、净利润同比增长率、基本每股收益同比增长率
- 偿债能力对比分析：短期偿债能力对比分析（流动比率、速动比率、现金比率）、长期偿债能力对比分析（总负债同比增长率、资产负债率、权益乘数）

案例报告——白酒行业财务数据可视化与对比分析

- 背景介绍：白酒行业简要介绍，明确分析目标
- 数据获取与预处理：数据来源、指标名称及详细说明等
- 财务状况对比分析：从盈利能力、营运能力、成长能力和偿债能力4个方面对五粮液、贵州茅台和山西汾酒3家白酒企业2014—2023年的各指标进行对比分析
- 总结与建议：总结分析内容，提出建议

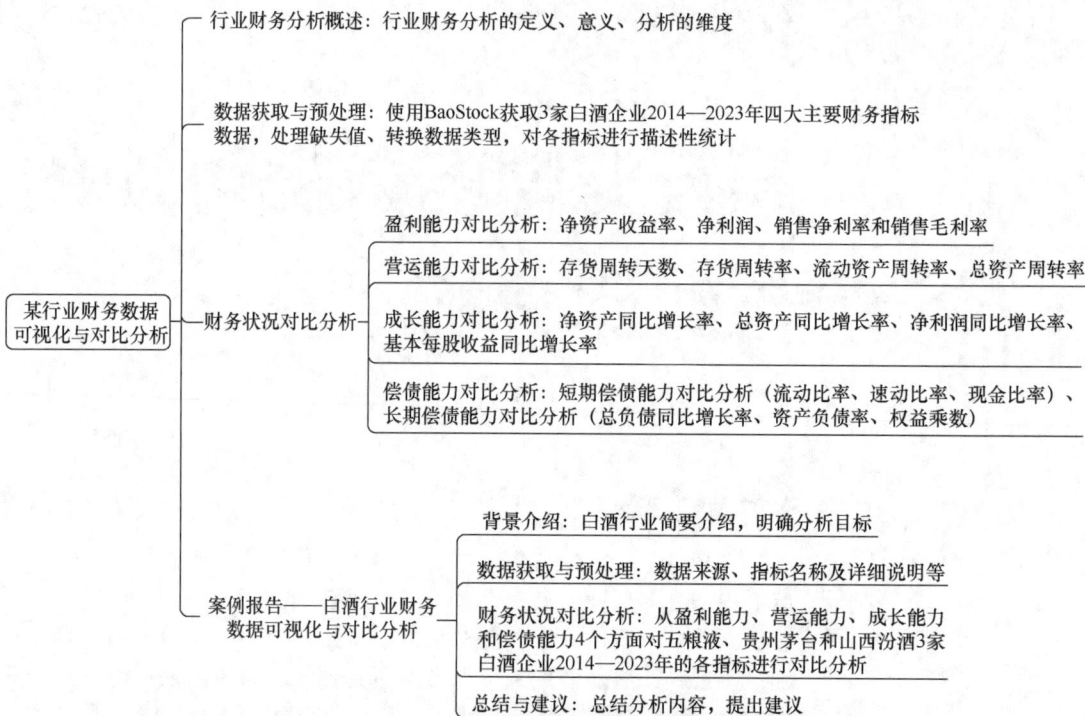

9.1 行业财务分析概述

　　行业财务分析是对一个特定行业的财务情况进行详细研究和评估的过程。这一过程涵盖对行业收入、利润、资产和负债等关键财务指标的细致考察。本章采用对比分析法，对特定行业内部不同企业的财务数据进行比较，旨在评估这些企业在行业中的财务表现和竞争力，揭示各企业在行业中的相对位置，识别其可改进的领域，并为其战略规划和决策提供数据支持，同时帮助投资者、企业决策者及其他利益相关方了解行业内企业的相对优势和劣势，以做出更为明智的决策。

　　行业财务分析主要包括盈利能力、营运能力、成长能力和偿债能力4个方面。盈利能力分析用于评估行业内不同企业从销售中获取利润的能力，营运能力分析则着眼于行业内不同企业的资产的分布和使用效率，成长能力分析着重评估行业内不同企业未来扩展业务、增加收入并提升市场份额的潜力，而偿债能力分析关注行业内不同企业偿还短期和长期债务的能力。

　　本章将以白酒行业为例，选取白酒行业三大代表性企业——五粮液、贵州茅台、山西汾酒进行对比分析，从4个维度（盈利能力、营运能力、成长能力、偿债能力）分析3家企业的经营状况、财务健康程度及业绩变化趋势，以识别机遇与风险，优化资源配置，促进企业的可持续发展。

9.2 数据获取与预处理

本章通过 BaoStock 获取三大白酒企业的四大主要财务指标数据，并进行整合、转换等预处理步骤。

步骤 1 使用 BaoStock 获取 3 家白酒企业 2014—2023 年的盈利能力、营运能力、成长能力和偿债能力相关指标的数据，并整合到一张表单中。

9-1 数据获取与预处理

核心代码如下：

```
#五粮液 sz.000858，贵州茅台 sh.600519，山西汾酒 sh.600809
import baostock as bs
import pandas as pd
def financial_index(stock_code,year):
    # 盈利能力
    profit_list = []
    rs_profit = bs.query_profit_data(code=stock_code,year=year,quarter=4)
    while (rs_profit.error_code=='0') & rs_profit.next():
        profit_list.append(rs_profit.get_row_data())
    result_profit=pd.DataFrame(profit_list,columns=rs_profit.fields)
    # 营运能力
    operation_list=[]
    rs_operation=bs.query_operation_data(code=stock_code,year=year,quarter=4)
    while (rs_operation.error_code=='0') & rs_operation.next():
        operation_list.append(rs_operation.get_row_data())
    result_operation = pd.DataFrame(operation_list,columns=rs_operation.fields)
    # 成长能力
    growth_list=[]
    rs_growth=bs.query_growth_data(code=stock_code,year=year,quarter=4)
    while (rs_growth.error_code=='0') & rs_growth.next():
        growth_list.append(rs_growth.get_row_data())
    result_growth=pd.DataFrame(growth_list, columns=rs_growth.fields)
    # 偿债能力
    balance_list=[]
    rs_balance=bs.query_balance_data(code=stock_code,year=year,quarter=4)
    while (rs_balance.error_code=='0') & rs_balance.next():
        balance_list.append(rs_balance.get_row_data())
    result_balance = pd.DataFrame(balance_list,columns=rs_balance.fields)
    # 数据整合
    dat1=pd.merge(result_profit,result_operation)
    dat2=pd.merge(result_growth,result_balance)
    dat=pd.merge(dat1,dat2)
    return dat

# 登录系统
lg=bs.login()
# 显示登录返回信息
print('login respond error_code:'+lg.error_code)
print('login respond    error_msg:'+lg.error_msg)
#3 家企业的股票代码
codelist=["sz.000858","sh.600519","sh.600809"]
```

```
#获取 3 家企业 2014—2023 年四大主要财务指标数据
data=pd.DataFrame()
for code in codelist:
    for yea in range(2014,2024):
        dat=financial_index(stock_code=code,year=yea)
        data=pd.concat([data,dat],axis=0)
data.to_excel('2014—2023 年五粮液、贵州茅台、山西汾酒四大主要财务指标数据.xlsx',
index=False)
```

代码运行结果（部分）如图 9-1 所示。

	code	pubDate	statDate	roeAvg	npMargin	gpMargin	netProfit	epsTTM	MBRevenue	totalShare	...	YOYAsset	YOYNI
0	sz.000858	2015-04-17	2014-12-31	0.154520	0.288329	0.725292	6058214963.070000	1.537136	20912447576.770000	3795966720.00	...	0.051652	-0.272043
0	sz.000858	2016-03-28	2015-12-31	0.149255	0.295969	0.691958	6410484336.270000	1.627021	21659287359.660000	3795966720.00	...	0.132254	0.058147
0	sz.000858	2017-03-31	2016-12-31	0.150091	0.287517	0.701992	7056765568.860000	1.787301	24543792660.590000	3795966720.00	...	0.183223	0.100816
0	sz.000858	2018-04-28	2017-12-31	0.192683	0.334119	0.720073	10085969230.030000	2.548421	30186780409.140000	3795966720.00	...	0.140705	0.429262
0	sz.000858	2019-03-28	2018-12-31	0.229140	0.350702	0.738028	14038650126.480000	3.448119	39823798827.750000	3881608005.00	...	0.213918	0.391899
0	sz.000858	2020-04-28	2019-12-31	0.252612	0.363706	0.744580	18228255278.610000	4.483258	50118105877.140000	3881608005.00	...	0.235820	0.298434
0	sz.000858	2021-04-28	2020-12-31	0.249440	0.364846	0.741597	20913340409.540000	5.140862	57321059453.150000	3881608005.00	...	0.070455	0.147303
0	sz.000858	2022-04-29	2021-12-31	0.253034	0.370153	0.753526	24507450330.260000	6.022523	66209053612.110000	3881608005.00	...	0.190772	0.171857
0	sz.000858	2023-04-29	2022-12-31	0.250507	0.378142	0.754241	27970631932.220000	6.876187	73968640704.540000	3881608005.00	...	0.126042	0.141311
0	sz.000858	2024-04-29	2023-12-31	0.248051	0.378528	0.757936	31520777582.150000	7.783008	83272067317.190000	3881608005.00	...	0.082592	0.126958
0	sh.600519	2015-04-21	2014-12-31	0.319612	0.515279	0.925934	16269371509.830000	13.441183	31572875951.450000	1141998000.00	...	0.187885	0.019071
0	sh.600519	2016-03-24	2015-12-31	0.264205	0.503834	0.922279	16454996625.220000	12.341281	32654046822.870000	1256197800.00	...	0.310116	0.011409
0	sh.600519	2017-04-15	2016-12-31	0.244385	0.461390	0.912251	17930643109.880000	13.308702	38840974605.540000	1256197800.00	...	0.308605	0.089678

图 9-1　运行结果（部分）

上述结果为获取的 3 家白酒企业 2014—2023 年的包含四大主要财务指标数据在内的数据，包含股票代码、财报发布日期、财报统计的最后一天及 25 个财务指标。由于目前各指标的数据类型均为"object"，需对数据类型进行转换。同时发现"NRTurnRatio"（应收账款周转率）和"NRTurnDays"（应收账款周转天数）存在缺失值，故还需对缺失值进行处理。

步骤 2　处理缺失值、转换数据类型。

核心代码如下：

```
#缺失值以空字符串形式存在，故先将其标记为缺失
data.replace({"":pd.NA}, inplace=True)
#由于无法找到缺失的指标值，故直接去掉含有缺失值的指标
data=data.dropna(axis=1)
#将指标数据类型转换为浮点数
df=data.iloc[:,3:].astype(float)
#将股票代码和财报统计的最后一天添加到 df 中
df=pd.concat([data[["code","statDate"]],df],axis=1)
##将股票代码替换为企业名称
df.replace({'sz.000858':"五粮液","sh.600519":"贵州茅台","sh.600809":"山西汾酒"}, inplace=True)
```

代码运行结果如图 9-2 所示。

```
<class 'pandas.core.frame.DataFrame'>
Index: 30 entries, 0 to 0
Data columns (total 25 columns):
 #   Column          Non-Null Count  Dtype
---  ------          --------------  -----
 0   code            30 non-null     object
 1   statDate        30 non-null     object
 2   roeAvg          30 non-null     float64
 3   npMargin        30 non-null     float64
 4   gpMargin        30 non-null     float64
 5   netProfit       30 non-null     float64
 6   epsTTM          30 non-null     float64
 7   MBRevenue       30 non-null     float64
 8   totalShare      30 non-null     float64
 9   liqaShare       30 non-null     float64
 10  INVTurnRatio    30 non-null     float64
 11  INVTurnDays     30 non-null     float64
 12  CATurnRatio     30 non-null     float64
 13  AssetTurnRatio  30 non-null     float64
 14  YOYEquity       30 non-null     float64
 15  YOYAsset        30 non-null     float64
 16  YOYNI           30 non-null     float64
 17  YOYEPSBasic     30 non-null     float64
 18  YOYPNI          30 non-null     float64
 19  currentRatio    30 non-null     float64
 20  quickRatio      30 non-null     float64
 21  cashRatio       30 non-null     float64
 22  YOYLiability    30 non-null     float64
 23  liabilityToAsset 30 non-null    float64
 24  assetToEquity   30 non-null     float64
dtypes: float64(23), object(2)
memory usage: 6.1+ KB
```

图 9-2　运行结果

上述结果为数据预处理后的结果，删除了存在缺失值的两个财务指标，并将所有财务指标的数据类型转换成了浮点数，将股票代码也替换成了企业名称，方便后续分析。

步骤 3　对 3 家企业的数据进行描述性统计，并对各企业的指标进行描述性统计。

核心代码如下：

```
df.describe()#对 3 家企业的数据进行描述性统计
df[df["code"]=="五粮液"].describe() #对五粮液各指标进行描述性统计
df[df["code"]=="贵州茅台"].describe() #对贵州茅台各指标进行描述性统计
df[df["code"]=="山西汾酒"].describe() #对山西汾酒各指标进行描述性统计
```

代码运行结果（部分）如图 9-3 所示。

	roeAvg	npMargin	gpMargin	netProfit	epsTTM	MBRevenue	totalShare	liqaShare	INVTurnRatio	INVTurnDays	...	YOYAsset
count	10.000000	10.000000	10.000000	1.000000e+01	10.000000	1.000000e+01	1.000000e+01	1.000000e+01	10.000000	10.000000	...	10.000000
mean	0.212933	0.341201	0.732920	1.667905e+10	4.125381	4.680150e+10	3.847351e+09	3.821468e+09	0.989542	374.845330	...	0.142743
std	0.046247	0.037306	0.022606	9.372917e+09	2.286591	2.282539e+10	4.422497e+07	4.143721e+07	0.179866	67.899923	...	0.062547
min	0.149255	0.287517	0.691958	6.058215e+09	1.537136	2.091245e+10	3.795967e+09	3.795621e+09	0.770782	297.005198	...	0.051652
25%	0.164061	0.305507	0.721378	7.814066e+09	1.977581	2.595454e+10	3.795967e+09	3.795756e+09	0.824161	307.123855	...	0.093454
50%	0.238596	0.357204	0.739812	1.613345e+10	3.965677	4.497095e+10	3.881608e+09	3.795770e+09	0.971679	370.930918	...	0.136480
75%	0.250240	0.368826	0.751284	2.360892e+10	5.802108	6.398706e+10	3.881608e+09	3.860070e+09	1.173735	436.980434	...	0.188885
max	0.253034	0.378528	0.757936	3.152078e+10	7.783008	8.327207e+10	3.881608e+09	3.881526e+09	1.212068	467.058163	...	0.235820

8 rows × 23 columns

图 9-3　运行结果（部分）

上述结果为对五粮液各指标进行描述性统计的结果。从整体结果来看，贵州茅台和山西汾酒的描述性统计结果与五粮液的类似，这里不再展示。

9.3 财务状况对比分析

企业的财务状况需要从多个角度进行全面分析和诊断。本节将从盈利能力、营运能力、成长能力和偿债能力 4 个核心维度，通过对比企业自身不同年份的表现（纵向分析）和行业内其他公司的水平（横向对比），帮助投资者和管理者快速看懂企业的财务亮点与问题，为投资选择或管理改进提供扎实的数据依据。

9-2 财务状况
对比分析

9.3.1 盈利能力对比分析

盈利能力对比分析是评估企业经营业绩的重要手段，通过比较不同企业在盈利能力指标上的表现，可帮助投资者和企业自身了解企业的经营状况和市场竞争力。盈利能力通常通过一系列财务指标来衡量，包括但不限于净资产收益率、销售净利率、销售毛利率及主营营业收入等。这些指标能够反映出企业在一定时期内赚取利润的能力，以及企业资产的利用效率和管理效能。本节选取净资产收益率、净利润、销售净利率和销售毛利率这 4 个指标，通过绘制不同统计图形，对 3 家企业的盈利能力进行对比分析。

1. 净资产收益率

净资产收益率是一个关键的财务指标，用于衡量公司运用自有资本的效率。它反映了股东权益的收益水平，体现了自有资本获得净收益的能力，是衡量企业盈利能力的一个重要指标。下面通过绘制折线图，来比较 3 家白酒企业的净资产收益率变化趋势。

核心代码如下：

```
import matplotlib
import matplotlib.pyplot as plt
# 指定字体为 SimHei（黑体）
matplotlib.rcParams['font.sans-serif'] = ['SimHei']
# 设置负号不使用 Unicode 字符
matplotlib.rcParams['axes.unicode_minus'] = False
#绘制净资产收益率折线图
plt.plot(df[df['code']=="五粮液"]['statDate'],df[df['code']=="五粮液"]['roeAvg'],marker='p',
linestyle='--')
    plt.plot(df[df['code']=="贵州茅台"]['statDate'],df[df['code']=="贵州茅台"]['roeAvg'],marker='s',
linestyle='-.')
    plt.plot(df[df['code']=="山西汾酒"]['statDate'],df[df['code']=="山西汾酒"]['roeAvg'],marker='o',
linestyle=':')
    plt.xlabel('年份')
    plt.ylabel('净资产收益率')
    plt.xticks(rotation=30)
    plt.legend(['五粮液','贵州茅台','山西汾酒'],loc='upper left')
    plt.show()
```

代码运行结果如图 9-4 所示[1]。

---

1 企业财报通常按固定周期编制（如年报覆盖 1 月 1 日-12 月 31 日），其最后一天（12 月 31 日等）是会计期间法定的"截止日"。财务分析中统一采用该时点数据，以保证不同年份的指标（如资产负债率、应收账款周转天数）基于相同的会计期间边界计算。本章中的"年份"均以"xxxx 年 12 月 31 日"的形式表示。

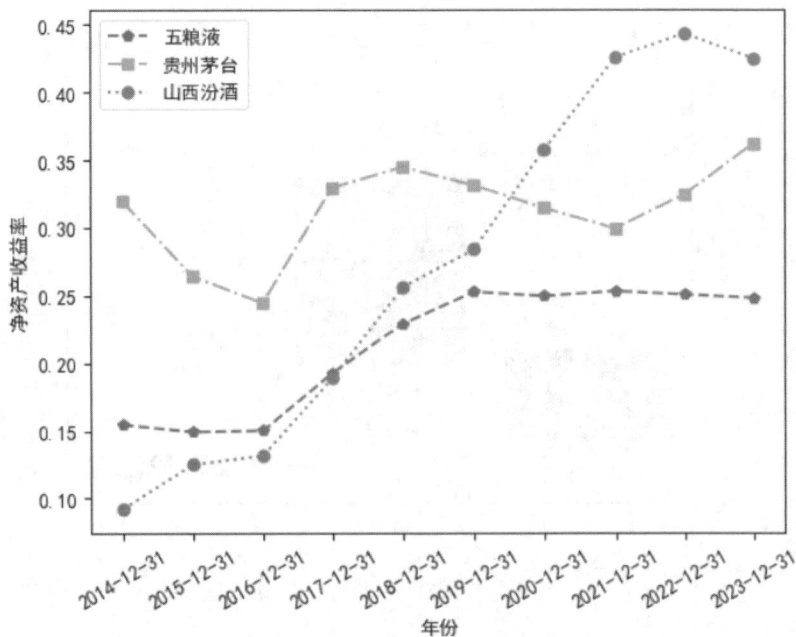

图 9-4　3 家白酒企业的净资产收益率折线图

从图 9-4 可以看出，贵州茅台的净资产收益率在 2014—2019 年均高于五粮液和山西汾酒，但从 2020 年开始，山西汾酒净资产收益率超过了贵州茅台；2014—2017 年，五粮液的净资产收益率高于山西汾酒，但从 2018 年开始到 2023 年，山西汾酒净资产收益率超过了五粮液。从增长速度看，山西汾酒潜力最大，净资产收益率 10 年间增长了近 3.6 倍；五粮液和贵州茅台增长较慢。从稳定性看，五粮液的净资产收益率波动较小，贵州茅台和山西汾酒则有所波动，其中贵州茅台近几年有所回升，详细分析见 9.4.3 节中的"盈利能力对比分析"部分。

2. 净利润

净利润是指企业在一定时期内通过生产经营取得的财务成果，它反映了企业在该时期内的盈利能力。下面通过绘制箱线图来对比分析 3 家企业 2014—2023 年的净利润情况。

核心代码如下：

```
#绘制净利润箱线图
import seaborn as sns
sns.boxplot(x=df['code'],y=df['netProfit'],data=df)
plt.xlabel('企业')
plt.ylabel('净利润')
plt.show()
```

代码运行结果如图 9-5 所示。

从图 9-5 可以看出，贵州茅台的平均净利润最高，五粮液次之，山西汾酒相对较低。这表明在净利润方面，贵州茅台的表现最为突出。另外，五粮液和山西汾酒净利润的箱子厚度较小，说明它们的净利润波动较小；而贵州茅台净利润的箱子厚度较大，说明其净利润波动较大，相比其他两家企业净利润最不稳定，详细分析见 9.4.3 节中的"盈利能力对比分析"部分。

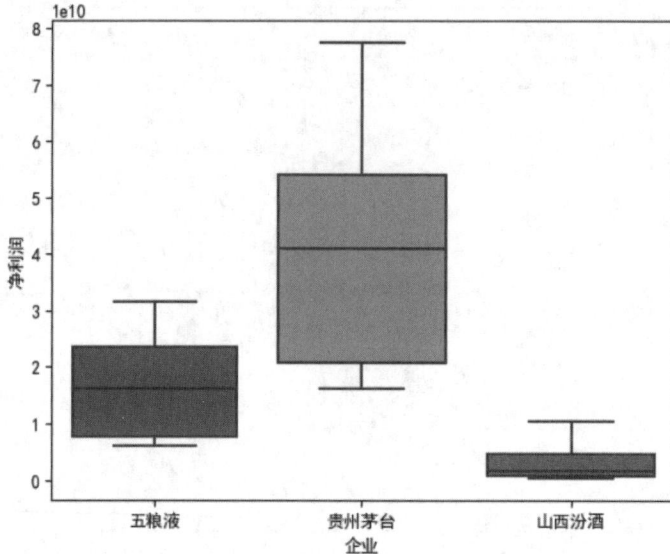

图 9-5　3 家白酒企业的净利润箱线图

3. 销售净利率和销售毛利率

销售净利率是企业净利润与营业收入净额的比率，它反映了企业每一元销售收入带来的净利润，是衡量企业销售收入的收益水平的指标。销售毛利率反映了企业销售商品或提供服务所获取的毛利率水平。下面同时绘制销售净利率和销售毛利率的折线图，用以对比分析 3 家企业的盈利能力。

核心代码如下：

```
plt.figure(2, figsize=(12, 8)) #设置画布
#销售净利率折线图
plt.subplot(211)    # 2×1 分布的画布中的第一个子图
plt.plot(df[df['code']=="五粮液"]['statDate'],df[df['code']=="五粮液"]['npMargin'],marker='p',
linestyle='--')
    plt.plot(df[df['code']=="贵州茅台"]['statDate'],df[df['code']=="贵州茅台"]['npMargin'],marker=
's',linestyle='-.')
    plt.plot(df[df['code']=="山西汾酒"]['statDate'],df[df['code']=="山西汾酒"]['npMargin'],marker=
'o',linestyle=':')
    plt.xlabel('年份')
    plt.ylabel('销售净利率')
    plt.legend(['五粮液','贵州茅台','山西汾酒'],loc='lower right')

    #销售毛利率折线图
    plt.subplot(212)    # 2×1 分布的画布中的第二个子图
    plt.plot(df[df['code']=="五粮液"]['statDate'],df[df['code']=="五粮液"]['gpMargin'],marker='p',
linestyle='--')
    plt.plot(df[df['code']=="贵州茅台"]['statDate'],df[df['code']=="贵州茅台"]['gpMargin'],marker=
's',linestyle='-.')
    plt.plot(df[df['code']=="山西汾酒"]['statDate'],df[df['code']=="山西汾酒"]['gpMargin'],marker=
'o',linestyle=':')
```

```
plt.xlabel('年份')
plt.ylabel('销售毛利率')
plt.legend(['五粮液','贵州茅台','山西汾酒'],loc='lower right')
plt.show()
```

代码运行结果如图 9-6 所示。

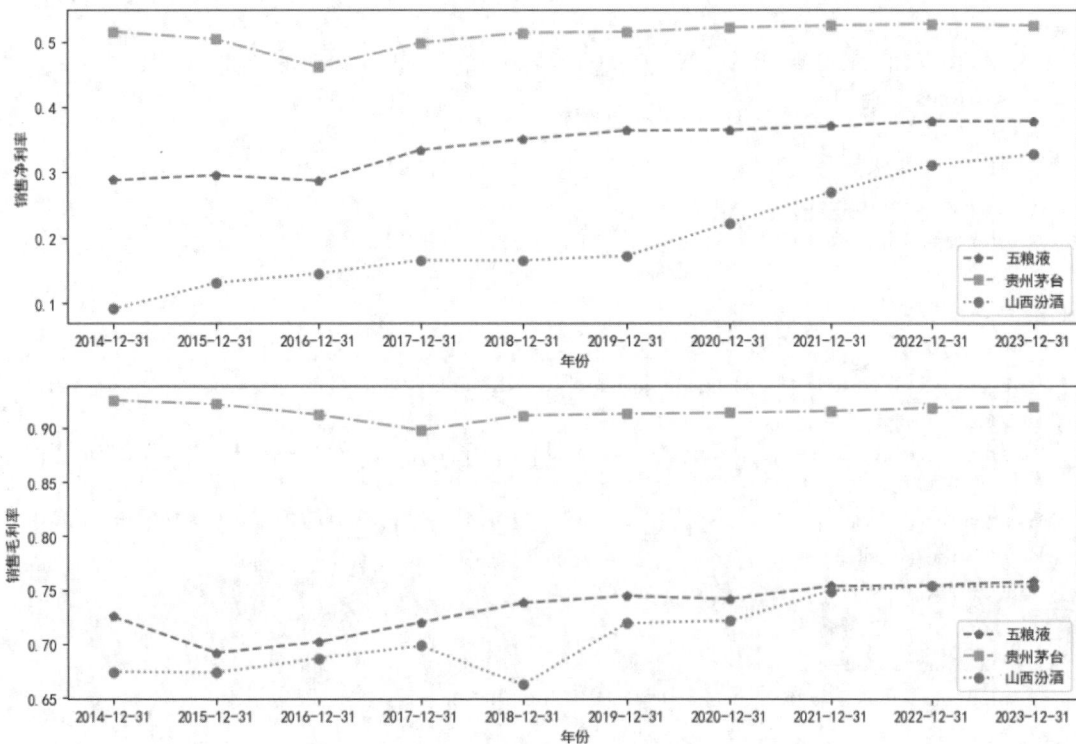

图 9-6　销售净利率和销售毛利率的折线图

从图 9-6 可以看出，贵州茅台的销售净利率最高且波动小，显示出其强大的盈利能力，同时其销售毛利率也最高，一直保持在 0.89 以上，彰显了其卓越的成本控制和产品定价能力；五粮液的销售净利率次之，但逐年稳步增长，销售毛利率也呈现上升趋势，表明其盈利能力在不断提升；而山西汾酒虽然销售净利率和销售毛利率的起点较低，但近年来增长迅速，显示出其盈利能力和成本控制能力的显著提升。详细分析见 9.4.3 节中的"盈利能力对比分析"部分。

9.3.2 | 营运能力对比分析

营运能力对比分析主要关注企业营运资产的效率与效益，具体表现为资产的周转率或周转速度。营运能力对比分析中的两个重要指标体系包括流动资产周转体系和总资产周转体系。流动资产周转体系关注的是应收账款周转率、存货周转率等，而总资产周转体系则关注企业的整体资产运用效率。这些指标用于评估企业运用各种资源实现利润创造的能力，从而评估企业的经营效率和管理水平。本节通过 4 个指标——存货周转天数、存货周转率、流动资产周转率和总资产周转率的折线图来对 3 家企业的营运能力进行对比分析。

核心代码如下：

```
plt.figure(figsize=(20, 12)) #设置画布
###  存货周转天数折线图
plt.subplot(221)  # 2×2 分布的画布中的第一个子图
plt.plot(df[df['code']=="五粮液"]['statDate'],df[df['code']=="五粮液"]['INVTurnDays'],marker=
'p',linestyle='--')
plt.plot(df[df['code']=="贵州茅台"]['statDate'],df[df['code']=="贵州茅台"]['INVTurnDays'],
marker='s',linestyle='-.')
plt.plot(df[df['code']=="山西汾酒"]['statDate'],df[df['code']=="山西汾酒"]['INVTurnDays'],
marker='o',linestyle=':')
plt.xlabel('年份')
plt.ylabel('存货周转天数')
plt.xticks(rotation=30)
plt.legend(['五粮液','贵州茅台','山西汾酒'],loc='upper left')


###  存货周转率折线图
plt.subplot(222)  # 2×2 分布的画布中的第二个子图
plt.plot(df[df['code']=="五粮液"]['statDate'],df[df['code']=="五粮液"]['INVTurnRatio'],marker=
'p',linestyle='--')
plt.plot(df[df['code']=="贵州茅台"]['statDate'],df[df['code']=="贵州茅台"]['INVTurnRatio'],
marker='s',linestyle='-.')
plt.plot(df[df['code']=="山西汾酒"]['statDate'],df[df['code']=="山西汾酒"]['INVTurnRatio'],
marker='o',linestyle=':')
plt.xlabel('年份')
plt.ylabel('存货周转率')
plt.xticks(rotation=30)
plt.legend(['五粮液','贵州茅台','山西汾酒'],loc='upper left')


###  流动资产周转率折线图
plt.subplot(223)  # 2×2 分布的画布中的第三个子图
plt.plot(df[df['code']=="五粮液"]['statDate'],df[df['code']=="五粮液"]['CATurnRatio'],marker=
'p',linestyle='--')
plt.plot(df[df['code']=="贵州茅台"]['statDate'],df[df['code']=="贵州茅台"]['CATurnRatio'],
marker='s',linestyle='-.')
plt.plot(df[df['code']=="山西汾酒"]['statDate'],df[df['code']=="山西汾酒"]['CATurnRatio'],
marker='o',linestyle=':')
plt.xlabel('年份')
plt.ylabel('流动资产周转率')
plt.xticks(rotation=30)
plt.legend(['五粮液','贵州茅台','山西汾酒'],loc='upper left')


###  总资产周转率折线图
plt.subplot(224)  # 2×2 分布的画布中的第四个子图
plt.plot(df[df['code']=="五粮液"]['statDate'],df[df['code']=="五粮液"]['AssetTurnRatio'],
marker='p',linestyle='--')
plt.plot(df[df['code']=="贵州茅台"]['statDate'],df[df['code']=="贵州茅台"]['AssetTurnRatio'],
marker='s',linestyle='-.')
```

```
plt.plot(df[df['code']=="山西汾酒"]['statDate'],df[df['code']=="山西汾酒"]['AssetTurnRatio'],
marker='o',linestyle=':')
    plt.xlabel('年份')
    plt.ylabel('总资产周转率')
    plt.xticks(rotation=30)
    plt.legend(['五粮液','贵州茅台','山西汾酒'],loc='upper left')
    plt.show()
```

代码运行结果如图 9-7 所示。

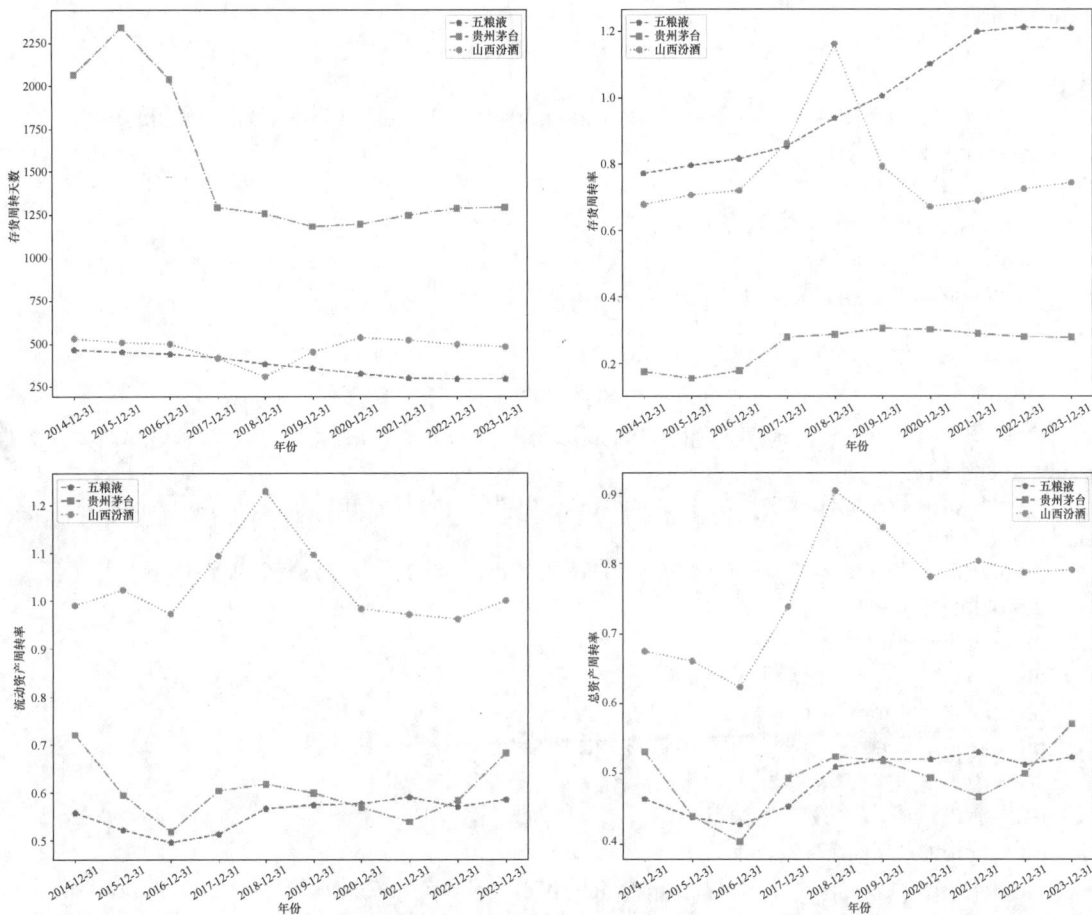

图 9-7 营运能力的 4 个指标的折线图

从图 9-4 可以看出，3 家企业在营运能力方面各有优劣。五粮液在存货周转天数、存货周转率方面表现较好，但波动也较大；贵州茅台在存货周转天数、存货周转率方面表现最差，在流动资产周转率和总资产周转率方面表现一般；山西汾酒在流动资产周转率和总资产周转率方面表现最好，但波动也较大。

9.3.3 成长能力对比分析

成长能力对比分析主要关注企业在市场环境变化中的资产规模、盈利能力、市场占有率等方面的持续增长能力，这反映了企业的未来发展前景和经营活动的现金流量变动趋势。通过成长能力对比分析，可以预测企业未来的现金流量大小，评估企业的长远扩展能力和未来的生产经营实力。本节通过净资产同比增长率、总资产同比增长率、净利润同比增长率和基本每股收益同比增长率这 4 个指标的折线图来对 3 家企业的成长能力进行对比分析。

核心代码如下：

```python
plt.figure(figsize=(20, 12)) #设置画布
### 净资产同比增长率折线图
plt.subplot(221)  # 2×2 分布的画布中的第一个子图
plt.plot(df[df['code']=="五粮液"]['statDate'],df[df['code']=="五粮液"]['YOYEquity'],marker='p',linestyle='--')
plt.plot(df[df['code']=="贵州茅台"]['statDate'],df[df['code']=="贵州茅台"]['YOYEquity'],marker='s',linestyle='-.')
plt.plot(df[df['code']=="山西汾酒"]['statDate'],df[df['code']=="山西汾酒"]['YOYEquity'],marker='o',linestyle=':')
plt.xlabel('年份')
plt.ylabel('净资产同比增长率')
plt.xticks(rotation=30)
plt.legend(['五粮液','贵州茅台','山西汾酒'],loc='lower right')


### 总资产同比增长率折线图
plt.subplot(222)  # 2×2 分布的画布中的第二个子图
plt.plot(df[df['code']=="五粮液"]['statDate'],df[df['code']=="五粮液"]['YOYAsset'],marker='p',linestyle='--')
plt.plot(df[df['code']=="贵州茅台"]['statDate'],df[df['code']=="贵州茅台"]['YOYAsset'],marker='s',linestyle='-.')
plt.plot(df[df['code']=="山西汾酒"]['statDate'],df[df['code']=="山西汾酒"]['YOYAsset'],marker='o',linestyle=':')
plt.xlabel('年份')
plt.ylabel('总资产同比增长率')
plt.xticks(rotation=30)
plt.legend(['五粮液','贵州茅台','山西汾酒'],loc='lower right')


### 净利润同比增长率折线图
plt.subplot(223)  # 2×2 分布的画布中的第三个子图
plt.plot(df[df['code']=="五粮液"]['statDate'],df[df['code']=="五粮液"]['YOYNI'],marker='p',linestyle='--')
plt.plot(df[df['code']=="贵州茅台"]['statDate'],df[df['code']=="贵州茅台"]['YOYNI'],marker='s',linestyle='-.')
plt.plot(df[df['code']=="山西汾酒"]['statDate'],df[df['code']=="山西汾酒"]['YOYNI'],marker='o',linestyle=':')
plt.xlabel('年份')
plt.ylabel('净利润同比增长率')
plt.xticks(rotation=30)
plt.legend(['五粮液','贵州茅台','山西汾酒'],loc='lower right')


### 基本每股收益同比增长率折线图
plt.subplot(224)  # 2×2 分布的画布中的第四个子图
```

```
    plt.plot(df[df['code']=="五粮液"]['statDate'],df[df['code']=="五粮液"]['YOYEPSBasic'],
marker='p',linestyle='--')
    plt.plot(df[df['code']=="贵州茅台"]['statDate'],df[df['code']=="贵州茅台"]['YOYEPSBasic'],
marker='s',linestyle='-.')
    plt.plot(df[df['code']=="山西汾酒"]['statDate'],df[df['code']=="山西汾酒"]['YOYEPSBasic'],
marker='o',linestyle=':')
    plt.xlabel('年份')
    plt.ylabel('基本每股收益同比增长率')
    plt.xticks(rotation=30)
    plt.legend(['五粮液','贵州茅台','山西汾酒'],loc='lower right')

    plt.show()
```

代码运行结果如图 9-8 所示。

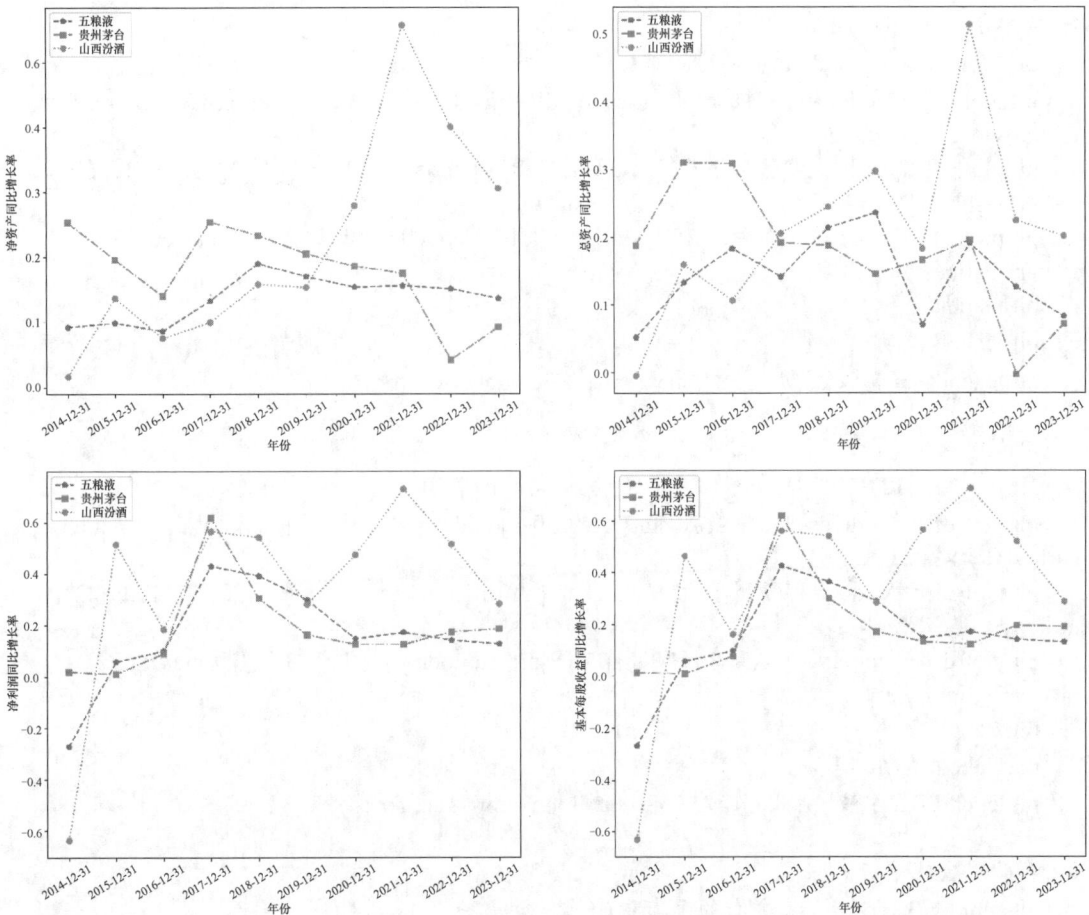

图 9-8 成长能力的 4 个指标的折线图

从图 9-8 可以看出，贵州茅台、五粮液与山西汾酒在成长能力上各有表现。贵州茅台的净资产和总资产同比增长率在 2014—2023 年间波动下降，净利润和基本每股收益同比增长率虽有波动但整体保持正增长，但近年来增速有所放缓。五粮液的增长速度同样逐渐放缓，但整体保持正增长。相比之下，山西汾酒在净资产、总资产、净利润和基本每股收益的增长速度上均表现出较强的优势，其同比增长率在同期内波动上升，从 2020 年起增长率均高于贵州茅台和五粮液。详细分析见 9.4.3 节中的"成长能力对比分析"部分。

9.3.4 偿债能力对比分析

偿债能力对比分析是企业财务分析的重要组成部分，它用于评估企业用其资产偿还长期债务和短期债务的能力。

1. 短期偿债能力对比分析

流动比率、速动比率和现金比率是分析企业短期偿债能力的主要指标。下面将通过绘制这 3 个指标的折线图，展示 2014—2023 年五粮液、贵州茅台和山西汾酒这 3 家企业短期偿债能力的变化趋势及对比情况。

核心代码如下：

```
plt.figure(figsize=(10, 12)) #设置画布
###  流动比率折线图
plt.subplot(311)   # 3×1 分布的画布中的第一个子图
plt.plot(df[df['code']=="五粮液"]['statDate'],df[df['code']=="五粮液"]['currentRatio'],marker='p',linestyle='--')
plt.plot(df[df['code']=="贵州茅台"]['statDate'],df[df['code']=="贵州茅台"]['currentRatio'],marker='s',linestyle='-.')
plt.plot(df[df['code']=="山西汾酒"]['statDate'],df[df['code']=="山西汾酒"]['currentRatio'],marker='o',linestyle=':')
plt.xlabel('年份')
plt.ylabel('流动比率')
plt.legend(['五粮液','贵州茅台','山西汾酒'],loc='upper center')

###  速动比率折线图
plt.subplot(312)   # 3×1 分布的画布中的第二个子图
plt.plot(df[df['code']=="五粮液"]['statDate'],df[df['code']=="五粮液"]['quickRatio'],marker='p',linestyle='--')
plt.plot(df[df['code']=="贵州茅台"]['statDate'],df[df['code']=="贵州茅台"]['quickRatio'],marker='s',linestyle='-.')
plt.plot(df[df['code']=="山西汾酒"]['statDate'],df[df['code']=="山西汾酒"]['quickRatio'],marker='o',linestyle=':')
plt.xlabel('年份')
plt.ylabel('速动比率')
plt.legend(['五粮液','贵州茅台','山西汾酒'],loc='upper center')

###  现金比率折线图
plt.subplot(313)   # 3×1 分布的画布中的第三个子图
plt.plot(df[df['code']=="五粮液"]['statDate'],df[df['code']=="五粮液"]['cashRatio'],marker='p',linestyle='--')
plt.plot(df[df['code']=="贵州茅台"]['statDate'],df[df['code']=="贵州茅台"]['cashRatio'],marker='s',linestyle='-.')
plt.plot(df[df['code']=="山西汾酒"]['statDate'],df[df['code']=="山西汾酒"]['cashRatio'],marker='o',linestyle=':')
```

```
plt.xlabel('年份')
plt.ylabel('现金比率')
plt.legend(['五粮液','贵州茅台','山西汾酒'],loc='upper center')
plt.show()
```

代码运行结果如图 9-9 所示。

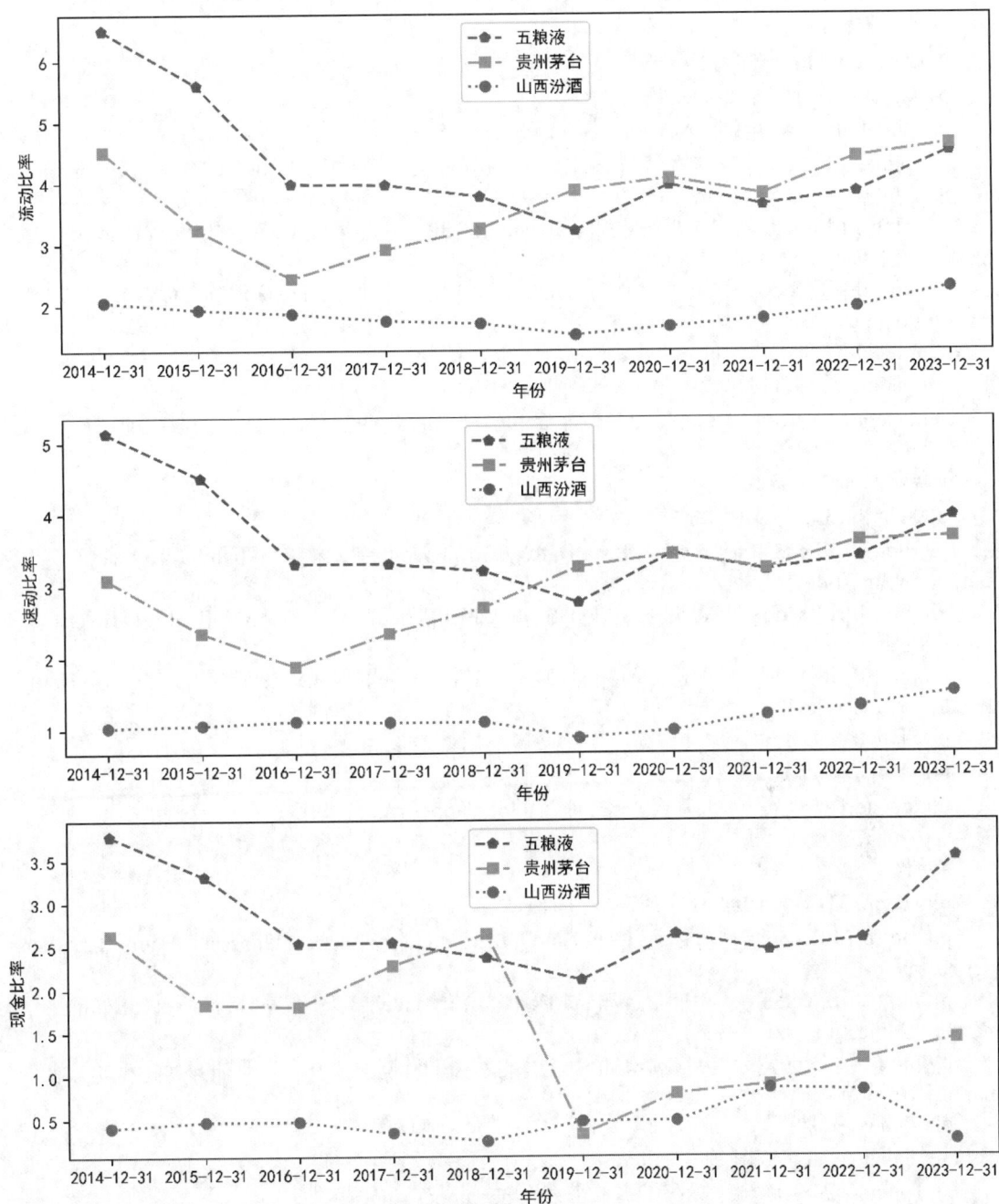

图 9-9　短期偿债能力的 3 个指标的折线图

从图 9-9 可以看出，五粮液、贵州茅台和山西汾酒在短期偿债能力上存在明显差异，其中五粮液和贵州茅台表现出相对较强的短期偿债能力，而山西汾酒的短期偿债能力相对较弱，详细分析见 9.4.3 节中的"偿债能力对比分析"部分。

2．长期偿债能力对比分析

总负债同比增长率、资产负债率和权益乘数是评估企业长期偿债能力的 3 个重要指标。这里通过绘制这 3 个指标的折线图来对比分析长期偿债能力。

核心代码如下：

```
plt.figure(figsize=(10, 12)) #设置画布
###总负债同比增长率折线图
plt.subplot(311)   # 3×1 分布的画布中的第一个子图
plt.plot(df[df['code']=="五粮液"]['statDate'],df[df['code']=="五粮液"]['YOYLiability'],marker='p',linestyle='--')
plt.plot(df[df['code']=="贵州茅台"]['statDate'],df[df['code']=="贵州茅台"]['YOYLiability'],marker='s',linestyle='-.')
plt.plot(df[df['code']=="山西汾酒"]['statDate'],df[df['code']=="山西汾酒"]['YOYLiability'],marker='o',linestyle=':')
plt.xlabel('年份')
plt.ylabel('总负债同比增长率')
plt.legend(['五粮液','贵州茅台','山西汾酒'],loc='upper right')

###资产负债率折线图
plt.subplot(312)   # 3×1 分布的画布中的第二个子图
plt.plot(df[df['code']=="五粮液"]['statDate'],df[df['code']=="五粮液"]['liabilityToAsset'],marker='p',linestyle='--')
plt.plot(df[df['code']=="贵州茅台"]['statDate'],df[df['code']=="贵州茅台"]['liabilityToAsset'],marker='s',linestyle='-.')
plt.plot(df[df['code']=="山西汾酒"]['statDate'],df[df['code']=="山西汾酒"]['liabilityToAsset'],marker='o',linestyle=':')
plt.xlabel('年份')
plt.ylabel('资产负债率')
plt.legend(['五粮液','贵州茅台','山西汾酒'],loc='upper right')

###权益乘数折线图
plt.subplot(313)   # 3×1 分布的画布中的第三个子图
plt.plot(df[df['code']=="五粮液"]['statDate'],df[df['code']=="五粮液"]['assetToEquity'],marker='p',linestyle='--')
plt.plot(df[df['code']=="贵州茅台"]['statDate'],df[df['code']=="贵州茅台"]['assetToEquity'],marker='s',linestyle='-.')
plt.plot(df[df['code']=="山西汾酒"]['statDate'],df[df['code']=="山西汾酒"]['assetToEquity'],marker='o',linestyle=':')
plt.xlabel('年份')
plt.ylabel('权益乘数')
plt.legend(['五粮液','贵州茅台','山西汾酒'],loc='upper right')

plt.show()
```

代码运行结果如图 9-10 所示。

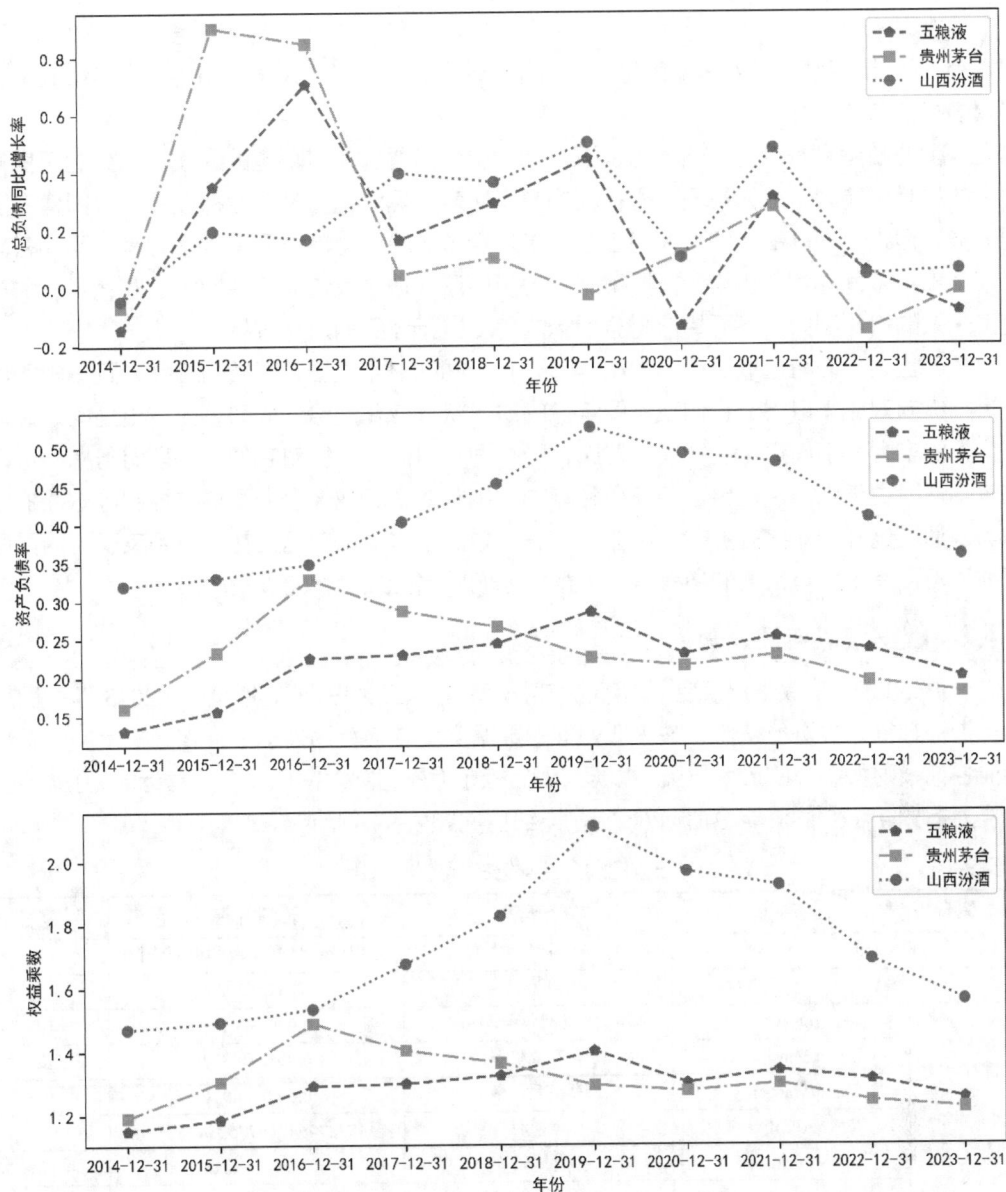

图 9-10　长期偿债能力的 3 个指标的折线图

　　从图 9-10 可以看出，五粮液、贵州茅台和山西汾酒的长期偿债能力存在一定的差异。五粮液和贵州茅台在资产负债率、权益乘数等指标上表现相对稳健，债务压力不大，财务杠杆使用谨慎。相比之下，山西汾酒的资产负债率、权益乘数等指标整体呈现上升趋势，且值相对较高，表明其债务压力较大，财务杠杆使用相对激进。

9.4　案例报告——白酒行业财务数据可视化与对比分析

9.4.1　背景介绍

　　我国作为拥有悠久酿酒历史和深厚酒文化的国家，白酒在国民生活中占据着重要且独特的地位。自古以来，白酒不仅是节庆、聚会中不可或缺的传统饮品，更是商务交往与文化交流的重要媒介。因此，我国不仅是白酒的生产大国，更是白酒的消费大国，市场需求持续旺盛，吸引了众多投资者的目光。

在众多的白酒品牌中，贵州茅台、五粮液和山西汾酒凭借其卓越的品质、悠久的历史背景及强大的品牌影响力，成为我国白酒行业的典型代表。尽管这 3 家企业都以生产、销售白酒为主要业务，但它们在产品品种、酿造工艺、市场定位、品牌影响力及营收能力等方面却各具特色，展现出了不同的竞争优势和发展策略。为了更深入地了解这 3 家企业的运营状况、财务健康度及未来的增长潜力，下面将从财务指标的角度进行详细的对比分析。

具体而言，下面将选取 2014—2023 年这 10 年间的财务数据，对贵州茅台、五粮液和山西汾酒进行纵向对比，以揭示它们在不同年份的财务状况变化趋势。同时，为了更全面地评估这 3 家企业的实力，下面还将进行横向对比，即在同一时间点上，对它们的各项财务指标进行逐一比较，从而更直观地展现出它们在盈利能力、运营效率、成长潜力、成本控制等方面的差异和优势。通过这样的对比分析，不仅能够更清晰地显示这 3 家白酒企业在财务表现上的异同，还能够为投资者提供有价值的参考信息，帮助他们做出更加明智的投资决策。

9.4.2 数据获取与预处理

通过 BaoStock 获取贵州茅台、五粮液和山西汾酒这三大白酒企业 2014—2023 年的四大主要财务指标数据，并进行整合、缺失值处理、数据类型转换等预处理。最终分析使用的数据包含企业名称、财报统计的最后一天，以及 18 个指标（盈利能力指标 4 个、营运能力指标 4 个、成长能力指标 4 个、偿债能力指标 6 个），详细情况如表 9-1 所示。

表 9-1　　　　　　　　　　　三大白酒企业财务指标数据说明

一级指标	二级指标	指标含义	详细说明	备注
	code	企业名称	五粮液、贵州茅台和山西汾酒	
	Year	年份	2014—2023	
盈利能力	roeAvg	净资产收益率	0.092～0.443	单位：%
	npMargin	销售净利率	0.091～0.527	单位：%
	gpMargin	销售毛利率	0.662～0.926	单位：%
	netProfit	净利润	357874642～77521476277	单位：元
营运能力	INVTurnRatio	存货周转率	0.154～1.212	单位：次
	INVTurnDays	存货周转天数	297.005～2339.807	单位：天
	CATurnRatio	流动资产周转率	0.495～1.230	单位：次
	AssetTurnRatio	总资产周转率	0.403～0.903	单位：次
成长能力	YOYEquity	净资产同比增长率	0.016～0.557	单位：%
	YOYAsset	总资产同比增长率	-0.005～0.514	单位：%
	YOYNI	净利润同比增长率	-0.637～0.730	单位：%
	YOYEPSBasic	基本每股收益同比增长率	-0.630～0.725	单位：%
偿债能力	currentRatio	流动比率	1.507～6.498	
	quickRatio	速动比率	0.880～5.132	
	cashRatio	现金比率	0.244～3.778	
	YOYLiability	总负债同比增长率	-0.151～0.900	单位：%
	liabilityToAsset	资产负债率	0.131～0.525	
	assetToEquity	权益乘数	0.151～2.107	

9.4.3 财务状况对比分析

1. 盈利能力对比分析

下面选取净资产收益率、净利润、销售净利率和销售毛利率 4 个指标对五粮液、贵州茅台和山西汾酒的盈利能力进行对比分析。

从图 9-11 中可以看出，五粮液的净资产收益率在 2014—2023 年整体呈现先增长后稳定的趋势。五粮液的净资产收益率从 2014 年的 0.155 增长至 2019 年的 0.253，达到峰值后略有下降，但整体上仍然保持在较高水平。这表明五粮液的盈利能力在这段时间内得到了显著提升，并且具有较强的盈利能力。贵州茅台的净资产收益率在同期内表现出先增长后波动的趋势，从 2014 年的 0.320 增长至 2018 年的 0.345，达到峰值后有所下降，但在 2023 年又回升至 0.362。贵州茅台的净资产收益率始终保持在较高水平，显示出其强大的盈利能力和市场竞争力。山西汾酒的净资产收益率在同期内呈现出显著的增长趋势，从 2014 年的 0.092 增长至 2023 年的 0.425，增长幅度较大。这表明山西汾酒的盈利能力在不断提升，并且具有较大的发展潜力。

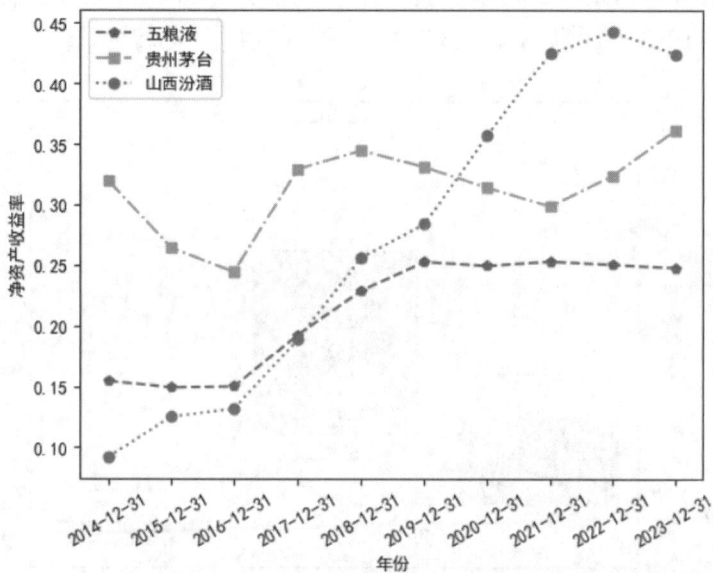

图 9-11　净资产收益率折线图

具体来看，2014—2019 年贵州茅台的净资产收益率一直保持着领先地位，高于五粮液和山西汾酒。然而，从 2020 年开始，山西汾酒的净资产收益率开始迅速攀升，并逐渐超过了贵州茅台，显示出其强劲的增长势头。与此同时，五粮液虽然在这一时期也保持着稳定的增长，但相对于山西汾酒来说，其增长速度稍显逊色。

2014—2017 年五粮液的净资产收益率曾高于山西汾酒。然而，从 2018 年开始，山西汾酒的净资产收益率开始反超五粮液，并在此后的几年里一直保持着领先地位。这一变化不仅反映了山西汾酒在经营管理、市场拓展等方面的努力，也凸显了其在行业中的竞争力。

从净资产收益率的增长速度来看，山西汾酒无疑是这 10 年间最具潜力的品牌。其净资产收益率在 10 年间增长了约 4.6 倍，这一增长速度不仅远超五粮液和贵州茅台，也远高于行业平均水平。这充分说明了山西汾酒在提升盈利能力、优化资本结构等方面所取得的显著成效。

从净资产收益率的稳定性来看，五粮液的表现相对稳健。其净资产收益率在过去 10 年间波动较小，显示出其较强的抗风险能力和稳健的经营策略。相比之下，贵州茅台和山西汾酒的净资产收益率则呈现出一定的波动性。尤其是贵州茅台，在近几年虽然有所回升，但仍然面临着一定的市场压力和竞争挑战。

整体来看，贵州茅台、五粮液与山西汾酒在过去 10 年间的净资产收益率各有特点。山西汾酒以其强劲的增长势头和巨大的潜力脱颖而出；五粮液则以其稳健的经营策略和抗风险能力赢得了市场的认可；而贵州茅台则需要继续加强市场拓展和品牌建设，以应对日益激烈的市场竞争。

从图 9-12 可以看出贵州茅台、五粮液与山西汾酒在净利润方面的表现差异。贵州茅台的平均净利润显著高于五粮液和山西汾酒，这一数据直接反映了贵州茅台在盈利能力上的卓越表现。进一步观察净利润的波动性，可以发现五粮液和山西汾酒的净利润箱子厚度相对较小，这意味着它们的净利润波动相对较小，表现出较强的稳定性。相比之下，贵州茅台的净利润箱子厚度较大，说明其净利润波动较大。

整体来看，贵州茅台以其卓越的盈利能力和市场地位脱颖而出，但也需要关注其净利润的波动性；五粮液和山西汾酒则以其稳定的净利润表现赢得了市场的认可。

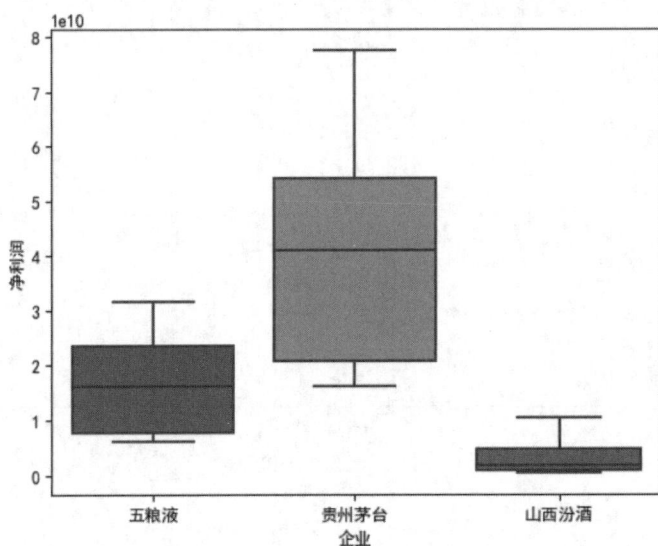

图 9-12　净利润箱线图

从图 9-13 可以看出，五粮液的销售净利率从 2014 年的 0.288 增长至 2023 年的 0.379，显示出其盈利能力在持续提升。同时，五粮液的销售毛利率也呈现出相似的增长趋势，从 2014年的 0.725 增长至 2023 年的 0.758，表明五粮液在成本控制和产品销售方面做得较好，其盈利能力稳定且逐年增强。贵州茅台的销售净利率和销售毛利率均保持在较高水平，且波动相对较小。贵州茅台的销售净利率从 2014 年的 0.515 增长至 2023 年的 0.525，尽管这期间有所波动，但整体呈上升趋势。贵州茅台的销售毛利率则一直保持在 0.89 以上，显示出贵州茅台在成本控制和产品定价方面的卓越能力。山西汾酒的销售净利率和销售毛利率在这期间均有显著提升。山西汾酒的销售净利率从 2014 年的 0.091 增长至 2023 年的 0.328，显示出其盈利能力的大幅提升。山西汾酒的销售毛利率也呈现出相似的增长趋势，从 2014 年的 0.674 增长至 2023 年的 0.753。

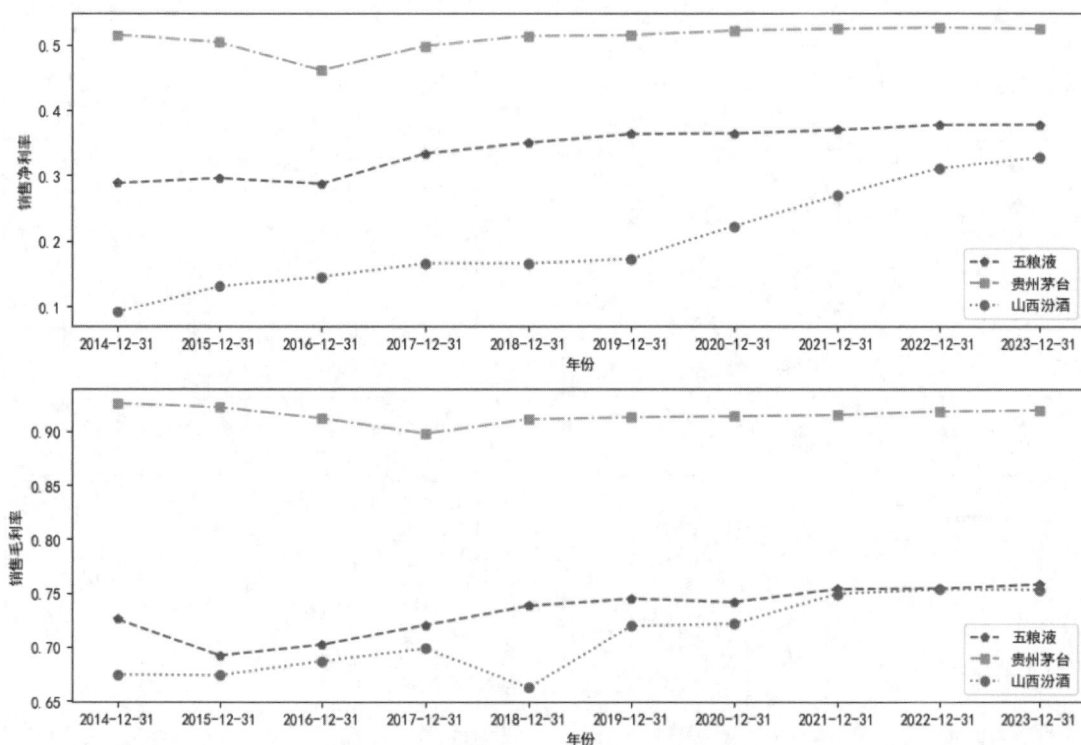

图 9-13　销售净利率和销售毛利率折线图

对比 3 家企业，贵州茅台的销售净利率最高且波动小，显示出其强大的盈利能力，同时其销售毛利率也最高，一直保持在 0.89 以上，彰显了其卓越的成本控制和产品定价能力；五粮液的销售净利率次之，但逐年稳步增长，销售毛利率也呈现上升趋势，表明其盈利能力在不断提升；而山西汾酒虽然销售净利率和销售毛利率的起点较低，但近年来增长迅速，显示出其盈利能力和成本控制能力的显著提升。

整体来看，贵州茅台的盈利能力最强，这与其卓越的产品品质、强大的品牌影响力及稳健的市场策略密切相关；五粮液的盈利能力次之，但在逐年增强，显示出其良好的发展势头；山西汾酒的盈利能力虽然起点较低，但近年来提升显著，显示出其强劲的发展潜力。

2. 营运能力对比分析

下面选取存货周转天数、存货周转率、流动资产周转率和总资产周转率 4 个指标对五粮液、贵州茅台和山西汾酒的营运能力进行对比分析。

从图 9-14 可以看出，五粮液的存货周转率从 2014 年的 0.77 次逐年增加到 2022 年的 1.21次，表明存货周转速度逐渐加快。虽然在 2023 年略有下降，但仍高于 2014 年水平。与存货周转率相对应，存货周转天数从 2014 年的 467 天逐年下降到 2022 年的 297 天，2023 年略有增加，但仍远低于 2014 年存货周转天数，说明存货的利用效率在提高。流动资产周转率在 2014—2023年期间波动较大，但整体呈上升趋势，特别是在 2018 年后，周转率显著提升，表明流动资产的使用效率有所提高。总资产周转率也呈现出与流动资产周转率相似的趋势，整体呈上升趋势，说明五粮液的总资产利用效率在逐年提高。

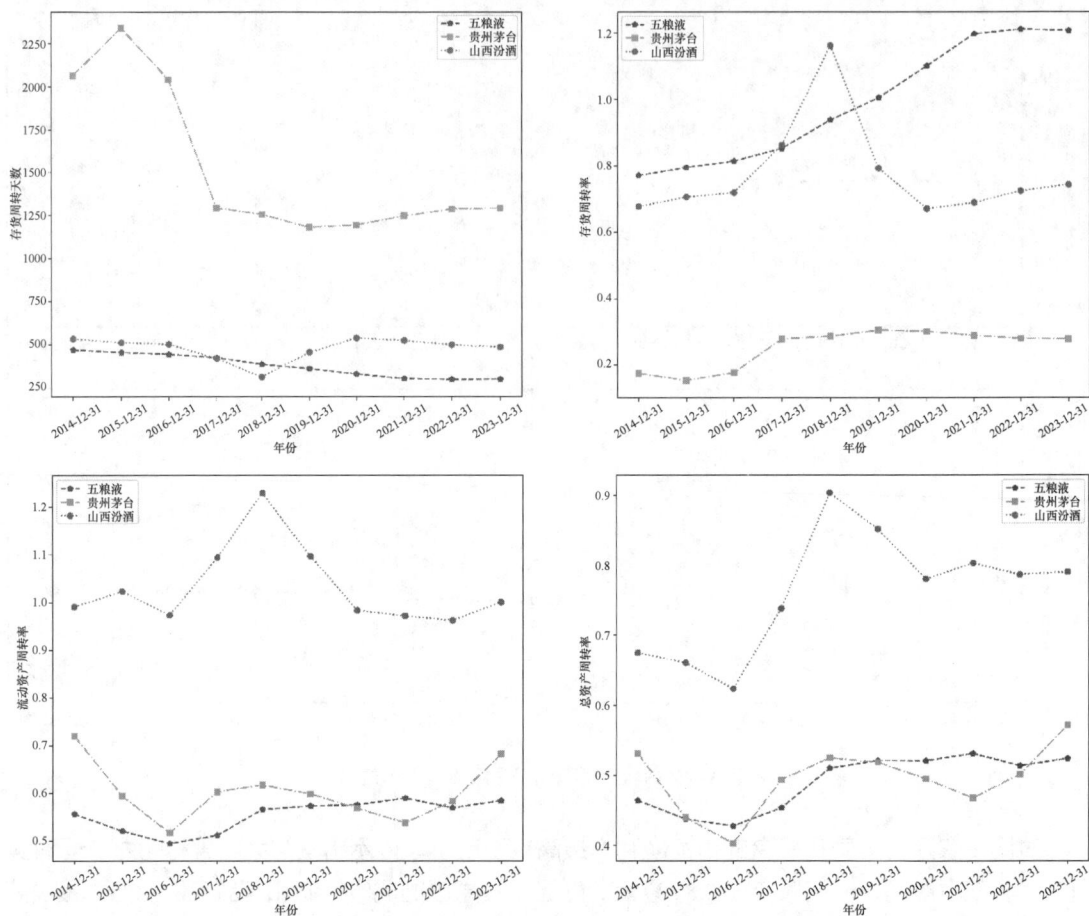

图 9-14　营运能力指标折线图

贵州茅台的存货周转率从 2014 年的 0.17 次增加到 2023 年的 0.28 次，虽然增加幅度不大，但表明存货周转速度在加快。与存货周转率相对应，存货周转天数从 2014 年的 2064 天下降到 2023 年的 1293 天，说明存货的利用效率在增加。流动资产周转率在 2014—2023 年波动较大，但整体呈先降后升的趋势，特别是在 2023 年，周转率显著提升，表明流动资产的使用效率有所提高。总资产周转率也呈现出与流动资产周转率相似的趋势，整体呈先降后升的趋势，说明贵州茅台的总资产利用效率在逐年提高，但提高幅度相对较小。

山西汾酒的存货周转率从 2014 年的 0.68 次逐年增加到 2018 年的 1.16 次，之后开始下降，直到 2021 年又开始增加。与存货周转率相对应，存货周转天数从 2014 年的 531 天逐年下降到 2018 年的 309 天，之后略有增加，2023 年与 2014 年相比略有增加。山西汾酒的流动资产周转率在 2014—2023 年波动较大，但整体呈先升后降再升的趋势，特别是在 2018 年达到高峰后，周转率略有下降，但在 2023 年又有所提升，表明流动资产的使用效率有所波动。总资产周转率整体呈先降后升的趋势，且波动幅度相对较大，说明山西汾酒的总资产利用效率在逐年提高，但提高幅度有所波动。

从存货周转天数和存货周转率来看，五粮液的存货周转速度相对较快，且逐年提升；贵州茅台的存货周转速度相对较慢，但也在逐年提升；山西汾酒的存货周转速度介于两者之间，但波动较大。因此，在存货管理方面，五粮液表现最好，贵州茅台和山西汾酒需要进一步加强。

从流动资产周转率来看，3 家企业均呈现出波动趋势。其中，五粮液、山西汾酒和贵州茅台在 2023 年均有所提升，其中贵州茅台提升幅度最大。整体来看，山西汾酒的流动资产使用效率相对较高，五粮液和贵州茅台的流动资产使用效率波动明显且均远低于山西汾酒。

从总资产周转率来看，3 家企业均呈现出上升趋势。其中，山西汾酒的提升幅度较大，贵州茅台和五粮液的提升幅度相对较小。因此，在总资产利用效率方面，山西汾酒表现较好。

整体来看，3 家企业在营运能力方面各有优劣。五粮液在总资产利用效率方面表现较好，但存货周转速度较慢；贵州茅台在存货周转速度方面表现较好，但流动资产和总资产利用效率的提升幅度相对较小；山西汾酒在流动资产利用效率方面表现较好，但存货周转速度和总资产利用效率波动较大。

3. 成长能力对比分析

下面选取净资产同比增长率、总资产同比增长率、净利润同比增长率和基本每股收益同比增长率这 4 个指标对五粮液、贵州茅台和山西汾酒的成长能力进行对比分析。

从图 9-15 可以看出，五粮液的净资产同比增长率在 2014—2023 年整体呈现波动上升的趋势，但增速有所放缓。净资产同比增长率从 2014 年的 0.092 增长到 2018 年的 0.190，达到峰值后逐渐下降至 2023 年的 0.136。这表明五粮液的净资产规模在逐年扩大，但增长速度在逐渐放缓。总资产同比增长率也呈现出波动上升的趋势，但同样在近年来增速放缓。总资产同比增长率从 2014 年的 0.052 增长到 2019 年的 0.236，之后逐渐下降至 2023 年的 0.083。这表明五粮液的总资产规模在逐年扩大，但增长速度也在逐渐放缓。净利润同比增长率在 2014—2023 年波动较大。净利润同比增长率在 2014 年出现负增长后，逐渐增长至 2017 年的 0.429，之后虽然有所波动，但整体保持正增长。然而，近年来，净利润同比增长率逐渐下降至 2023 年的 0.127。基本每股收益同比增长率与净利润同比增长率呈现出相似的趋势。基本每股收益同比增长率在 2014 年出现负增长后，逐渐增长至 2017 年的 0.426，之后虽然有所波动，但整体保持正增长。然而，近年来，基本每股收益同比增长率也逐渐下降至 2023 年的 0.132。这表明五粮液的基本每股收益在逐渐增长，但增长速度在逐渐放缓。

贵州茅台的净资产同比增长率在 2014—2023 年整体呈现波动下降的趋势。净资产同比增长率从 2014 年的 0.254 下降到 2023 年的 0.092。这表明贵州茅台的净资产规模虽然在逐年扩大，但增长速度在逐渐放缓。总资产同比增长率也呈现出波动下降的趋势，从 2014 年的 0.188 下降到 2023 年的 0.072。这表明贵州茅台的总资产规模虽然在逐年扩大，但增长速度同样在逐渐放缓。净利润同比增长率在 2014—2023 年波动较大，在 2014 年和 2015 年出现较低增长后，2017 年大幅增长至 0.618，之后虽然有所波动，但整体保持正增长。然而，近年来，净利润同比增长率逐渐下降至 2022 年的 0.173 后，在 2023 年有所回升。基本每股收益同比增长率与净利润同比增长率呈现出相似的趋势。在近年来，基本每股收益同比增长率虽然有所波动，但整体保持正增长。特别是在 2022 年和 2023 年，基本每股收益同比增长率分别达到了 0.196 和 0.191，表明贵州茅台的基本每股收益在逐渐增长。

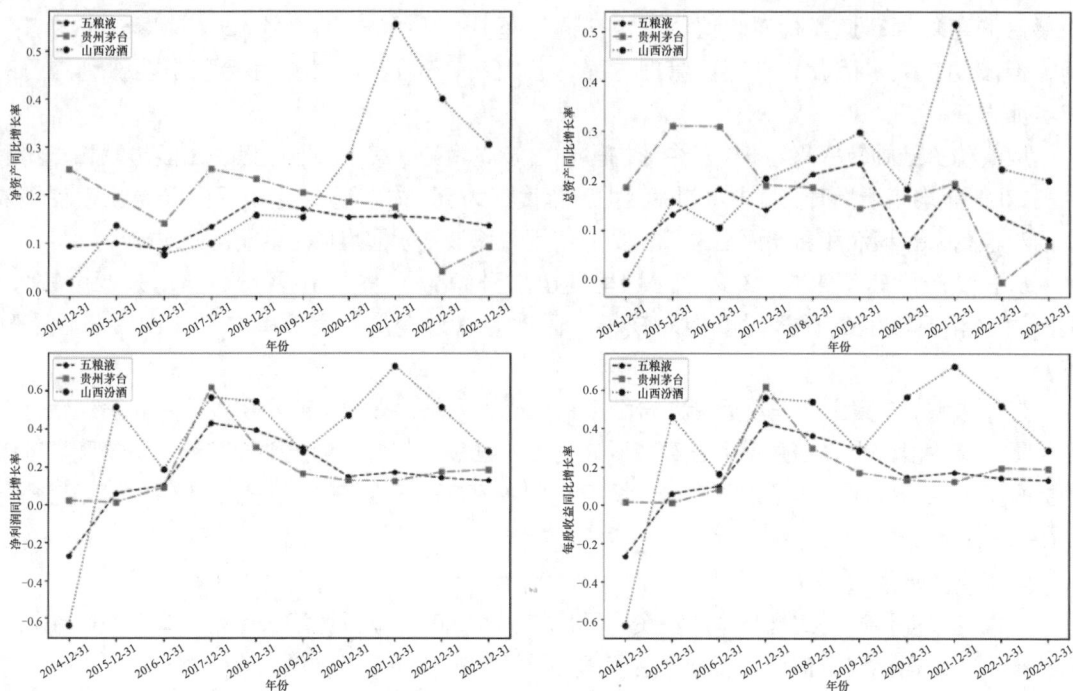

图 9-15　成长能力指标折线图

　　山西汾酒的净资产同比增长率在 2014—2023 年整体呈现波动上升的趋势，从 2014 年的 0.016 增长到 2021 年的 0.557，达到峰值后逐渐下降至 2023 年的 0.306。这表明山西汾酒的净资产规模在逐年扩大，且增长速度在近年来有所加快。总资产同比增长率也呈现出波动上升的趋势，从 2014 年的-0.005 增长到 2021 年的 0.514，之后逐渐下降至 2023 年的 0.202。这表明山西汾酒的总资产规模在逐年扩大，且增长速度在近年来有所加快。净利润同比增长率在 2014—2023 年波动较大，在 2014 年出现大幅负增长后，增长至 2017 年的 0.565，之后虽然有所波动，但整体保持正增长。特别是在 2021 年，净利润同比增长率达到了 0.730 的峰值。然而，在近年来，净利润同比增长率逐渐下降至 2023 年的 0.282。基本每股收益同比增长率与净利润同比增长率呈现出相似的趋势。在近年来，基本每股收益同比增长率虽然有所波动，但整体保持正增长。特别是在 2021 年和 2022 年，基本每股收益同比增长率分别达到了 0.725 和 0.520，表明山西汾酒的基本每股收益在逐渐增长。

　　从净资产同比增长率来看，山西汾酒的增长速度最快，且近年来增速有所加快；五粮液次之，但增长速度在逐渐放缓；贵州茅台的增长速度最慢，且近年来呈现下降趋势。

　　从总资产同比增长率来看，山西汾酒的增长速度同样最快，且近年来增速有所加快；五粮液次之，但增长速度也在逐渐放缓；贵州茅台的增长速度最慢，且近年来呈现下降趋势。

　　从净利润同比增长率来看，3 家企业的增长速度均存在波动。其中，山西汾酒在近年来表现出较强的增长能力，特别是在 2021 年达到了峰值；五粮液和贵州茅台的增长速度虽然有所波动，但整体保持正增长。

　　从基本每股收益同比增长率来看，3 家企业的增长趋势与净利润同比增长率相似。山西汾酒在近年来表现出较强的增长能力；五粮液和贵州茅台的增长速度虽然有所波动，但整体保持正增长。

整体来看，3 家企业在成长能力方面各有优劣。山西汾酒在净资产、总资产、净利润和基本每股收益的增长速度方面均表现出较强的优势；五粮液虽然整体保持正增长，但增长速度在逐渐放缓；贵州茅台的增长速度相对较慢。

4. 偿债能力对比分析

偿债能力对比分析分为短期偿债能力对比分析和长期偿债能力对比分析，下面分别进行分析。

（1）短期偿债能力对比分析

下面选取流动比率、速动比率和现金比率这 3 个指标来对五粮液、贵州茅台和山西汾酒 3 家企业的短期偿债能力进行对比分析。

从图 9-16 可以看出，五粮液的短期偿债能力在 2014—2023 年期间表现出一定的波动性，但整体上呈现出先降后升的趋势。2014 年，五粮液的流动比率、速动比率和现金比率均处于较高水平，显示出其强大的短期偿债能力。然而，从 2015 年开始，这些比率逐渐下降，可能是受到市场环境、经营策略调整等因素的影响。尽管如此，五粮液的短期偿债能力在 2019 年后开始回升，并在 2023 年达到了一个相对较高的水平。这表明五粮液在应对短期偿债压力方面具有较强的韧性和恢复能力。

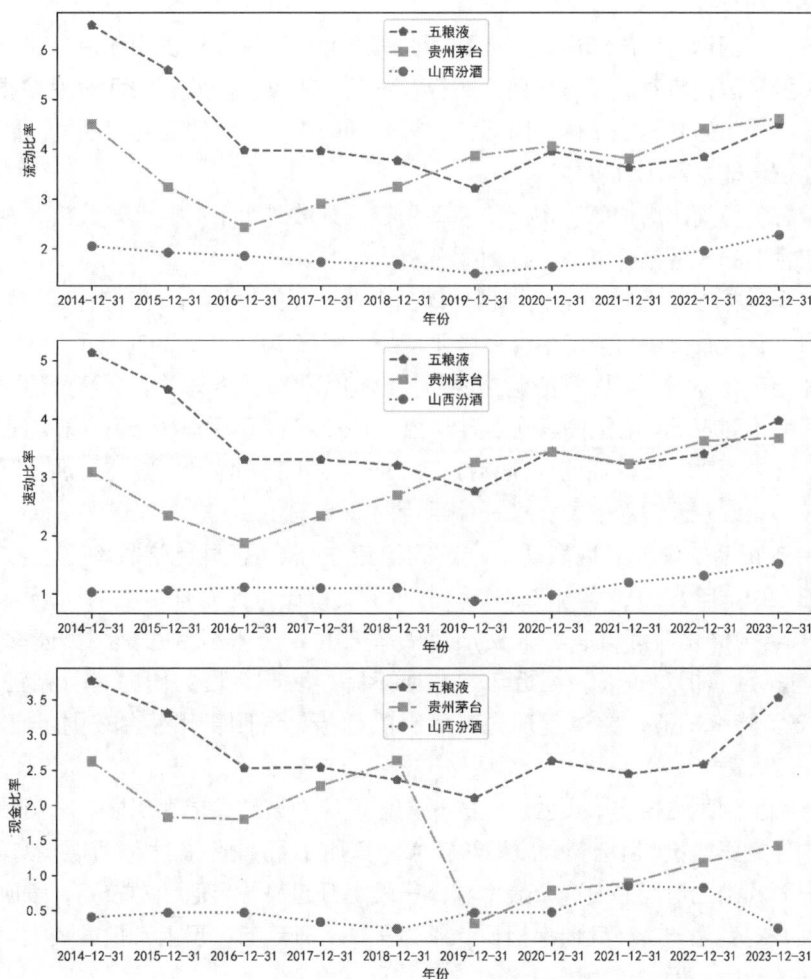

图 9-16　短期偿债能力指标折线图

贵州茅台的短期偿债能力呈现出一定的波动性，但整体上保持在相对较高的水平。与五粮液类似，贵州茅台的流动比率、速动比率和现金比率在 2014—2023 年经历了先降后升的过程。特别是在 2019 年，贵州茅台的现金比率出现了异常低的值。然而，从整体来看，贵州茅台的短期偿债能力仍然较强，这得益于其强大的品牌影响力和市场竞争力。

与五粮液和贵州茅台相比，山西汾酒的短期偿债能力整体上呈现出较低的水平。近 10 年间山西汾酒的流动比率、速动比率和现金比率均处于相对较低的位置，且没有出现显著的上升趋势。这表明山西汾酒在应对短期偿债压力方面存在一定的困难。这可能是山西汾酒在市场份额、盈利能力等方面与五粮液和贵州茅台相比存在一定的差距，从而影响了其短期偿债能力。

从整体来看，五粮液、贵州茅台和山西汾酒的短期偿债能力存在一定的差异。五粮液和贵州茅台的短期偿债能力相对较强，而山西汾酒的短期偿债能力相对较弱。这可能与 3 家企业在品牌知名度、市场份额、盈利能力等方面的差异有关。五粮液和贵州茅台作为白酒行业的领军企业，拥有强大的品牌影响力和市场竞争力，能够更好地应对短期偿债压力。同时，这两家企业在经营策略、财务管理等方面也表现出较高的水平，从而增强了其短期偿债能力。

相比之下，山西汾酒在市场份额、盈利能力等方面与五粮液和贵州茅台存在一定的差距。这可能导致山西汾酒在应对短期偿债压力时存在一定的困难。因此，山西汾酒需要进一步开展加强品牌建设、提高盈利能力、优化财务管理等方面的工作，以提高其短期偿债能力。

（2）长期偿债能力对比分析

下面选取总负债同比增长率、资产负债率和权益乘数这 3 个指标来对五粮液、贵州茅台和山西汾酒 3 家企业的长期偿债能力进行对比分析。

从图 9-17 可以看出，五粮液的长期偿债能力在观察期间表现出一定的稳定性。从总负债同比增长率来看，五粮液在多数年份中保持了正增长，但在 2014 年、2020 年和 2023 年出现了负增长，这可能与市场环境、经营策略调整或债务结构优化等因素有关。资产负债率方面，五粮液的资产负债率相对较低，且整体呈现上升趋势，但在 2019 年后有所下降，表明其资产结构相对稳健，债务压力不大。五粮液的权益乘数在 1.15 至 1.4 之间波动，整体呈现上升趋势，但波动幅度相对较小，说明五粮液的财务杠杆使用相对谨慎。

贵州茅台的长期偿债能力也表现出一定的稳定性。总负债同比增长率在多数年份中保持正增长，但在 2014 年、2019 年和 2022 年出现了负增长，这同样可能与市场环境、经营策略调整或债务结构优化等因素有关。资产负债率方面，贵州茅台的资产负债率整体呈现先升后降的趋势，且值相对较高，但近年来有所下降，表明其债务压力有所减轻。权益乘数的变化与资产负债率相似，整体呈现先升后降的趋势，说明贵州茅台在财务杠杆的使用上也相对谨慎。

与五粮液和贵州茅台相比，山西汾酒的长期偿债能力波动性更为明显。总负债同比增长率在多数年份中保持正增长，且增长幅度相对较大，表明山西汾酒在扩大债务规模方面较为积极。资产负债率方面，山西汾酒的资产负债率整体呈现上升趋势，且值相对较高，表明其债务压力较大。权益乘数的变化与资产负债率相似，整体呈现上升趋势，且上升幅度较大，说明山西汾酒在财务杠杆的使用上相对较为激进。

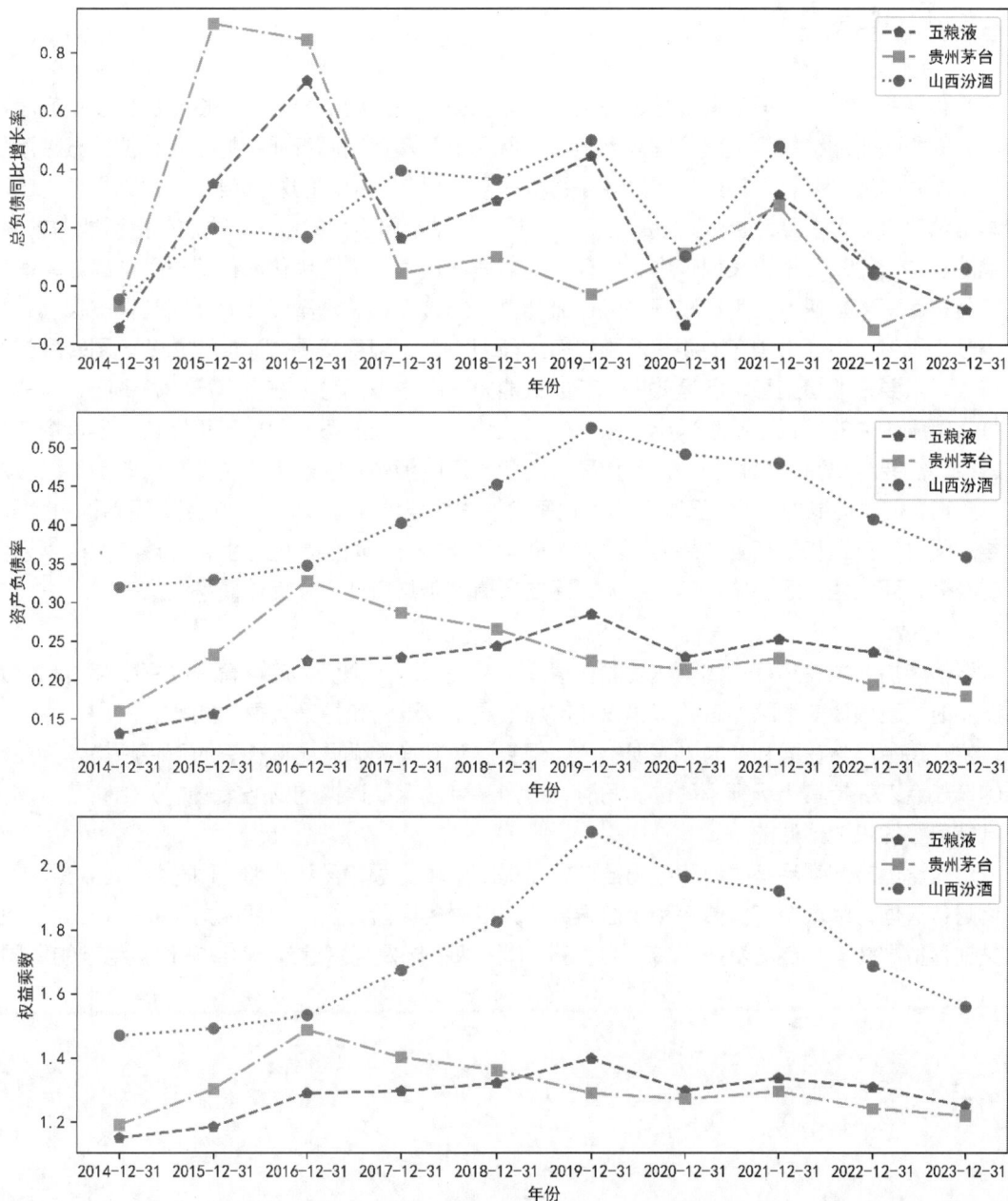

图 9-17　长期偿债能力指标折线图

　　具体来说，五粮液和贵州茅台在资产负债率、权益乘数等指标上表现相对稳健，债务压力不大，财务杠杆使用谨慎。这可能与两家企业在市场份额、盈利能力、品牌影响力等方面的优势有关，使得它们在面对债务压力时能够保持较好的偿债能力。

　　相比之下，山西汾酒的资产负债率、权益乘数等指标整体呈现上升趋势，且值相对较高，表明其债务压力较大，财务杠杆使用相对激进。这可能与山西汾酒在市场份额、盈利能力等方面与五粮液和贵州茅台存在一定的差距有关，导致其在面对债务压力时偿债能力相对较弱。

9.4.4 总结与建议

1. 总结

3 家企业在不同方面各有优势、面临不同的挑战。在盈利能力方面，贵州茅台以其高净资产收益率和稳定的销售净利率及销售毛利率，展现出了其在白酒行业中的领先地位。五粮液虽然盈利能力稍逊一筹，但其盈利能力逐年稳步提升，显示出良好的发展势头。相比之下，山西汾酒虽然起点较低，但其盈利能力的提升速度迅猛，显示出巨大的成长潜力。在营运能力方面，五粮液在总资产周转率上表现较好，但存货周转速度较慢，需要优化库存管理以提高效率。贵州茅台在存货周转速度上表现较好，但在流动资产周转率和总资产周转率上提升幅度较小，需要进一步改善。山西汾酒在流动资产周转率上表现不错，但存货周转速度和总资产周转率的波动较大，需要采取措施稳定营运效率。在成长能力方面，山西汾酒在净资产、总资产、净利润和基本每股收益的增长上都表现出了强劲的增长势头。五粮液虽然保持了正增长，但其增速有所放缓，需要寻找新的增长动力。贵州茅台的增长速度相对较慢，需要关注并采取措施以应对这一趋势。在偿债能力方面，五粮液和贵州茅台的短期偿债能力较强，而山西汾酒则相对较弱，需要加强财务管理和提高盈利能力以改善短期偿债能力。长期偿债能力上，五粮液和贵州茅台表现稳健，而山西汾酒的债务压力较大，需要谨慎使用财务杠杆并优化债务结构。

2. 建议

五粮液需要关注其存货周转速度的放缓趋势，并采取措施优化库存管理以提高存货利用效率。同时，五粮液应继续加强品牌建设和市场拓展，以维持和提升其盈利能力。

贵州茅台虽然在盈利能力上表现出色，但应注意到净利润同比增长率的下降趋势，并探索新的增长点以保持其市场领导地位。同时，贵州茅台应保持谨慎的财务策略，优化债务结构，以维持良好的长期偿债能力。

山西汾酒应加强品牌建设和市场推广，以提高市场份额和盈利能力。同时，山西汾酒需要优化财务管理，降低资产负债率和权益乘数，减少财务风险，提高偿债能力。此外，山西汾酒应关注存货周转率和流动资产周转率的波动，并采取措施提高营运效率，以实现更稳定的发展。

第 10 章

基于 K 均值聚类的
上市公司盈利能力分析

学习导读

在财务分析领域，上市公司的盈利能力是衡量其市场表现和投资价值的核心指标。本章将介绍如何运用 K 均值聚类对上市公司的盈利能力进行深入分析。本章从盈利能力出发，介绍盈利能力分析的意义及重要性。接着，阐述数据处理的全过程，包括获取财务指标数据、数据清洗等，以确保数据的准确性和可靠性。在此基础上，通过描述性统计与可视化分析，直观地展示不同上市公司盈利能力指标的分布和变化趋势。随后，基于盈利能力指标实现 K 均值聚类，并对结果进行评价，具体包括 K 值确定、K 均值聚类、聚类效果评价、模型结果展示，以便将上市公司划分为不同的盈利能力类别，并深入分析各类别的特征。最终，通过案例报告，介绍一个完整的基于 K 均值聚类的上市公司盈利能力分析流程，从背景介绍、数据说明，到描述性分析、模型训练，再到总结与建议，全方位地展示如何量化评估上市公司的盈利能力，为公司的经营策略制定和投资决策提供科学依据。

学习目标

➤ 理解盈利能力分析的内涵及其在企业运营中的核心作用，了解影响盈利能力的关键指标，为后续分析奠定理论基础。

➤ 掌握数据处理技能，包括数据收集、数据清洗等，确保分析所用数据的准确性和可靠性。

➤ 掌握描述性统计与可视化分析方法，能够运用可视化工具直观展示不同上市公司盈利能力指标的分布和变化趋势。

➤ 掌握 K 均值聚类分析方法，包括如何确定 K 值、执行 K 均值聚类算法、评价聚类效果及展示模型结果，为上市公司盈利能力分析提供量化评估方法。

➤ 掌握案例分析方法，通过综合案例，运用 K 均值聚类对上市公司的盈利能力进行量化评估，并为公司未来的经营和投资决策提供有价值的参考。

思维导图

基于K均值聚类的上市公司盈利能力分析

- 盈利能力概述：盈利能力分析的意义及重要性

- 数据处理：获取财务指标数据、数据清洗、异常值处理、数据筛选、数据标准化

- 盈利能力指标的描述性统计与可视化分析
  - 盈利能力指标的描述性统计
  - 盈利能力指标的可视化分析：指标的散点矩阵图、相关系数热力图，盈利能力指标主成分提取及相关系数热力图

- 基于盈利能力指标的K均值聚类与评价
  - K值确定
  - K均值聚类
  - 聚类效果评价：查看聚类中心、命名各类别，统计各类企业的数量
  - 模型结果展示

- 案例报告——基于K均值聚类的上市公司盈利能力分析
  - 背景介绍：计算机行业简要介绍、明确分析目标
  - 数据说明：指标名称及处理前后对比
  - 描述性分析：通过盈利能力指标的散点矩阵图、相关系数热力图对指标相关性进行分析
  - 模型训练：主成分提取、K均值聚类
  - 总结与建议：总结分析内容，提出建议

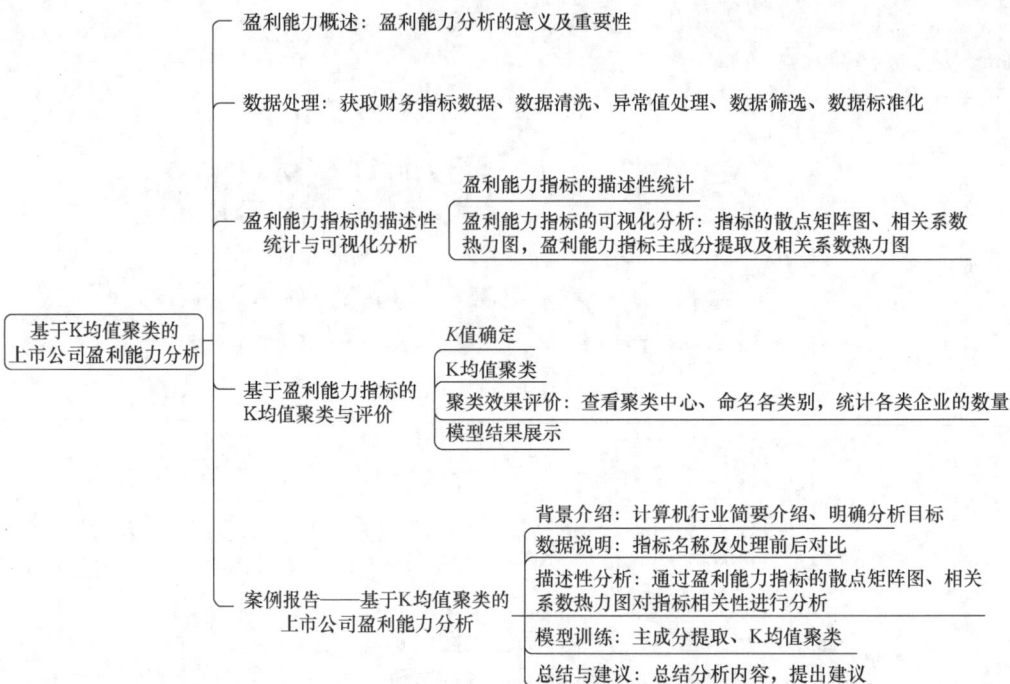

10.1 盈利能力概述

上市公司盈利能力分析对于投资者而言至关重要，它不仅揭示了公司当前的财务状况和未来盈利潜力，还有助于投资者评估公司的财务风险和市场竞争力。通过分析盈利能力指标，投资者可以判断公司是否具备持续产生收益的能力，是否有能力支付股息和偿还债务，从而做出明智的投资决策。同时，盈利能力分析也是公司管理层制定战略、优化资源配置、提高市场竞争力的重要依据。

此外，盈利能力分析在提升市场信心、增强公司的市场形象上也发挥着关键作用。强劲的盈利表现能够吸引更多的投资者，提高公司的股价和市值。对于监管机构来说，盈利能力分析是确保上市公司遵守财务报告标准、保护投资者利益的有效手段。而对于公司内部，盈利能力分析结果可用于制定激励机制，以确保员工和管理层的目标与提高公司盈利能力的目标一致，推动公司持续改进和成长。

本章以申万行业分类表中"计算机"行业所有上市公司某年的盈利能力指标数据为基础，选择的指标如表 10-1 所示，采用 K 均值聚类，从而找出盈利能力比较好的计算机行业上市公司。

表 10-1　　　　　　　　　　　　　　　　　　盈利能力指标

字段名称	指标名称	说明
F050502B	净资产收益率	净利润/股东权益平均余额
F050102B	资产报酬率	(利润总额+财务费用)/平均资产总额

续表

字段名称	指标名称	说明
F050202B	总资产净利润率	净利润/总资产平均余额
F051201B	投入资本回报率	(净利润+财务费用)/(资产总计-流动负债+应付票据+短期借款+一年内到期的非流动负债)
F051501B	营业净利率	净利润/营业收入
F053301B	营业毛利率	(营业收入-营业成本)/营业收入
F051401B	营业利润率	营业利润/营业收入
F052101B	成本费用利润率	(利润总额)/(营业成本+销售费用+管理费用+财务费用)

注：指标数据来源于国泰安金融数据库 CSMAR

10.2 数据处理

本章已收集到 3 张数据表单，分别是"财务指标数据.xlsx""申万行业分类.xlsx""公司基本信息表.xlsx"。先对数据进行如下处理。

步骤 1 获取财务指标数据。

核心代码如下：

```
import pandas as pd
data=pd.read_excel('财务指标数据.xlsx')
data.head()    #显示前 5 行
```

代码运行结果如图 10-1 所示。

	Stkcd	F050502B	F050102B	F050202B	F051201B	F051501B	F053301B	F051401B	F052101B
0	667	0.072496	0.030630	0.025459	0.045300	0.090794	0.287946	0.125722	0.160675
1	838	0.075536	0.020626	0.019593	0.025699	0.116062	0.348287	0.066612	0.112519
2	600816	0.424511	0.284350	0.284350	0.188029	0.666531	NaN	0.892360	NaN
3	600358	0.042172	0.047514	0.017612	0.051383	0.145928	0.867484	0.393601	0.241220
4	601155	0.183725	0.042560	0.040358	0.093632	0.101813	0.268085	0.138837	0.172821

图 10-1　运行结果

上述为获取的各企业表示盈利能力的财务指标，其中"Stkcd"表示公司的股票代码，由于其导入后数据类型变为整型，因此有些股票代码最前面的"0"不见了，但不影响后续分析和建模，故这里先不处理。从"F050502B"开始为 8 个评估企业盈利能力的指标。目前，数据中有 2842 家企业，存在缺失值，需对数据进行处理。

步骤 2 对财务指标数据进行清洗。

核心代码如下：

```
data=data[data>0]#保证各指标值为正数
data=data.dropna()#去掉含有缺失值的企业样本
print("数据的行列数为：",data.shape)
data.head()    #显示前 5 行
```

代码运行结果如图 10-2 所示。

数据的行列数为：（2250, 9）

	Stkcd	F050502B	F050102B	F050202B	F051201B	F051501B	F053301B	F051401B	F052101B
0	667	0.072496	0.030630	0.025459	0.045300	0.090794	0.287946	0.125722	0.160675
1	838	0.075536	0.020626	0.019593	0.025699	0.116062	0.348287	0.066612	0.112519
3	600358	0.042172	0.047514	0.017612	0.051383	0.145928	0.867484	0.393601	0.241220
4	601155	0.183725	0.042560	0.040358	0.093632	0.101813	0.268085	0.138837	0.172821
5	2231	0.007149	0.005577	0.005543	0.006671	0.012131	0.251830	0.003421	0.021860

图 10-2　运行结果

上述为数据清洗后的结果，可以看到，数据减少到 2250 行，缺失值和数值小于 0 的数据均已删除。

步骤 3　对财务指标数据进行异常值处理。

这里定义超出该指标均值 8 倍及以上的值为异常值。异常值可根据实际情况和经验决定，此处仅为示例。

核心代码如下：

```
for i in range(1,9):
    data=data[data.iloc[:,i]<8*data.iloc[:,i].mean()]
print("数据的行列数为：", data.shape)
data.head()  #显示前 5 行
```

代码运行结果如图 10-3 所示。

数据的行列数为：（2221, 9）

	Stkcd	F050502B	F050102B	F050202B	F051201B	F051501B	F053301B	F051401B	F052101B
0	667	0.072496	0.030630	0.025459	0.045300	0.090794	0.287946	0.125722	0.160675
1	838	0.075536	0.020626	0.019593	0.025699	0.116062	0.348287	0.066612	0.112519
3	600358	0.042172	0.047514	0.017612	0.051383	0.145928	0.867484	0.393601	0.241220
4	601155	0.183725	0.042560	0.040358	0.093632	0.101813	0.268085	0.138837	0.172821
5	2231	0.007149	0.005577	0.005543	0.006671	0.012131	0.251830	0.003421	0.021860

图 10-3　运行结果

上述为异常值处理后的结果，数据减少到 2221 行，列数不变。

步骤 4　从预处理过的财务指标数据中选择申万行业分类表中计算机行业所有上市公司的数据。

核心代码如下：

```
#读取各企业行业分类
dta=pd.read_excel('申万行业分类.xlsx')
#找出计算机行业企业的股票代码
stkcd=dta.loc[dta['行业名称'].values=='计算机','股票代码'].values
#将计算机行业相关企业的指标提取出来
data=data[data["Stkcd"].isin(stkcd)]
```

代码运行结果如图 10-4 所示。

	Stkcd	F050502B	F050102B	F050202B	F051201B	F051501B	F053301B	F051401B	F052101B
32	2280	0.321397	0.228925	0.227827	0.188137	0.474756	0.715053	0.557304	1.357928
38	300271	0.154194	0.091206	0.093423	0.120079	0.154341	0.434843	0.136904	0.210119
39	300324	0.106211	0.076708	0.071280	0.077224	0.117922	0.499746	0.131880	0.180142
77	2230	0.083760	0.058820	0.064392	0.055300	0.174578	0.488951	0.119061	0.212990
114	300367	0.184059	0.112991	0.102916	0.096451	0.265636	0.562932	0.244306	0.403114
...	...	...	...	...	...	...	...	...	...
2734	600797	0.117760	0.068691	0.048892	0.101516	0.044009	0.145068	0.047389	0.049812
2763	2771	0.147693	0.065739	0.066502	0.101469	0.084716	0.222085	0.090011	0.108050
2770	2609	0.161578	0.111558	0.122543	0.129835	0.222363	0.571423	0.237939	0.346501
2772	300042	0.028986	0.007728	0.027856	0.007973	0.060096	0.150149	0.062825	0.080056
2786	938	0.084636	0.046382	0.036983	0.056861	0.015172	0.045268	0.019116	0.020344

130 rows × 9 columns

图 10-4　运行结果

上述为计算机行业企业的盈利能力指标数据，有 130 家企业。

步骤 5　对指标数据 X 进行标准化处理。

核心代码如下：

```
#提取盈利能力指标数据
X=data.iloc[:,1:]
#对指标数据进行标准化处理
from sklearn.preprocessing import MinMaxScaler
scaler =   MinMaxScaler()#最大最小标准化
scaler.fit(X)
X_sc=scaler.transform(X)
X_sc=pd.DataFrame(X_sc,columns=X.columns)
```

代码运行结果如图 10-5 所示。

	F050502B	F050102B	F050202B	F051201B	F051501B	F053301B	F051401B	F052101B
0	1.000000	1.000000	1.000000	1.000000	1.000000	0.733002	1.000000	1.000000
1	0.460832	0.386995	0.390118	0.628770	0.311930	0.427245	0.243682	0.149362
2	0.306105	0.322462	0.289640	0.395012	0.233722	0.498065	0.234644	0.127146
3	0.233708	0.242840	0.258384	0.275425	0.355387	0.486286	0.211582	0.151489
4	0.557136	0.483963	0.433194	0.499888	0.550929	0.567012	0.436903	0.292390
...	...	...	...	...	...	...	...	...
125	0.343346	0.286777	0.188050	0.527516	0.074999	0.111052	0.082641	0.030558
126	0.439869	0.273638	0.267959	0.527259	0.162415	0.195090	0.159320	0.073718
127	0.484643	0.477584	0.522255	0.681985	0.458003	0.576277	0.425449	0.250434
128	0.057082	0.015423	0.092596	0.017275	0.109545	0.116596	0.110411	0.052972
129	0.236533	0.187477	0.134011	0.283940	0.013074	0.002153	0.031777	0.008720

130 rows × 8 columns

图 10-5　运行结果

上述为标准化处理以后的结果，各指标的值发生了变化，统一缩放到 0 和 1 之间。

10.3 盈利能力指标的描述性统计与可视化分析

盈利能力指标是企业经营成果的核心量化体现。本节通过描述性统计提炼指标分布的核心特征，并借助可视化技术直观呈现数据规律，为后续决策提供数据支撑和逻辑依据。

10-2 盈利能力指标的描述性统计与可视化分析

10.3.1 盈利能力指标的描述性统计

为了对各指标有一定的认识和了解，这里对盈利能力指标进行描述性统计。核心代码如下：

```
#原始指标描述性统计
print("原始指标描述性统计结果为：\n",X.describe())
#对标准化处理后的指标进行描述性统计
print("标准化后指标描述性统计结果为：\n",X_sc.describe())
```

代码运行结果如图 10-6 所示。

```
原始指标描述性统计结果为：
        F050502B    F050102B    F050202B    F051201B    F051501B    F053301B    \
count  130.000000  130.000000  130.000000  130.000000  130.000000  130.000000
mean     0.102073    0.068634    0.069104    0.074861    0.138218    0.416442
std      0.051758    0.035647    0.036639    0.036860    0.080735    0.182200
min      0.011284    0.004263    0.007450    0.004806    0.009084    0.043295
25%      0.066231    0.044384    0.044640    0.050432    0.083811    0.295890
50%      0.093512    0.063070    0.062995    0.069258    0.124345    0.399480
75%      0.131477    0.084403    0.086848    0.099860    0.184569    0.520350
max      0.321397    0.228925    0.227827    0.188137    0.474756    0.959743

        F051401B    F052101B
count  130.000000  130.000000
mean     0.125738    0.197310
std      0.084113    0.160969
min      0.001453    0.008578
25%      0.068180    0.099210
50%      0.113404    0.168119
75%      0.160532    0.248411
max      0.557304    1.357928
标准化后指标描述性统计结果为：
        F050502B    F050102B    F050202B    F051201B    F051501B    F053301B    \
count  130.000000  130.000000  130.000000  130.000000  130.000000  130.000000
mean     0.292761    0.286524    0.279765    0.382125    0.277308    0.407167
std      0.166900    0.158669    0.166256    0.201059    0.173373    0.198811
min      0.000000    0.000000    0.000000    0.000000    0.000000    0.000000
25%      0.177183    0.178583    0.168759    0.248872    0.160472    0.275624
50%      0.265157    0.261755    0.252048    0.351561    0.247516    0.388658
75%      0.387580    0.356711    0.360284    0.518482    0.376842    0.520548
max      1.000000    1.000000    1.000000    1.000000    1.000000    1.000000

        F051401B    F052101B
count  130.000000  130.000000
mean     0.223594    0.139869
std      0.151323    0.119294
min      0.000000    0.000000
25%      0.120044    0.067167
50%      0.201405    0.118235
75%      0.286190    0.177739
max      1.000000    1.000000
```

图 10-6　运行结果

上述为描述性统计的结果。标准化后各个指标的最小值均为 0，最大值均为 1。

10.3.2 | 盈利能力指标的可视化分析

这里通过绘制图形，来深入了解各指标的分布及指标间的关系。

步骤 1 绘制指标的散点矩阵图。

核心代码如下：

```
import matplotlib
import matplotlib.pyplot as plt
# 指定字体为 SimHei（黑体）
matplotlib.rcParams['font.sans-serif'] = ['SimHei']
# 设置负号不使用 Unicode 字符
matplotlib.rcParams['axes.unicode_minus'] = False

plt.figure(figsize=(12,12))
#绘制散点矩阵图
import seaborn as sns
sns.pairplot(data=X_sc)
plt.show()
```

代码运行结果如图 10-7 所示。

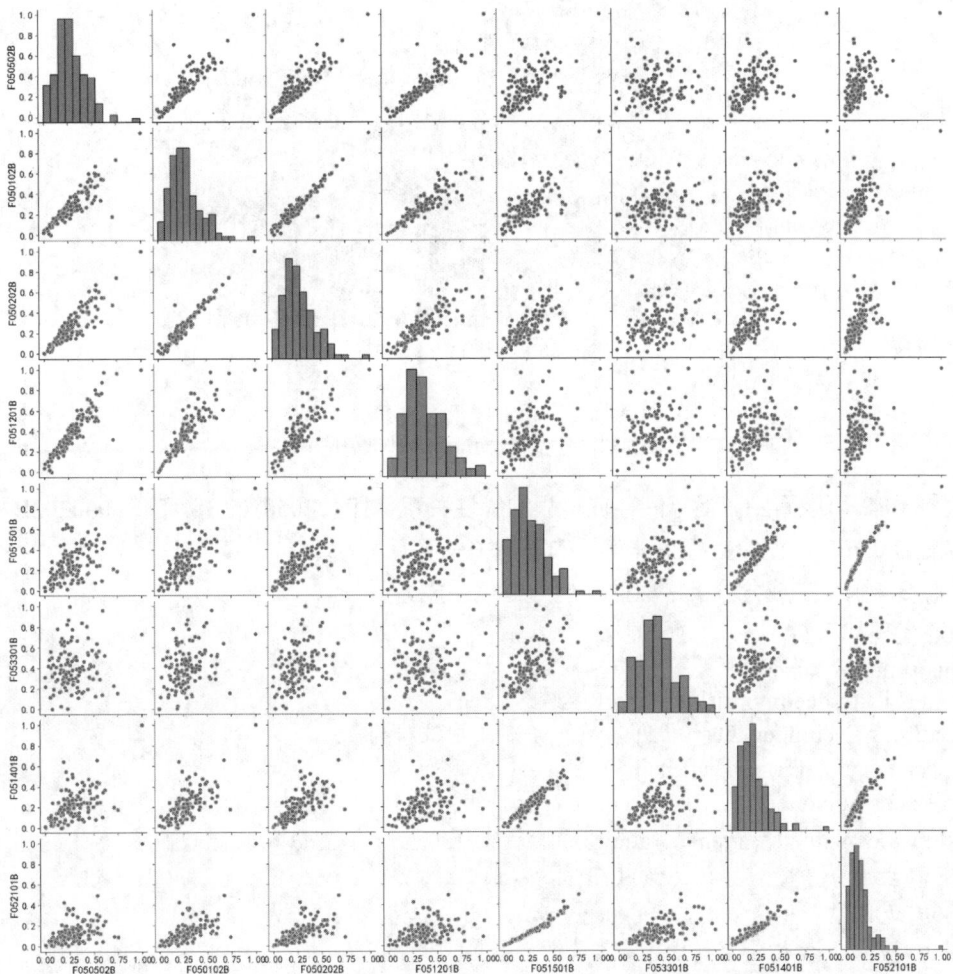

图 10-7 盈利能力指标的散点矩阵图

从图 10-7 可以看出，有些指标有明显的线性趋势，如第二个指标"F050102B"（资产报酬率）和第三个指标"F050202B"（总资产净利润率）有非常明显的正相关关系。

步骤 2 绘制相关系数热力图。

核心代码如下：

```
cor= X_sc.corr().round(4)
sns.heatmap(cor,#相关系数
          cmap='YlGnBu',#用于指定颜色映射
          annot=True,fmt='.4f')#annot 表示热力图上是否显示数据；结果保留 4 位数字
plt.show()
```

代码运行结果如图 10-8 所示。

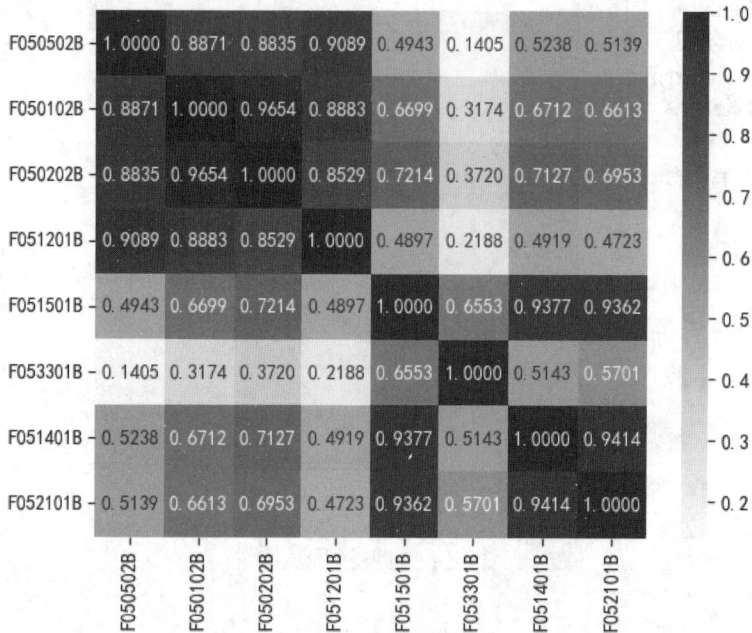

图 10-8　盈利能力指标的相关系数热力图

从图 10-8 可以看到，指标间存在较强的线性关系，如"F050102B"和"F050202B"的相关系数高达 0.9654，两个指标有非常强的正相关关系。

步骤 3 采用主成分分析提取盈利能力指标主成分。

核心代码如下：

```
import numpy as np
from sklearn.decomposition import PCA
pca=PCA(n_components=0.95)            #累计贡献率为 95%
Y=pca.fit_transform(X_sc)
tzxl=pca.components_                  #返回特征向量
gxl=pca.explained_variance_ratio_    #返回主成分方差百分比（贡献率）
print("主成分方差百分比（贡献率）: ",gxl)
print("返回特征向量: ",np.round(tzxl,2))
print("提取的主成分 Y: ",Y)
```

代码运行结果（部分）如图 10-9 所示。

```
主成分方差百分比（贡献率）：[0.67847685 0.20913697 0.07212103]
返回特征向量：[[ 0.36  0.38  0.4   0.43  0.37  0.27  0.32  0.25]
 [ 0.36  0.19  0.14  0.41 -0.35 -0.66 -0.23 -0.21]
 [ 0.07  0.02 -0.    0.32 -0.33  0.68 -0.47 -0.31]]
提取的主成分Y：[[ 1.90412959e+00 -8.06612940e-02 -3.92951834e-01]
 [ 2.76754047e-01  1.63404311e-01  8.20222078e-02]
 [ 3.64299294e-02 -2.64252193e-02  8.08628886e-02]
 [-4.28574787e-02 -1.54495341e-01 -9.17739544e-03]
 [ 5.34428460e-01 -7.90055828e-02 -7.08541097e-02]
 [-1.95760264e-01 -2.05039977e-01 -1.74162006e-02]
 [-1.95548671e-02  1.68666194e-01  3.45418178e-02]
 [-3.44658019e-01  1.14380933e-01 -9.23817119e-02]
 [-2.39293759e-01 -6.90071065e-02  7.08513651e-03]
 [ 2.63544168e-01  1.08754463e-01  2.12819656e-01]
 [-3.71856387e-01 -1.97298681e-02 -5.98446576e-02]
 [-3.33114681e-01  8.80941420e-02 -1.08381002e-01]
 [ 6.29450056e-01  1.45278029e-01 -5.04283306e-02]
 [ 4.49296491e-01  8.90537222e-02  1.17845017e-01]
 [-6.94660343e-01 -8.86406590e-03 -8.95256845e-03]]
```

图 10-9　运行结果（部分）

图 10-9 为提取主成分后的部分结果。从主成分方差百分比（贡献率）来看，8 个指标经过主成分提取后综合为 3 个指标，这 3 个综合指标分别保存了原有变量信息的 67.8477%、20.9137%、7.2121%，总贡献率达到 95%。

由返回的特征向量可以得到 3 个综合指标 y1、y2 和 y3，表达式分别为：

$$y1 = 0.36 \times F050502B + 0.38 \times F050102B + 0.40 \times F050202B + 0.43 \times F051201B$$
$$+ 0.37 \times F051501B + 0.27 \times F053301B + 0.32 \times F051401B + 0.25 \times F052101B$$
$$y2 = 0.36 \times F050502B + 0.19 \times F050102B + 0.14 \times F050202B + 0.41 \times F051201B$$
$$- 0.35 \times F051501B - 0.66 \times F053301B - 0.23 \times F051401B - 0.21 \times F052101B$$
$$y3 = 0.07 \times F050502B + 0.02 \times F050102B + 0 \times F050202B + 0.32 \times F051201B$$
$$- 0.33 \times F051501B + 0.68 \times F053301B - 0.47 \times F051401B - 0.31 \times F052101B$$

在 y1 表达式中，y1 为各指标的加权和，反映了一个公司的综合盈利能力，故 y1 称为综合盈利能力因子；在 y2 表达式中，由于其前 4 个指标 F050502B（净资产收益率）、F050102B（资产报酬率）、F050202B（总资产净利润率）和 F051201B（投入资本回报率）的系数为正，而后 4 个指标 F051501B（营业净利率）、F053301B（营业毛利率）、F051401B（营业利润率）和 F052101B（成本费用利润率）的系数为负并反映了产品销售利润，当 y2 较小时，后 4 个反映销售利润的指标值相对较大，反之较小，故 y2 称为产品竞争力因子；在 y3 表达式中，F051501B（营业净利率）、F051401B（营业利润率）和 F052101B（成本费用利润率）指标的系数为较大负值，与 y2 相比，系数为较大负值的指标少了 F053301B（营业毛利率），而在 y3 中营业毛利率指标有最大的正系数，故 y3 称为管理能力因子。最后提取的 3 个综合指标各样本的值以 Y 向量的形式存储。

步骤 4　绘制 3 个综合指标的相关系数热力图。
核心代码如下：

```
Y=pd.DataFrame(Y,columns=["y1","y2","y3"])
cor= Y.corr().round(4)
sns.heatmap(cor,#相关系数
        cmap='YlGnBu',#用于指定颜色映射
        annot=True,fmt='.4f')#annot 表示热力图上是否显示数据；结果保留 4 位数字
plt.show()
```

代码运行结果如图 10-10 所示，可以看出，综合指标之间没有相关关系。

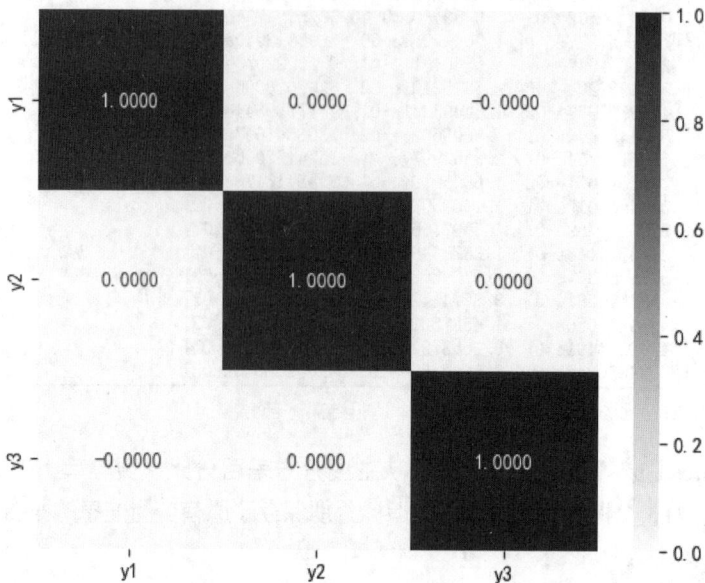

图 10-10　综合指标的相关系数热力图

10.4　基于盈利能力指标的 K 均值聚类与评价

聚类分析能够从多维财务指标中挖掘企业盈利模式的潜在分组特征。本节运用 K 均值聚类算法对样本企业进行聚类，通过客观分类揭示盈利能力差异的内在结构，为差异化策略制定提供数据支持。

10.4.1　K 值确定

计算不同聚类数目下的轮廓系数，并绘制图表来协助确定数据集的最佳聚类数目，即最佳 K 值，从而进行有效的聚类分析。考虑到 130 家计算机行业企业分类过多或过少都不合适，设置 K 在 3 和 10 之间取值。

核心代码如下：

```
from sklearn.cluster import KMeans
from sklearn import metrics
silhouette_scores = []
for n_clusters in range(3, 11):
    kmeans = KMeans(n_clusters=n_clusters,n_init=10)
    cluster_labels = kmeans.fit_predict(Y)
    silhouette_avg = metrics.silhouette_score(Y, cluster_labels)
    silhouette_scores.append(silhouette_avg)
plt.plot(range(3, 11), silhouette_scores, marker='o')
plt.xlabel('K')
plt.ylabel('轮廓系数')
plt.show()
```

代码运行结果如图 10-11 所示，从图中可以看到，当 K 取 5 时，轮廓系数达到最大，由此确定聚类数目为 5。

10-3　基于盈利能力指标的 K 均值聚类与评价

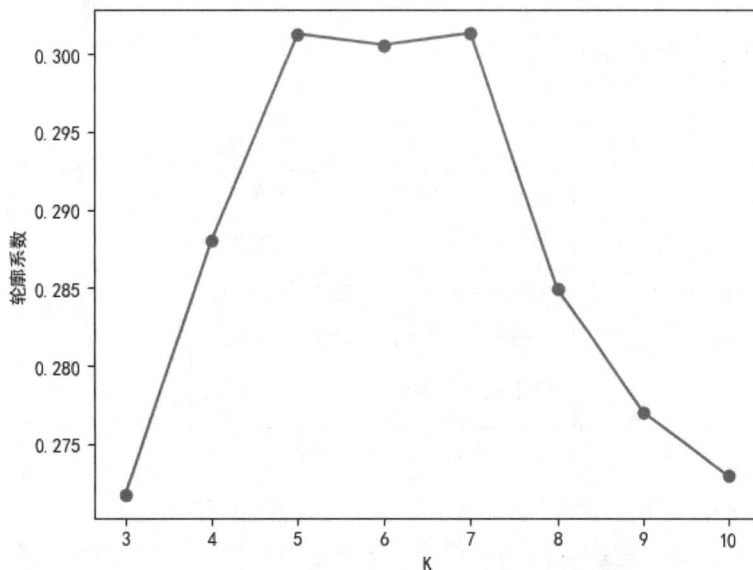

图 10-11　轮廓系数随聚类数目变化的折线图

10.4.2 K 均值聚类

现在开始创建 K 均值聚类模型。这里指定聚类数目为 5、随机状态为 12、初始化方式为 'k-means++'，并且设置了 n_init 参数为 10，这意味着算法会使用不同的初始类中心进行 10 次迭代来寻找最优的聚类中心。使用这个模型对经过缩放处理的数据集进行拟合和预测，得到每个数据点的聚类标签，并计算出各个聚类中心的坐标。

核心代码如下：

```
from collections import Counter
kmeans = KMeans(n_clusters=5,random_state=12, n_init=10,init='k-means++')
cluster_centers = kmeans.cluster_centers_ #聚类中心
cluster_labels = kmeans.fit_predict(Y)#各企业的类别
```

代码运行结果如图 10-12 所示。

```
array([4, 1, 2, 2, 1, 0, 2, 0, 0, 1, 0, 0, 1, 1, 0, 2, 2, 0, 0, 3, 2, 1,
       0, 2, 0, 2, 1, 2, 3, 0, 0, 1, 2, 1, 0, 0, 0, 3, 2, 1, 3, 2, 0, 0,
       1, 2, 0, 0, 1, 2, 3, 2, 2, 2, 2, 2, 2, 2, 0, 1, 0, 1, 2, 0, 1, 2,
       2, 2, 2, 2, 0, 2, 1, 0, 0, 2, 3, 3, 0, 2, 1, 1, 1, 0, 0, 1, 1, 3,
       2, 3, 3, 0, 1, 0, 3, 0, 3, 1, 2, 0, 2, 2, 3, 3, 2, 0, 2, 2, 2, 2,
       2, 0, 2, 2, 1, 3, 1, 1, 2, 0, 2, 0, 3, 2, 2, 2, 2, 2, 1, 0, 0])
```

图 10-12　运行结果

上述为 K 均值聚类的预测结果，从图中可以看到，已将 130 家企业分类到 5 个类别中。

10.4.3 聚类效果评价

步骤 1　查看聚类中心，命名各类别。

核心代码如下：

```
cluster_centers = kmeans.cluster_centers_
cluster_centers_df = pd.DataFrame(cluster_centers, columns=["y1","y2","y3"])
```

```
cluster_centers_df.index = ["类别 0",'类别 1', '类别 2','类别 3',"类别 4"]
cluster_centers_df.round(4)
```

代码运行结果如图 10-13 所示。

	y1	y2	y3
类别0	-0.4117	-0.0348	-0.0107
类别1	0.4677	0.1267	0.0245
类别2	-0.0620	0.0669	-0.0023
类别3	0.2557	-0.3270	0.0154
类别4	1.9041	-0.0807	-0.3930

图 10-13　运行结果

图 10-13 为 5 个类别的聚类中心。从上述结果可以看出如下内容。

类别 0 的上市公司，其综合盈利能力因子（y1）为-0.4117，是 5 个类别中最低的，表明这些公司的盈利能力较弱，可能处于亏损状态或盈利能力远低于行业平均水平。同时产品竞争力因子（y2）和管理能力因子（y3）也为负值，低于行业平均水平，故称这类公司为"亏损型公司"。

类别 1 的上市公司，其综合盈利能力因子（y1）为 0.4677，显示出较好的盈利能力；产品竞争力因子（y2）为 0.1267，表明这些公司在产品市场上具有一定的竞争力。管理能力因子（y3）为 0.0245，虽然不高，但也未显示出明显的劣势。综合来看，这类公司在盈利能力、产品竞争力和管理能力方面均表现均衡，故称这类公司为"均衡发展型公司"。

类别 2 的上市公司，其综合盈利能力因子（y1）为-0.0620，略低于平均水平，盈利能力一般。产品竞争力因子（y2）为 0.0669，略高于平均水平，显示出一定的产品竞争力。管理能力因子（y3）虽然接近 0（-0.0023），但考虑到其他两个因子的表现，可以认为这类公司在管理能力方面具有一定的潜力或提升空间，故称这类公司为"管理潜力型公司"。

类别 3 的上市公司，其综合盈利能力因子（y1）为 0.2557，显示出一定的盈利能力。管理能力因子（y3）为 0.0154，接近平均水平。产品竞争力因子（y2）为-0.3270，说明其产品利润相关指标值较大，结合其他因子和实际情况，认为这类公司在产品竞争力方面具有显著优势，故称这类公司为"产品优势型公司"。

类别 4 的上市公司，其综合盈利能力因子（y1）为 1.9041，远高于其他类别，显示出极强的盈利能力。产品竞争力因子（y2）为-0.0807，接近平均水平。管理能力因子（y3）为-0.3930，是 5 个类别中最低的，表明这类公司在管理能力方面可能存在一定的不足。然而，其极强的盈利能力足以掩盖这一不足，故称这类公司为"盈利强势型公司"。

步骤 2　统计各类企业的数量。

核心代码如下：

```
from collections import Counter
print(Counter(kmeans.labels_))
```

代码运行结果如图 10-14 所示。

```
Counter({2: 48, 0: 38, 1: 27, 3: 16, 4: 1})
```

图 10-14　运行结果

图 10-14 为统计各类企业数量的结果。可以看出，类别 0 的"亏损型公司"有 38 家，类别 1 的"均衡发展型公司"有 27 家，类别 2 的"管理潜力型公司"有 48 家，类别 3 的"产品优势型公司"有 16 家，类别 4 的"盈利强势型公司"有 1 家。

10.4.4 模型结果展示

根据企业名称分类展示。

核心代码如下：

```
datanew=data.copy()
datanew['类别']=cluster_labels
co=pd.read_excel('公司基本信息表.xlsx')
datafinal=pd.merge(datanew,co,how="left")
```

代码运行结果（部分）如图 10-15 所示。

```
[(0,
   5       辉煌科技
   7       云赛智联
   8       天玑科技
  10       金财互联
  11       皖通科技
  14       南天信息
  17       川大智胜
  18       航天长峰
  22       合众思壮
  24       太极股份
  29       海兰信
  30       天源迪科
  34       易华录
  35       华胜天成
  36       华平股份
  42       榕基软件
  43       深科技
  46       用友网络
```

图 10-15　运行结果（部分）

由于篇幅限制，图 10-15 仅显示了划分为类别 0 的公司的名称（部分）。实际代码运行后，可以看到 130 家企业分别划分到 5 个类别中。

10.5 案例报告——基于 K 均值聚类的上市公司盈利能力分析

本案例通过 K 均值聚类算法构建上市公司盈利能力的量化分析框架，基于多维财务指标揭示企业盈利模式的潜在分组特征，为投资决策优化与资源配置提供数据化洞见。

10.5.1 背景介绍

计算机行业作为全球经济的重要支柱之一，近年来持续保持高速发展态势。随着云计算、大数据、人工智能等前沿技术的不断突破，计算机行业正迎来前所未有的发展机遇。然而，在行业繁荣的背后，企业间的盈利能力却呈现出显著的差异。盈利能力不仅关乎企业的生存与发展，还是衡量其市场竞争力和可持续发展能力的重要指标。因此，对计算机行业企业的盈利能力进行深入分析，有助于揭示行业内部的发展规律，为企业制定合理的发展战略提供参考。

在复杂多变的计算机行业中，企业间的盈利能力受多种因素的影响，包括技术创新能力、市场拓展能力、成本控制能力等。传统的盈利能力分析方法往往难以全面捕捉这些因素的复杂性。而聚类分析作为一种有效的数据挖掘技术，能够通过识别数据中的相似性和差异性，将具有相似盈利能力的企业划分为同一群组，从而揭示不同群组间的盈利特征和发展趋势。

本案例以申万行业分类表中"计算机"行业所有上市公司某年的盈利能力指标数据为基础，采用 K 均值聚类，从而找出盈利能力比较好的计算机行业上市公司。由于反映公司盈利能力的指标众多，而且变量之间会存在一定的相关性，因此采用主成分分析提取其主成分，并基于主成分进行上市公司盈利能力聚类分析。

10.5.2 数据说明

本案例已收集到 3 张数据表单，分别是"财务指标数据.xlsx""申万行业分类.xlsx""公司基本信息表.xlsx"，并对数据进行了清洗、异常值处理、标准化等预处理，预处理后的数据如表 10-2 所示。

表 10-2   盈利能力指标数据说明

字段名称	指标名称	原始数据				标准化以后			
		均值	标准差	最小值	最大值	均值	标准差	最小值	最大值
F050502B	净资产收益率	0.10	0.05	0.01	0.32	0.29	0.17	0.00	1.00
F050102B	资产报酬率	0.07	0.04	0.00	0.23	0.29	0.16	0.00	1.00
F050202B	总资产净利润率	0.07	0.04	0.01	0.23	0.28	0.17	0.00	1.00
F051201B	投入资本回报率	0.07	0.04	0.00	0.19	0.38	0.20	0.00	1.00
F051501B	营业净利率	0.14	0.08	0.01	0.47	0.28	0.17	0.00	1.00
F053301B	营业毛利率	0.42	0.18	0.04	0.96	0.41	0.20	0.00	1.00
F051401B	营业利润率	0.13	0.08	0.00	0.56	0.22	0.15	0.00	1.00
F052101B	成本费用利润率	0.20	0.16	0.01	1.36	0.14	0.12	0.00	1.00

10.5.3 描述性分析

图 10-16 所示为盈利能力指标散点矩阵图，可以看出，有些指标有明显的线性趋势，如第二个指标"F050102B"（资产报酬率）和第三个指标"F050202B"（总资产净利润率）的散点图基本构成一条斜向上的直线，表示这两个指标有很强的正相关关系。第五个指标"F051501B"（营业净利率）和第八个指标"F052101B"（成本费用利润率）也存在明显的正相关关系。

图 10-17 所示为盈利能力指标相关系数热力图，可以看到指标间存在较强的线性关系，如"F050102B"（资产报酬率）和"F050202B"（总资产净利润率）的相关系数高达 0.9654，说明这两个指标有非常强的正相关关系。"F051501B"（营业净利率）和"F052101B"（成本费用利润率）的相关系数为 0.9362，说明这两个指标也有强正相关关系。

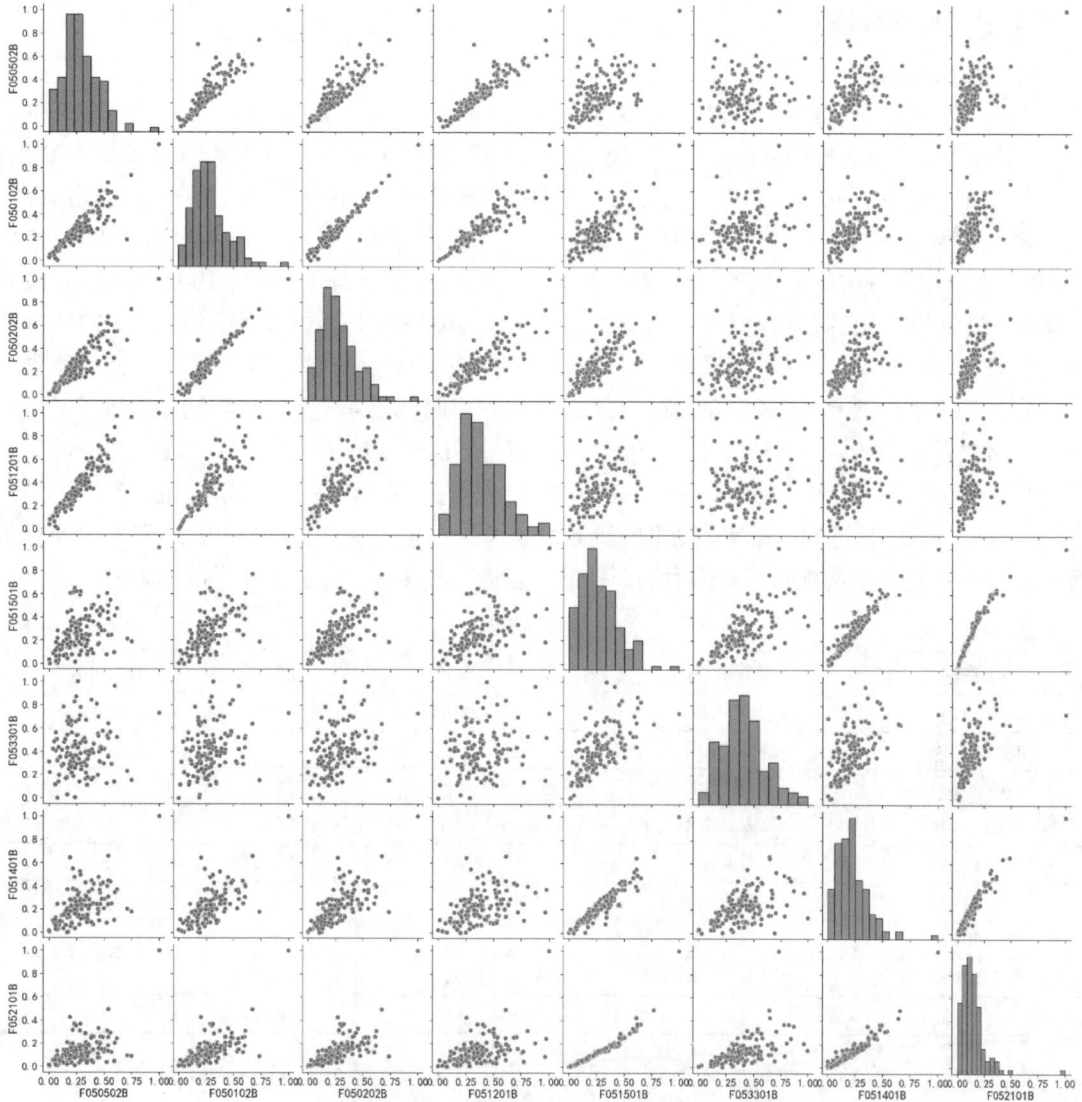

图 10-16　盈利能力指标散点矩阵图

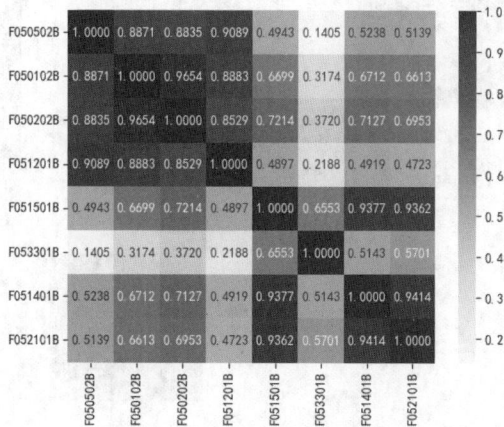

图 10-17　盈利能力指标相关系数热力图

10.5.4 | 模型训练

1. 主成分提取

从表 10-3 可以看出，8 个指标经过主成分提取后综合为 3 个综合指标，这 3 个综合指标成分 1、成分 2 和成分 3 分别保存了原有变量信息的 68.85%、20.91%、7.21%，总贡献率达到 95%。

从 3 个成分对应的特征向量可以看出，成分 1 为各指标的加权和，反映了一个公司的综合盈利能力，可以称为综合盈利能力因子；成分 2 的特征向量中，由于其前 4 个指标 F050502B（净资产收益率）、F050102B（资产报酬率）、F050202B（总资产净利润率）和 F051201B（投入资本回报率）对应的特征向量值为正，而后 4 个指标 F051501B（营业净利率）、F053301B（营业毛利率）、F051401B（营业利润率）和 F052101B（成本费用利润率）对应的特征向量值为负并且是反映产品销售利润方面的指标，当成分 2 值较小时，后 4 个反映销售利润的指标值相对较大，反之较小，故可以称成分 2 为产品竞争力因子；成分 3 的特征向量中，F051501B（营业净利率）、F051401B（营业利润率）和 F052101B（成本费用利润率）对应的特征向量值为较大负值，与成分 2 的特征向量相比，特征向量值为较大负值的指标少了 F053301B（营业毛利率），而在成分 3 中营业毛利率指标有最大的正特征向量值，故将成分 3 称为管理能力因子。

表 10-3   特征向量

字段名称	指标名称	成分 1	成分 2	成分 3
F050502B	净资产收益率	0.36	0.36	0.07
F050102B	资产报酬率	0.38	0.19	0.02
F050202B	总资产净利润率	0.40	0.14	0.00
F051201B	投入资本回报率	0.43	0.41	0.32
F051501B	营业净利率	0.37	−0.35	−0.33
F053301B	营业毛利率	0.27	−0.66	0.68
F051401B	营业利润率	0.32	−0.23	−0.47
F052101B	成本费用利润率	0.25	−0.21	−0.31
贡献率		68.85%	20.91%	7.21%

图 10-18 所示为综合指标相关系数热力图，可以看出 3 个主成分之间没有相关关系。

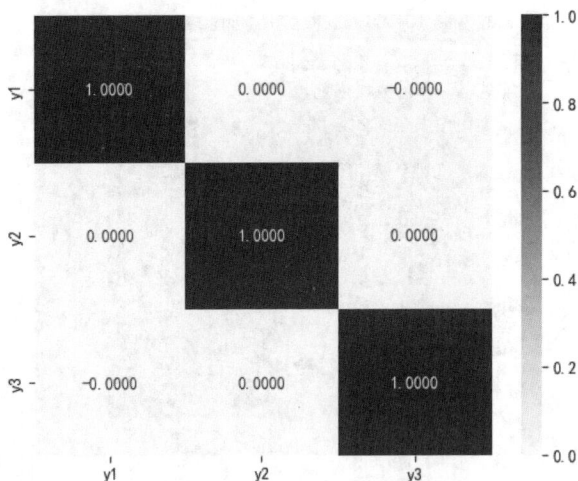

图 10-18   综合指标相关系数热力图

2. K 均值聚类

绘制轮廓系数随聚类数目变化的折线图来协助确定最佳聚类数目，考虑到 130 家计算机行业企业分类过多或过少都不合适，设置 K 在 3 和 10 之间取值。

图 10-19 所示为轮廓系数随聚类数目变化的折线图，可以看到，当 K 取 5 时，轮廓系数达到最大，由此确定聚类数目为 5。

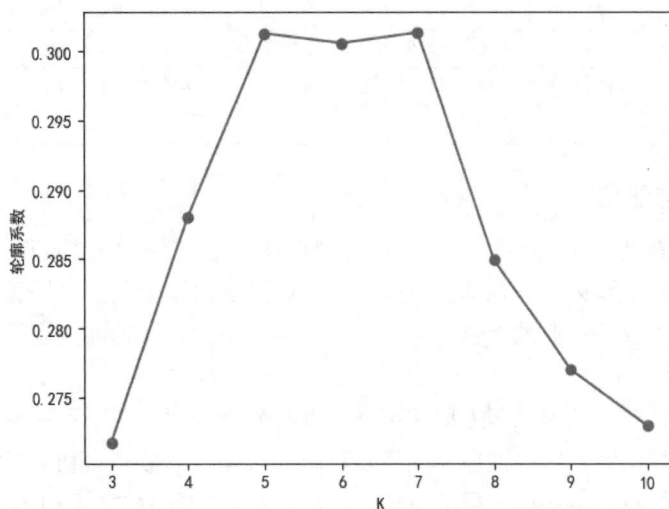

图 10-19　轮廓系数随聚类数目变化的折线图

随后，创建 K 均值聚类模型。指定聚类数目为 5、随机状态为 12、初始化方式为'k-means++'，并且设置了 n_init 参数为 10。

表 10-4 显示了 5 个类别的聚类中心。从结果来看有如下结论。

类别 0 为"亏损型公司"。这些公司的综合盈利能力因子最低，可能处于亏损状态，同时产品竞争力和管理能力也低于平均水平。

类别 1 为"均衡发展型公司"。这些公司在盈利能力、产品竞争力和管理能力方面均表现均衡，各项因子均处于中等水平。

类别 2 为"管理潜力型公司"。这些公司的盈利能力一般，但产品竞争力略高于平均水平，管理能力方面具有一定的潜力或提升空间。

类别 3 为"产品优型公司"。这些公司显示出一定的盈利能力，且产品竞争力方面具有显著优势，管理能力接近平均水平。

类别 4 为"盈利强势型公司"。这些公司的盈利能力极强，远高于其他类别，尽管管理能力最低，但盈利能力足以掩盖这一不足。

表 10-4　　　　　　　　　　　　　　　　　聚类中心

	y1	y2	y3
类别 0	−0.4117	−0.0348	−0.0107
类别 1	0.4677	0.1267	0.0245
类别 2	−0.0620	0.0669	−0.0023
类别 3	0.2557	−0.3270	0.0154
类别 4	1.9041	−0.0807	−0.3930

表 10-5 为最终的聚类结果。需要说明的是，由于指标选取及其处理方式的不同，可能不同公司的分类结果也不尽相同。

表 10-5 聚类结果

类别	数量	公司名称
类别 0	38	辉煌科技、云赛智联、天玑科技、金财互联、皖通科技等
类别 1	27	华宇软件、东方网力、信雅达、恒华科技、卫宁健康等
类别 2	48	旋极信息、科大讯飞、博彦科技、中科曙光、宝信软件等
类别 3	16	世纪瑞尔、拓尔思、久其软件、方直科技、广联达等
类别 4	1	联络互动

10.5.5 总结与建议

本章基于"计算机"行业上市公司的盈利能力指标数据，采用 K 均值聚类算法将公司分为 5 个类别，分别为亏损型公司、均衡发展型公司、管理潜力型公司、产品优势型公司和盈利强势型公司。这些分类基于企业的综合盈利能力、产品竞争力和管理能力因子，反映了企业在不同维度上的表现差异。

针对各类别的企业，建议采用差异化策略来提升盈利能力。对于亏损型公司，应重点加强成本控制，优化经营策略，同时注重产品研发和市场开拓，以提升盈利能力和市场竞争力。对于均衡发展型公司，在保持均衡发展的基础上，应进一步挖掘潜力，特别是在某一或某几个方面寻求突破，以形成独特的竞争优势。对于管理潜力型公司，应着力提升管理水平，优化内部流程，提高运营效率。同时，加强团队建设，培养高素质的管理人才。对于产品优势型公司，应继续发挥产品竞争力优势，同时注重技术创新和品质提升，以巩固和扩大市场份额。对于盈利强势型公司，在保持盈利能力的同时，应关注管理能力的提升，以支撑企业的可持续发展。同时，积极寻找新的增长点，拓展业务领域。

从行业整体发展的角度出发，建议计算机行业上市公司加强技术创新和产品研发，提升产品质量和服务水平，以应对日益激烈的市场竞争。同时，企业应加强内部管理，优化资源配置，提高运营效率。政府和相关机构也应加大对计算机行业的支持力度，提供政策扶持和资金引导，为企业创造更加有利的发展环境，共同推动行业持续健康发展。